Karin Kress / Cathrin Rattay
Dirk Schlechter / Prof. Dr. Jost Schneider

Individuell fördern
Das Praxisbuch

Profi-Tipps und Materialien aus der Lehrerfortbildung

Auer Verlag GmbH

Gedruckt auf umweltbewusst gefertigtem, chlorfrei gebleichtem
und alterungsbeständigem Papier.

1. Auflage 2010
Nach den seit 2006 amtlich gültigen Regelungen der Rechtschreibung

Illustrationen: Steffen Jähde
Satz: krauß-verlagsservice, Augsburg
Druck und Bindung: Franz X. Stückle Druck und Verlag, Ettenheim
ISBN 978-3-403-0**6434**-3

www.auer-verlag.de

(*Jost Schneider*) **VORWORT** 5

(*Jost Schneider*) **KAPITEL 1** **EINLEITUNG**

1.1 Warum überhaupt individuelle Förderung? 6
1.2 Förderung (nur) auf dem kleinen Dienstweg? 7
1.3 Wirksamkeit der Förderung sicherstellen 8
- Will ich das wissen? – Die Relevanzprüfung 8
  - Erziehungsberechtigte 9
  - Lehrkräfte 10
  - Peergroup 10
- Kann ich was damit anfangen? – Die Kompatibilitätsprüfung 11

(*Jost Schneider*) **KAPITEL 2** *„DANN MÜSSTE SICH HIER ERST EINE GANZE MENGE ÄNDERN!“* **GÜNSTIGE RAHMENBEDINGUNGEN SCHAFFEN**

2.1 *„Wir haben einfach nicht genug Leute!“* Personelle Unterstützung beschaffen 13
- Schüler helfen Schülern 13
- Mehr Kooperation im Kollegium 16
- Neue Arbeitszeitmodelle 17
- Schulinterne Datenbank für Unterrichts- und Fördermaterialien 18
- Koordiniertes Vorgehen bei Korrekturen und Berichtigungen 20
- Wirkungsvolle Elternarbeit 20
- Ganztagsbetreuer und studentische Mentoren 22

2.2 *„Wir hinken ja jetzt schon den Lehrplänen hinterher!“* Förderzeiten fest einplanen 23
- Stundenplangestaltung/Förderbänder 23
- Offener Anfang 24
- Format der Einzelstunde ändern 25
- Schulinternes Methodencurriculum 26

(*Cathrin Rattay*) **KAPITEL 3** *„ICH KENNE DOCH MEINE SCHÜLER!“* **EFFIZIENTE DIAGNOSTIK**

3.1 Beobachtung und Diagnostik im Unterrichtsalltag 28
- Was und wie beobachte ich im vielfältigen Unterrichtsalltag? – Inhaltliche Kategorien der Diagnostik 29
- Wie vermeide ich überflüssigen Papierkram? – Instrumente einer auf die wirklichen Probleme fokussierten Diagnostik 32

3.2 Wie weit geht meine Diagnosepflicht, mein Diagnoserecht? Wann ist welcher Fachmann zurate zu ziehen? – Schulische Diagnostik in besonderen Fällen 37
- LRS/Legasthenie 37
- Dyskalkulie oder Rechenstörung 42
- AD(H)S 44
- Hochbegabung 46

(*Jost Schneider*) **KAPITEL 4** „DOKUMENTATIONITIS" ODER WIRKLICHE HILFESTELLUNG? **FÖRDERPLÄNE SINNVOLL GESTALTEN UND NUTZEN**

- **4.1** *„Wem nutzt ein Förderplan denn überhaupt? Wann soll ich das auch noch machen?"* Gestaltung und Verwendung von Förderplänen **48**
  - Förderprioritäten setzen **48**
  - Kooperation mit externen Förderinstitutionen **49**
  - Unerklärliche Leistungsschwankungen **49**
  - Zusammenarbeit in großen Kollegien **50**
  - Grenzen der eigenen Zuständigkeit klar markieren **50**
  - Juristischen Querelen vorbeugen **50**
  - Förderplan als Lernvertrag **51**
- **4.2** Wie machen es andere? – Musterbögen, Kopiervorlagen **54**

(*Karin Kress/Dirk Schlechter*) **KAPITEL 5** **INDIVIDUELLE FÖRDERUNG IM UNTERRICHT**

- **5.1** Schülerzentriert – Lehrerzentriert? (*Karin Kress*) **55**
- **5.2** Schüleraktivierung (*Dirk Schlechter*) **55**
  - Stärken fördern, nicht Schwächen bekämpfen – Chancen zur Förderung und Aktivierung begabter Schüler und ihrer Mitschüler **57**
  - Methoden der Schüleraktivierung im Unterricht **63**
- **5.3** Instrumente zur Binnendifferenzierung (*Karin Kress*) **70**
- **5.4** Lernreflexion (*Karin Kress*) **85**
- **5.5** Kooperative Lernformen nutzen (*Dirk Schlechter*) **96**
  - Rollendifferenzierung bei Gruppenarbeiten: Verteilung unterschiedlicher Rollenfunktionen in kooperativen Phasen **96**
  - Mit kooperativen Lernarrangements individuell fördern **101**
  - Rituale und Symbole beim Einsatz von Helfersystemen – Kooperation zwischen starken und schwachen Schülern **108**

(*Karin Kress*) **KAPITEL 6** „WENN SIE SICH DENN FÖRDERN LASSEN WÜRDEN ..." **ZUM UMGANG MIT LERNVERWEIGERUNG UND AUSWEICHSTRATEGIEN**

- **6.1** Ausweichstrategien durchschauen – konstruktive Lernberatung **113**
- **6.2** Motivation der Machbarkeit – Zielvereinbarungen treffen **116**
- **6.3** Lob und Kritik konstruktiv einsetzen **118**

(*Jost Schneider*) **AUSBLICK: UMSETZUNG IN DIE PRAXIS** **120**

LITERATURVERZEICHNIS **121**

ANHANG **123**

Versendet man von einem Computer aus eine Rundmail an dreißig verschiedene Adressaten, so kann man den Text dieser E-Mail auf allen dreißig Empfängercomputern in exakt identischer Form lesen und abspeichern. Ein Original – dreißig identische Kopien!

Nicht so in Schule und Unterricht. Gibt man dreißig Schülern[1] einer Klasse – sei es mündlich, sei es schriftlich – ein und dieselbe Information, so erzeugt man damit tatsächlich dreißig verschiedene Gedächtnisinhalte. Lebendiges Lernen, so könnte man formulieren, ist stets und unausweichlich individuelles Lernen.

Diese Erkenntnis ist nicht neu. Wer jemals vor einer Schulklasse gestanden hat, weiß aus eigener Erfahrung, dass selbst eine in sich vollkommen stringente, logisch perfekt durchstrukturierte Kette von Lernschritten, also z. B. eine mathematische Berechnung, keineswegs von allen Schülern in gleicher Weise aufgenommen und verarbeitet wird. Nur wenige können das Präsentierte tatsächlich in identischer Form wiederholen und auf vergleichbare Sachverhalte transferieren. Die meisten anderen tun sich dagegen schwerer. Von der Wahrnehmung über die Zwischenspeicherung bis hin zur Durchdringung, Weiterverarbeitung und dauerhaften Memorierung gibt es eben zahlreiche Phasen des Lernprozesses, in denen bei allen an diesem Prozess Beteiligten ganz normale Interpretationsunterschiede auftreten oder auch Lücken, Pannen und Versehen vorkommen können.

Diese ‚Reibungsverluste' sind nicht nur für die Schüler von Nachteil. Auch und gerade für Lehrer ist es vielmehr sehr frustrierend, wenn die eigene schwere Arbeit nicht den erhofften Erfolg bringt. Es ist niederschmetternd, auf Dauer sogar gesundheitsschädlich, wenn man zu der Vorstellung gelangt, im Grunde vor eine Wand zu reden und einfach nicht durchzudringen, obwohl man doch nun wirklich schon fünf, sechs, sieben Mal ganz genau erklärt hat, wie die Zeichensetzung oder wie diese Rechenart funktioniert.

Das Prinzip der individuelleren Förderung kann wesentlich zur Verbesserung dieser misslichen Situation beitragen. Auf den folgenden Seiten werden wir beschreiben, welche Maßnahmen inzwischen die Praxisprobe bestanden haben und den Frust über ausbleibende Unterrichtserfolge nachhaltig reduzieren können. Dabei sind natürlich die unterrichtsmethodischen Fragen von zentraler Bedeutung. Doch es wird auch um die Rahmenbedingungen des Lernens gehen, die überprüft und ggf. verändert werden sollten, damit eine individuellere Förderung überhaupt ermöglicht werden kann. Zahlreiche Praxisbeispiele aus Schulen aller Schulformen, die wir bei unseren vielen Hundert Lehrerfortbildungsveranstaltungen besucht haben, werden Ihnen zeigen, welche konkreten Verbesserungen selbst unter ungünstigen Voraussetzungen realisiert werden können!

1 Wenn in diesem Buch von Schüler gesprochen wird, ist immer auch die Schülerin gemeint. Ebenso verhält es sich mit Lehrer und Lehrerin.

1. EINLEITUNG *(Jost Schneider)*

Nicht anders als vor Gericht oder in der Kirche muss auch im Schulunterricht an bestimmten Idealvorstellungen festgehalten werden, obwohl ihre Verwirklichung nahezu unmöglich zu sein scheint. Ob Chancengleichheit, Objektivität der Benotung, Geschlechtergerechtigkeit oder Gewaltfreiheit: Derartige **pädagogische Ideale** sind, wie jedermann weiß, niemals perfekt zu realisieren, können und dürfen aber dennoch nicht preisgegeben werden, weil sie dem alltäglichen Handeln Richtung geben und Sinn verleihen. Jedenfalls wäre es offenkundig kontraproduktiv, sich beispielsweise vom Ziel der objektiven Benotung endgültig zu verabschieden, und zwar auch und gerade dann, wenn man sich vor Augen führt, dass die Notengebung in der Praxis immer subjektive Komponenten enthalten wird.

Nicht anders verhält es sich mit der individuellen Förderung. Es gibt keine Zauberformel, mit deren Kenntnis dieses hehre Ideal auf einen Schlag zu verwirklichen wäre. Doch es gibt **praxistaugliche Lösungen**, die es ermöglichen, Schritt für Schritt auf dem beschwerlichen Weg zu diesem Ziel voranzukommen und hierbei beachtliche Strecken zurückzulegen. Blickt man auf diesem Weg voraus, wird man meistens finden, dass das Ziel anscheinend noch nicht wesentlich näher gerückt ist. Wendet man sich jedoch um, wird man gleichzeitig feststellen, dass man sich schon ein gutes Stück vom Ausgangspunkt entfernt hat, dass bereits eine respektable Wegstrecke zurückgelegt wurde.

Das vorliegende Buch zielt nicht auf die selten anzutreffenden Schulen mit besonders günstigen Rahmenbedingungen (adäquate Personalausstattung, günstige Räumlichkeiten, kleine Lerngruppen, potente Fördervereine, unproblematische Einzugsgebiete usw.). Vielmehr richtet es sich auch und gerade an die vielen Kollegen, die unter schwierigen und schwierigsten Rahmenbedingungen ihrer Arbeit nachgehen müssen und die schon jetzt beruflich sehr stark beansprucht, ja zum Teil überbeansprucht werden.

Individuelle Förderung ist ein Graus, wenn sie bloß nutzlose zusätzliche Arbeit verursacht. In dem vorliegenden Buch werden deshalb Maßnahmen vorgeschlagen, die keine zusätzliche Belastung, sondern umgekehrt eine **Entlastung der Lehrer** nach sich ziehen, auch wenn in einer kurzen Übergangsphase – nicht anders als etwa beim Umstieg von der Schreibmaschine auf den PC – bestimmte Eingewöhnungsschwierigkeiten auftreten können.

1.1 WARUM ÜBERHAUPT INDIVIDUELLE FÖRDERUNG?

Ist es nicht bloße Rhetorik, wenn die individuelle Förderung auf eine Stufe mit so traditionsreichen, anerkannten Idealen wie Gewaltfreiheit oder Chancengleichheit gestellt wird? Nein, lautet die klare Antwort. Dass die individuelle Förderung erst in den letzten Jahren in der breiteren Öffentlichkeit stärkere Beachtung gefunden hat, zeigt nur, dass es neue gesellschaftliche Entwicklungen gibt, die es erforderlich machen, diesem Ziel vermehrte Aufmerksamkeit zu schenken.

Ein erster wichtiger Faktor ist hierbei zweifellos die viel diskutierte Enthomogenisierung der Lernausgangslagen infolge der Flexibilisierung der Familienkonstellationen. Schüler kommen heute mit so verschiedenen Voraussetzungen in die Schule, wie es noch nie zuvor der Fall war. Denn anders als noch vor wenigen Jahrzehnten dominiert in der heutigen Gesellschaft nicht mehr die im 18. Jahrhundert erfundene bürgerliche Kernfamilie, deren Angehörige über Jahrzehnte hinweg in einer engen sozialen und emotionalen Bindung zu leben und sich wechselseitig zu stützen versuchen. An ihre Stelle sind besser an die Arbeitsmarktsituation angepasste, **freiere Formen des Zusammenlebens**, wie beispielsweise die Patchworkfamilie, die Lebensabschnittspartnerschaft, die Wochenendbeziehung oder die Wohngemeinschaft, gerückt. Auch wenn dies sehr stark vom jeweiligen Einzugsbereich einer Schule abhängt, findet man heute oft unter den Eltern der Schüler viele Alleinerziehende bzw. wechselnde, komplexe Familienstrukturen.

Es wäre blanke Nostalgie, sich von Seiten der Schule diesem gesamtgesellschaftlichen Trend entgegenstemmen oder gar im Rahmen schulischer Elternarbeit die familiäre Situation der Kinder und Jugendlichen wieder stärker dem konventionellen Ideal der Kernfamilie annähern zu wollen. In Angelegenheiten wie diesen kann, um es mit einem Sprichwort zu sagen, niemals der Schwanz mit dem Hund wedeln.

Allerdings muss nüchtern festgestellt werden, dass Kinder und Jugendliche oftmals die Leidtragenden des beschriebenen Flexibilisierungsprozesses sind, weil sich die verschiedenen zuständigen Betreuungsinstitutionen – teils aufgrund ideologisch-nostalgischer Vorbehalte, teils wegen objektiver Finanzierungs- und Organisationsprobleme – erst mit großer Verspätung auf die Fortentwicklung der Institution Familie eingestellt haben. Das beste Beispiel hierfür liefert der verzögerte, gerade erst in Schwung kommende Ausbau der schulischen **Ganztagsangebote**. In der Praxis kommt es jedenfalls immer häufiger vor, dass Familien ihrem Erziehungsauftrag de facto nicht gerecht werden können. Die aktuelle Ausbreitung der Armut unter Kindern und Jugendlichen bietet hierfür einen besonders sinnfälligen Beleg. Und zieht man nicht nur die materielle, sondern auch die soziale und emotionale Situation der Schüler ins Kalkül, findet man heute praktisch in jeder Schulklasse mehrere Kinder oder Jugendliche, die in ‚prekären', wenig Schutz und Halt gewährenden Verhältnissen leben.

Hier bemerken wir neue soziale Ungleichheiten, die sich ganz unmittelbar auf den Schulerfolg auswirken. So hängt beispielsweise die Chance eines Schülers, in den Genuss von Nachhilfeunterricht zu kommen, ganz wesentlich von Einkommen und Bildungsstand der Erziehungsberechtigten ab. Bildungsbeflissene, statusbewusste und aufstiegsorientierte Eltern machen heute reichen Gebrauch von diesem klassischen Instrument der schulexternen individuellen Förderung, ja es gibt immer häufiger Fälle, in denen man bei den Kindern überambitionierter Eltern fast schon von einer **Überförderung** sprechen könnte. Umgekehrt verhält es sich leider, wenn das Kind in materiell schwierigen Verhältnissen aufwächst oder unter dem Einfluss primärer Bezugspersonen steht, die der Institution Schule mit Gleichgültigkeit, Skepsis oder gar Verachtung begegnen. Für den vielleicht dringend notwendigen Nachhilfeunterricht ist dann kein Geld vorhanden; die Schere zwischen Arm und Reich wird größer.

Eine schulinterne individuelle Förderung kann derartige gesellschaftliche Missstände nicht alleine ausgleichen. Die Institution Schule ist überfordert, wenn sie perfekte Chancengleichheit herstellen soll. Doch andererseits darf die wirtschaftlich-gesellschaftliche Modernisierung nicht auf dem Rücken der Kinder und Jugendlichen ausgetragen werden. Die Nöte unserer Schüler liefern Tag für Tag neuen Ansporn, die unter den gegebenen Rahmenbedingungen bestmögliche individuelle Förderung zu realisieren. Im zweiten Kapitel dieses Buches wird ausführlich dargelegt werden, wie eine Schule konkrete **Unterstützung** hierfür bekommen kann und welche Maßnahmen an anderen Schulen bereits mit Erfolg praktiziert werden (Schülerfirma, Lerntandem, Förderworkshop, neue Stundenformate u.v.a.).

1.2 FÖRDERUNG (NUR) AUF DEM KLEINEN DIENSTWEG?

Natürlich hat es eine schulinterne individuelle Förderung immer schon gegeben. Wurden bestimmte Schüler auffällig, so besprachen die betroffenen Lehrkräfte ihr weiteres Vorgehen und sorgten oft in ganz unbürokratischer Weise, auf dem kleinen Dienstweg, für die Durchführung gezielter Fördermaßnahmen. Dagegen war und ist nichts einzuwenden. Doch die Sache hat auch einen Haken. Denn das Medium, über welches derartige Vereinbarungen häufig getroffen werden, funktioniert leider nicht ganz zuverlässig.

Es handelt sich hierbei um den sogenannten ‚Flurfunk', also um die kurzen ‚Nebenbeigespräche' zwischen Kollegen, wie sie immer wieder auf den Gängen, im Lehrerzimmer oder auf dem Parkplatz geführt werden. Die Erfahrung lehrt, dass die **Namen von ganz bestimmten Schülern in diesen Pausengesprächen immer und immer wieder auftauchen**, während viele andere nur selten oder sogar niemals erwähnt werden. So kommt es, dass bestimmte Schüler unter Umständen dem gesamten Lehrerkollegium bekannt sind, ja nicht selten sind sogar diejenigen Kollegen mit Einzelheiten aus dem Leben eines Schülers vertraut, die diesen Schüler niemals unterrichtet haben.

In gewissen Ausnahmefällen, wenn Kompetenz und Erfahrung aller Kollegen aktiviert werden sollen, mag dies seine Berechtigung haben. Doch im Allgemeinen ist es günstiger, wenn die Verteilung der pädagogischen Aufmerksamkeit systematisch nach konsensfähigen Kriterien und gerechten Fördergrundsätzen erfolgt. Manche Schüler ziehen das Interesse der Lehrkräfte geradezu magnetisch auf sich; fast für jede Pause liefern sie neue Anlässe zu Diskussionen. So können diejenigen in den Hintergrund geraten, die blasser, unauffälliger, aber nicht minder förderwürdig und -bedürftig sind. Die Erfahrungen mit dem ‚Flurfunk' können also ein weiterer Anlass sein, um die schon **vorhandene Praxis** der individuellen Förderung noch einmal zu überdenken und diese Förderung etwas stärker zu systematisieren und zu institutionalisieren, als es bisher vielleicht der Fall war.

Nur in ganz kleinen Schulen mit sehr wenigen Kollegen lassen sich übrigens durch eine solche Systematisierung keine nennenswerten Qualitätsgewinne bei der Förderung erzielen. Denn mit der Anzahl der Lehrkräfte steigert sich natürlicherweise auch die Asymmetrie der Kommunikationsbeziehungen, nehmen Konflikte und Animositäten zu, werden die kollegialen Beziehungen komplexer und ambivalenter. Schon in einer Gruppe von acht oder zehn Kollegen spricht nicht mehr jeder mit jedem gleich häufig und gerne. Oft gibt es **Meinungsführerschaften, Gefolgschaftsverhältnisse, Fraktionsbildungen** und andere Verwerfungen, die den Kommunikationsfluss hemmen oder kanalisieren. Es darf jedoch nicht sein, dass bestimmte Schüler keine adäquate Förderung erhalten, bloß weil sich die zuständigen Kollegen zufällig nur ganz selten in der Pause begegnen oder weil die Chemie zwischen ihnen nicht stimmt, auch wenn dies gewiss nur menschlich ist und immer wieder vorkommen wird. Hier kann eine Systematisierung und Institutionalisierung von Diagnose- und Förderprozeduren helfen, die erforderlichen kollegiumsinternen Gespräche von diesen allzu menschlich-subjektiven Faktoren zu entlasten und eine gerechtere, sachangemessenere Verteilung der pädagogischen Aufmerksamkeit zu gewährleisten. In den folgenden Kapiteln dieses Buches beschreiben wir detailliert, wie dies geschehen kann, ohne dass daraus ein überflüssiger bürokratischer Aufwand erwächst (sinnvolle Gestaltung und Verwendung von Erhebungsbögen, Förderplänen, Evaluationsformularen usw.).

1.3 WIRKSAMKEIT DER FÖRDERUNG SICHERSTELLEN

Sie haben einem Schüler schon fünfzig Mal eine bestimmte Rechtschreibregel erklärt, doch es scheint alles nichts zu nützen: In der nächsten Klassenarbeit finden Sie wieder dutzende Verstöße gegen die besagte Regel. Oder Sie haben eine spezielle Rechenprozedur immer wieder erläutert, Musterlösungen vorgeführt, Anwendungsbeispiele aus dem Lebensalltag der Schüler gegeben, aber ein Erfolg ist nicht erkennbar: Derselbe alte Fehler wird ständig wiederholt.

Kennen Sie solche Situationen? Haben Sie sich schon manchmal die Haare gerauft und mit Ihrem Los gehadert, weil die Arbeit so frustrierend ist, dass man Stift und Hefte am liebsten in die Ecke werfen würde? Dann geht es Ihnen wie vielen anderen Lehrkräften! Man hat nicht selten den **Eindruck, dass gewisse Schüler einfach nicht gefördert werden wollen** und dass die gut gemeinten, aufwendig vorbereiteten Lernangebote einfach an ihnen abprallen. Dabei scheint das Problem keineswegs im kognitiven Bereich zu liegen. Dieselben Menschen, denen eine aus zehn Wörtern bestehende Regel oder Formel einfach nicht eingetrichtert werden kann, haben offenbar keinerlei Schwierigkeiten, hundert oder zweihundert englische Songs zu memorieren und bei sich bietender Gelegenheit den Refrain wortgetreu mitzusingen.

Wie ist das möglich? Wie kann es sein, dass jemand einfach nicht behält, was man ihm schon viele, viele Male demonstriert und vorgesagt hat? Die Beantwortung dieser Frage ist tatsächlich von ausschlaggebender Bedeutung für das Gelingen des ganzen Förderprozesses, denn wenn jemand den Schirm aufspannt, sobald es Förderangebote auf ihn herabregnet, wird der ganze fruchtbare Segen an ihm vorbeirauschen.

Zum Glück können wir aber heute wesentlich besser als noch vor 10 oder 20 Jahren erklären, wie derartige Abwehrreaktionen zustande kommen und was man im Unterricht konkret unternehmen kann, um sie zu verhindern oder wenigstens zu unterlaufen. Zwei Grundprobleme gilt es hierbei zu lösen: die **Relevanzprüfung** und die **Kompatibilitätsprüfung**.

☐ WILL ICH DAS WISSEN? – DIE RELEVANZPRÜFUNG

Wie die moderne Neurobiologie uns lehrt, hat das Gehirn des Menschen im Verlauf der Evolution die Angewohnheit angenommen, schon *vor* der genaueren Verarbeitung einer neu eintreffenden Information grundsätzlich zunächst eine Relevanzprüfung durchzuführen, d. h. zu fragen: Will ich das wissen? Für Biologen und Anthropologen ist dies ein leicht zu erklärendes Phänomen. Erstens liefern die hoch entwickelten Sinnesorgane des Menschen eine derartige Fülle an Informationen, dass immer nur ein kleiner Teil davon durchgelassen und weiterverarbeitet werden kann. So werden etwa nicht alle optischen Reize, die in unserem Gesichtsfeld liegen, mit gleicher Aufmerksamkeit bedacht, sondern es findet beständig eine **Fokussierung** auf dasjenige statt, was momentan für besonders wichtig gehalten wird. Zweitens ist der Mensch als ein ursprünglich besonders hilfebedürftiges, nackt und schutzlos in eine feindliche Umgebung geworfenes Wesen, das ohne die Fürsorge anderer elendiglich zugrunde gehen würde, notwendig darauf angewiesen, solche Sinnesreize und Informationen mit Vorrang zu behandeln, die Selbsterhaltung und Zuwendung zu versprechen scheinen. Bei jeder neu eintreffenden Information wird deshalb zunächst vom Gehirn gefragt, wie wichtig diese Information im Hinblick auf körperliche Unversehrtheit, Nahrungsgewinn, sexuelle Befriedigung, Gewinnung von Zuwendung durch Stärkere und ähnliche Faktoren ist, die eine **Befriedigung primärer Bedürfnisse** oder eine **Integration in die für das eigene Überleben so wichtige Gruppe der primären Bezugspersonen** in Aussicht stellen.

Dieser urtümliche natürliche Selektionsmechanismus ist uns Menschen trotz einer jahrtausendelangen Zivilisations- und Kultivierungsgeschichte nicht abhanden gekommen. Auch der Pädagoge hat deshalb leider keine Chance, seinen Schülern unter Umgehung der Relevanzprüfung bestimmte Informationen so direkt einzuflößen, wie man eine Datei von einem PC auf einen anderen PC überträgt. Jeder Schüler wird natürlicherweise und automatisch immer erst fragen: Will ich das wissen? Und erst wenn diese Frage bejaht wurde, wird das Gehirn gewissermaßen angeschaltet und jene intellektuelle Weiterverarbeitung durchgeführt, die sich in der Unterrichtsbeteiligung oder in Form von Zeugnisnoten als Lernerfolg manifestiert.

Wie kommt es aber nun, dass manche Menschen eine Rechtschreibregel in diesem Sinne für relevant halten, andere aber nicht? Die unmittelbar körperlich-sinnlichen Gratifikationen (Aussicht auf Nahrung, Sexualität usw.) spielen in der Schule offenbar keine Rolle. Höchstens könnte man pädagogikgeschichtlich anmerken, dass die Rohrstock-Pädagogik diesen Mechanismus für ihre Zwecke zu aktivieren versuchte (Lernanstrengung aus Angst vor körperlichen Schmerzen). Doch diese Zeiten sind zum Glück vorbei. Und es bedarf auch keines Rückfalls in diese archaischen Methoden. Denn die Gewinnung von Zuwendung, Aufmerksamkeit und Anerkennung ist ja ein für den hilflos geborenen Menschen überlebenswichtiges Ziel seines ganzen Verhaltens.

Genau diesen Mechanismus können wir uns nun für die Beeinflussung jener Relevanzprüfung zunutze machen, die so maßgeblich über Erfolgsaussichten und Wirkungen jeder individuellen Förderung entscheidet. Der zu fördernde Schüler muss unbedingt vor Beginn irgendeiner Fördermaßnahme die sichere Gewissheit vermittelt bekommen, dass ihm die Weiterverarbeitung der Förderinhalte ein Mindestmaß an **Zuwendung und Anerkennung von Seiten der für ihn relevanten primären Bezugspersonen** eintragen wird. Ist dies nicht der Fall, spricht man zu tauben Ohren, geht rechts sofort wieder hinaus, was links hinein kam.

Dabei kommen **drei Instanzen** als relevante primäre Bezugspersonen in Betracht: die Erziehungsberechtigten, die Lehrkräfte und die Angehörigen der Peergroup, also des (selbstständig und freiwillig gewählten) Freundeskreises, in dem sich ein Schüler bewegt. Alle drei Instanzen können und sollen ihren Beitrag leisten, um die Relevanzproblematik zu lösen, um also die Lern- und Anstrengungsbereitschaft eines Schülers im schulischen Sinne positiv zu beeinflussen. Bei allen drei Instanzen können aber auch Schwierigkeiten auftreten, weshalb hier noch kurz über entsprechende Interventionsmöglichkeiten gesprochen werden muss.

- **Erziehungsberechtigte**
  Es gehört zu den wichtigsten Aufgaben der Erziehungsberechtigten, durch authentische Belobigung und konstruktive Kritik dafür zu sorgen, dass ihre Kinder eine positive Grundhaltung gegenüber Lernanstrengungen entwickeln. Vor dem Hintergrund der oben beschriebenen **Flexibilisierung der Familienkonstellationen** muss aber leider festgestellt werden, dass offenbar eine steigende Anzahl von Kindern und Jugendlichen in ihrer Familie niemanden mehr finden, der diese Aufgabe über Jahre hinweg zuverlässig übernehmen könnte. Ferner führt die Verbreitung der elektronischen Medien dazu, dass viele Eltern nur noch wenige Minuten pro Tag mit ihren Kindern sprechen. Und schließlich kann auch die Übernahme der für die Jugendkultur charakteristischen Umgangsformen und Kommunikationsstile durch die modernen Eltern von

heute dazu beitragen, dass in der Eltern-Kind-Kommunikation nicht mehr jener Grad von **Verbindlichkeit** erzeugt wird, der erforderlich ist, wenn das Kind die innere Gewissheit erlangen soll, dass ‚seinen' innerfamiliären primären Bezugspersonen (ob das die leiblichen Eltern oder andere Menschen sind, spielt keine Rolle) wirklich und wahrhaftig sehr viel daran liegt, dass es sich in der Schule anstrengt und gute Lernerfolge erzielt. Diese authentische Belobigung erreiche ich nicht, wenn ich zwar bei jedem Lernfortschritt meines Kindes sofort ‚Super!' oder ‚Klasse!' ausrufe, für ein ernstes, tiefgründiges Gespräch aber keine Zeit mehr habe oder nicht die passenden Worte finde. Andererseits darf Verbindlichkeit aber natürlich nicht mit ‚Druckmachen' verwechselt werden. Es geht nicht darum, dem Kind Angst zu machen, sondern um die Schaffung einer Grundhaltung, in der das Kind seinen Eltern (oder anderen primären Bezugspersonen) zu Gefallen lernt und sich anstrengt. Auch und gerade in sogenannten intakten bürgerlichen Verhältnissen gelingt dies keineswegs mit Sicherheit. Die Erziehungsberechtigten brauchen viel Zeit, Fingerspitzengefühl, ein herzliches Verhältnis zu ihrem Kind und nicht zuletzt einen authentischen Kommunikationsstil, um diesen Effekt zu erzeugen. Doch oft stehen sie heute selbst unter solchem Druck, dass sie diese Anforderungen nur unvollkommen oder gar nicht erfüllen können.

- **Lehrkräfte**
  Können dann Lehrkräfte ersatzweise in die Rolle der primären Bezugsperson schlüpfen und nachträglich leisten, was die Eltern versäumten? Romane wie *Das fliegende Klassenzimmer* und Filme wie *Der Club der toten Dichter* präsentieren uns immer wieder in rosigen Farben ein Idealbild vom Lehrerberuf, das genau diesen Aspekt in den Vordergrund rückt: Der Lehrer ist dann gleichsam der beste Freund des Schülers, jedenfalls aber eine vollgültige primäre Bezugsperson, die aufgrund enger emotionaler und sozialer Bindungen einen sehr großen Einfluss auf die Schüler ausüben und ihr ganzes Lernverhalten umprägen kann. Tatsächlich kann diese Strategie in der Praxis zwar funktionieren, doch leider muss im Hinblick auf das körperliche und seelische Wohlergehen der Lehrkräfte in den meisten Fällen davon **abgeraten** werden, diesen Weg zu beschreiten.
  Die Ausweitung der Ganztagsangebote bringt manche Schüler in internatsähnliche Lebenssituationen mit häufigeren Lehrer-Schüler-Kontakten auch im ‚Freizeit'-Bereich. Und da Lehrer als Akademiker zu den von der Flexibilisierung (s.o.) besonders stark betroffenen Risikogruppen gehören, könnten sie es theoretisch vielleicht sogar begrüßen, wenn ihre Schüler ihnen – faute de mieux – immer häufiger ihre Liebe antragen und sie in den Kreis ihrer primären Bezugspersonen aufnehmen. Doch der Einfluss des Lehrers auf die häuslichen Lebens- und Arbeitsumstände des Schülers bleibt gering, wenn er nicht sogar ganz schwindet. Der Pädagoge gerät deshalb meistens in die **Rolle der/des letztlich ohnmächtigen, hilflosen Ersatzmutter/Ersatzvaters**. Dies führt langfristig zu massiven Frustrationen und – wie der Lehrergesundheitsbericht zeigt – oft auch zu seelischen oder psychosomatischen Erkrankungen. Deshalb kann diese Variante leider nicht als Königsweg zur individuellen Förderung angepriesen werden. Natürlich heißt das aber nicht, dass nicht in Ausnahmefällen doch eine gewisse ‚Bemutterung' der Schüler erforderlich ist. Doch es kann im Regelfall nicht die Aufgabe einer Lehrkraft sein, die Anstrengungsbereitschaft der Schüler durch eine Emotionalisierung der Lehrer-Schüler-Beziehung zu steigern. Selbstverständlich sollte man sich aber intensiv um eine gute herzliche Beziehung zu den Schülern bemühen; feste Schülersprechstunden und andere Feedbackprozeduren können hierbei gute Dienste leisten.

- **Peergroup**
  Zum Glück gibt es eine dritte, in der Praxis meistens besonders wirkungsvolle Methode, um durch gezielte, pädagogisch verantwortliche Steuerung gruppendynamischer Prozesse eine Verbesserung der Anstrengungsbereitschaft zu erzielen. Wenn die Eltern es (oft) nicht mehr können und die Lehrkräfte es (in der Regel) nicht sollten, dann können (meistens) die Schulfreunde durch emotionale Prozesse bewirken, dass ein Kind oder ein Jugendlicher die besagte Relevanzfrage (‚Will ich das wissen?') immer häufiger bejaht. Denn schon für ein Grundschulkind und erst recht für einen Jugendlichen ist es von außerordentlicher Bedeutung, was seine Schulfreunde von ihm denken, welche Rolle er in der Gruppe zugewiesen bekommt, wie hoch oder niedrig seine Akzeptanz in der Klasse ist.
  Am sinnfälligsten tritt dies dort zutage, wo

sich verhängnisvollerweise eine motivationale Abwärtsspirale entwickelt hat. In der Lerngruppe gilt es dann als cool, nichts zu wissen, ja unter Umständen werden schon die kleinsten Anzeichen von Leistungswillen sanktioniert, sodass man als Lehrkraft den Eindruck gewinnt, vor eine Mauer zu prallen und niemanden für irgendetwas interessieren zu können. In diesen besonders schwierigen Fällen kann es erforderlich sein, in der Klasse ein gezieltes ‚Teambuilding' durchzuführen, d. h. die Sozialstrukturen im Detail zu analysieren und ganz neu aufzubauen.
Doch in aller Regel genügen wesentlich einfachere, leicht in den alltäglichen Regelunterricht integrierbare Maßnahmen, um die **Dynamik der Peergroups** für Lernprozesse fruchtbar zu machen. Der fünfte Teil dieses Buches liefert viele diesbezügliche Tipps, und zwar nicht nur für den schülerzentrierten Unterricht, der seine Existenz u. a. dieser ganzen Peergroup-Problematik verdankt, sondern auch für den lehrerzentrierten Unterricht, in den durchaus entsprechende Förderelemente eingebaut werden können.

☐ KANN ICH WAS DAMIT ANFANGEN? – DIE KOMPATIBILITÄTSPRÜFUNG

Ist die Hürde der Relevanzprüfung genommen, baut sich sofort ein zweites Hindernis vor uns auf. Etwas lernen zu wollen, ist zwar wichtig, doch zusätzlich muss man auch die erforderlichen Voraussetzungen mitbringen, um es überhaupt lernen zu können. Wenn ich nicht weiß, was eine Apposition ist, kann ich auch mit den Regeln zur Kommasetzung bei der Apposition nichts anfangen. Die Lehrpläne ordnen die Lehrinhalte deshalb in einer bestimmten Reihenfolge an, sodass sie logisch und sinnvoll aufeinander aufbauen.

Doch in der Praxis kann nur selten im Kopf eines Schülers genau diese Abfolge reproduziert werden. Vielmehr hat jeder seine spezifischen Lücken, die er mehr oder minder geschickt auszufüllen oder zu überspringen versucht. In manchen Fällen ist das unproblematisch. Auch ohne Kenntnis der Kommasetzung bei der Apposition kann man die Schullaufbahn und das Leben im Allgemeinen erfolgreich bewältigen. Doch heikler wird es, wenn sogenannte **Schlüsselqualifikationen** betroffen sind, die sich unmittelbar auf die Lernerfolge in anderen Bereichen auswirken. Wer nicht ordentlich lesen kann, hat nicht nur im Deutschunterricht, sondern auch in fast allen anderen Fächern, ja sogar generell im Berufsleben verminderte Erfolgsaussichten.

Es ist deshalb sehr sinnvoll, die Fähigkeiten der Schüler von Zeit zu Zeit zu überprüfen, um sicherzustellen, dass nicht solche grundlegenden Defizite (oder auch besonders förderungswürdige Talente) unentdeckt bleiben. Klausuren, Referate usw. dienen u. a. diesem Ziel. Eine ergänzende Förderdiagnostik, wie sie im dritten Kapitel dieses Buches vorgestellt wird, kann helfen, den spezifischen Förderbedarf im Bereich der Schlüsselqualifikationen abzumessen und sinnvoll zu portionieren. Dabei sollte nicht nur mit einem weinenden, sondern auch mit einem lachenden Auge gesehen werden, dass unsere **Diagnose- und Fördermöglichkeiten** begrenzt sind und keine hundertprozentige Wirksamkeit erreichen. Denn eine nicht perfekt funktionierende Förderung ist teilweise frustrierend, aber eine ganz perfekt funktionierende wäre vernichtend. Wüsste man exakt, welche Übung oder welchen Text man einem Schüler geben müsste, um eine bestimmte Wirkung zu erzeugen, käme dies einer direkten Manipulation, ja fast schon einer Gehirnwäsche gleich, wie kein Pädagoge sie sich wünschen kann. Oder hätten Sie gerne ganz genau das im Kopf, was Ihre Lehrer Ihnen in Ihrer Schulzeit zu vermitteln versucht haben?

Hinsichtlich der Institutionalisierung und Umsetzung schulischer Fördermaßnahmen sei zum Abschluss dieser Einleitung noch einmal betont, dass die individuelle Förderung als Leitidee verstanden werden muss und dass es schlechterdings unmöglich ist, entsprechende Maßnahmen quasi über Nacht zu installieren und zum Erfolg zu führen. Zwar haben mittlerweile einige Bundesländer einen **Rechtsanspruch** der Schüler auf individuelle Förderung im Schulgesetz verankert, doch nicht anders als etwa bei der sogar grundgesetzlich garantierten Meinungsfreiheit oder der Gleichberechtigung der Geschlechter ist jedermann klar, dass es ein sehr weiter Weg bis zur Verwirklichung dieser Ideale ist. Gleichwohl können aber **erste Schritte** auf diesem Weg schon jetzt und hier getan werden. Die Förderung ist dann noch nicht ganz individuell, aber immerhin individueller als bisher. In vielen Fällen genügt dies bereits, um die Lernerfolge der Schüler und die Arbeitszufriedenheit der Lehrkräfte nachhaltig zu steigern.

2. *„DANN MÜSSTE SICH HIER ERST EINE GANZE MENGE ÄNDERN!"* GÜNSTIGE RAHMENBEDINGUNGEN SCHAFFEN (*Jost Schneider*)

„Ich würde ja gerne individuell fördern, wenn ich die Möglichkeit dazu hätte! Aber so, wie es an meiner Schule aussieht, ist das eben einfach nicht machbar!"

Diese Reaktion auf das Projekt der individuellen Förderung ist wohl die am häufigsten zu hörende, wenn man wie wir in viele Schulen hineingeht und mit den dortigen Kollegen spricht.

Tatsächlich ist nicht zu bestreiten, dass ein so anspruchsvolles Unternehmen wie die individuelle Förderung nur dann erfolgreich in die Tat umgesetzt werden kann, wenn bestimmte **Rahmenbedingungen** gegeben sind. Und daran hapert es in sehr vielen Schulen:

- In der Praxis sitzen oft 30 oder mehr Schüler in einer Klasse. Obwohl die von offizieller Seite viel und gerne zitierten wissenschaftlichen Gutachten besagen, dass auch bei großen Schülerzahlen wirksam und differenziert unterrichtet werden kann, weiß doch jeder Praktiker, dass es einen riesigen Unterschied macht, ob in einer Klasse 16 oder 32 Schüler sitzen. Denn vor allem der Korrekturaufwand, aber auch die organisatorische ‚Nebenarbeit' (Erstellung von Zeugnissen, Beratung der Eltern usw.) und nicht zuletzt die emotionale Belastung im Unterricht steigen bei den viel schwerer zu steuernden **Großgruppen** überproportional an. Im Alltag fehlt es deshalb häufig an der Zeit und an der seelischen Energie, die man bräuchte, um ein für große Klassen maßgeschneidertes Unterrichtskonzept zu verwirklichen, wie es uns die pädagogische Theorie anpreist.
- Die Größe der Klassenzimmer und die gesamte **Gestaltung des Schulgebäudes** und der Freiflächen lassen oft jede Aufenthaltsqualität vermissen. ‚Kunst am Bau' kann manchmal die ärgsten Mängel überdecken, doch vergegenwärtigt man sich die Grundrissgestaltung, fühlt man sich oft an Vorbilder aus der Krankenhaus- oder Kasernenarchitektur erinnert. Meistens ist die Schule alles andere als ‚a place to be'. Nach der letzten Stunde ergreift normalerweise alles die Flucht, was Beine hat. An die Bereitstellung und bewusste Ausgestaltung spezieller Gruppen- oder Förderräume bzw. Arbeitsnischen ist oft nicht zu denken. (Erfahrungsgemäß stellen auch die Lehrerzimmer hierbei leider oft einen kritischen Punkt dar: In einem überfüllten oder verlärmten Raum kann man zwischen zwei anstrengenden Unterrichtseinheiten nicht durchatmen, zur Ruhe kommen und die nächste Stunde vorbereiten.)
- Die Ausstattung der Schulen mit aktuellen **Unterrichtsmaterialien** und schultauglichen **Medien** lässt leider nicht selten direkte Rückschlüsse auf Einzugsgebiet und Schulträger zu. Differenzierte Lernsoftware, Beamer und Smartboard in jedem Klassenzimmer, wie es heute eigentlich Standard sein müsste, sehen wir bei unseren Schulbesuchen nur in Privatschulen bzw. in Schulen mit sehr zahlungskräftigem Förderverein oder Schulträger, aber praktisch nie in der ganz normalen Schule an der nächsten Ecke. Overhead-Projektoren und Monitore sind dort nicht selten museumsreif und bleiben weit hinter dem zurück, was Schüler heute im Elternhaus bzw. im eigenen Kinderzimmer an moderner Bürotechnik und Unterhaltungselektronik vorfinden. Die kommunikativen und didaktisch-organisatorischen Potenziale der modernen Technik bleiben (auch) deshalb sehr häufig ungenutzt.
- Und zuletzt ist noch ein Wort zum Thema **Kollegialität und Kooperation** zu sagen. Nur in kleineren Häusern mit 12 oder 15 Lehrern hat man häufiger den Eindruck, dass der Informationsaustausch reibungslos funktioniert und dass alle oder fast alle zumindest bei bestimmten Projekten an einem Strang ziehen. Schon in mittelgroßen Schulen und erst recht beispielsweise in einem Berufskolleg mit 150 oder 200 Lehrern stößt man dagegen fast unausweichlich auf komplexe Gruppenstrukturen. Natürlich kann und muss ein Kollegium nicht in *allen* Angelegenheiten an dem besagten einen Strang ziehen. Doch die individuelle Förderung gehört zu jenen schulischen Großprojekten, bei denen dies erforderlich ist. Auch Aspekte der Teamleitung und der kollegialen Kooperation müssen deshalb bei der Umsetzung dieses Vorhabens mit berücksichtigt werden, d. h. es muss von Beginn an mit bedacht

werden, wie das Konzept der individuellen Förderung den in einer konkreten Schule realisierbaren Rahmenbedingungen so angepasst werden kann, dass es vom Kollegium auch tatsächlich innerlich angenommen und in die alltägliche Unterrichtsrealität umgesetzt wird. Insbesondere sollte man darauf achten, dass die Dokumentation der Förderung nicht mehr Zeit in Anspruch nimmt als die Förderung selbst! Hier sind verwaltungstechnisch schlanke Lösungen gefragt, wie wir sie weiter unten vorstellen werden.

Wenn Sie sich die vier oben genannten Aspekte vor Augen führen und die Situation in Ihrer Schule daraufhin abklopfen, werden Sie vielleicht sofort den Mut verlieren. Wenn schon der normale Unterricht unter ungünstigen, erschwerten Bedingungen stattfinden muss, wie soll dann ein so anspruchsvolles Konzept wie die individuelle Förderung umgesetzt werden. Lässt man nicht besser die Finger davon? Ist es nicht sogar vermessen, sich an etwas Derartiges heranzuwagen, bevor nicht der Staat bessere Voraussetzungen geschaffen hat?

Müssten diese Fragen bejaht werden, hätten wir dieses Buch nicht geschrieben – und Sie hätten es nicht aufgeschlagen. Die Erfahrung lehrt, dass die Arbeit im Bildungssystem schon immer eine gewisse **Kompromissbereitschaft** voraussetzte und dass man weder im Kindergarten noch in der Schule oder in der Universität jemals eine Unterrichtsstunde hätte durchführen können, wenn man die Schaffung idealer Rahmenbedingungen zur Voraussetzung dafür erklärt hätte.

Das heißt allerdings nicht, dass man *jeden* Kompromiss akzeptieren muss oder dass man schon zufrieden sein sollte, wenn man es schafft, sich irgendwie durchzuwursteln. Aber das ist auch nicht erforderlich. Denn da die Grundgedanken der individuellen Förderung auf 100 Jahre alte Konzepte der Reformpädagogik zurückgehen und da vor allem in den letzten Jahren sehr viele Schulen konkrete Erfahrungen mit entsprechenden Verfahren gesammelt haben, können wir heute auf einen Fundus von erprobten und alltagstauglichen Maßnahmen zurückgreifen, der uns die ganze Sache sofort in freundlicherem Licht erscheinen lässt. Denn die Schulen brauchen nicht auf den Sankt-Nimmerleins-Tag der idealen Rahmenbedingungen zu warten, sondern können selbst ihr Geschick in die Hand nehmen und einen Großteil der anfallenden Arbeiten vereinfachen oder sogar delegieren. Bestimmt können auch an Ihrer Schule (nicht alle, aber) einige der nachfolgend beschriebenen Maßnahmen in die Praxis umgesetzt werden!

2.1 *„WIR HABEN EINFACH NICHT GENUG LEUTE!"* PERSONELLE UNTERSTÜTZUNG BESCHAFFEN

In Deutschland wird bekanntlich nach wie vor ein geringerer Teil des Bruttosozialproduktes in das Bildungssystem investiert als in vergleichbaren Ländern. Daran soll sich zwar künftig etwas ändern, doch bis die in Aussicht gestellten Segnungen in der konkreten einzelnen Schule angekommen sind, wenn sie denn tatsächlich ausgeteilt werden, dürfte es noch einige Jahrzehnte dauern, zumal ein nur geringer Stellenzuwachs schnell durch Verschlechterungen beim Krankenstand oder bei den Vertretungsregelungen bzw. in bestimmten Fächern voraussichtlich auch durch Lehrermängel aufgezehrt werden könnte. Man ist deshalb gut beraten, zusätzliche personelle Unterstützung zu beschaffen und die Lasten der individuellen Förderung auf mehr Schultern zu verteilen.

☐ SCHÜLER HELFEN SCHÜLERN

Zu den in dieser Hinsicht besonders wirkungsvollen Maßnahmen gehört nach unserer Erfahrung das Konzept ‚Schüler helfen Schülern'. Es macht sich erfolgreich den in der Einleitung beschriebenen Trend zur Expansion der Jugendkultur zunutze (d. h. das Phänomen, dass Kinder und Jugendliche heute ganz überwiegend einen generationsspezifischen Lebensstil aufweisen, der eine gemeinsame Kommunikations- und Kooperationsbasis schafft). In der Praxis gibt es zwei Varianten: das unentgeltliche Mentorensystem und das ‚kommerzielle' Tutorensystem.

Das **Mentorensystem** ist folgendermaßen aufgebaut: Alle Schüler der beiden untersten Klassen (also der 1. und 2. bzw. der 5. und 6. Klasse) bekommen direkt bei ihrem Schuleintritt einen älteren Schüler der beiden obersten Klassen (also der 3. oder 4. Klasse bzw. der 9. oder 10. Klasse oder der Oberstufe) als Mentor zugewiesen. Dieser Mentor ist kein Nachhilfelehrer, sondern eher eine Art Schulscout, der seinem Schützling Hilfestellung bei der Orientierung im organisatorischen Gesamtsystem der Schule gibt. Er kann beispielsweise folgende Fragen beantworten:

- Was finde ich wo? (Gebäude- und Raumstruktur)
- Was finde ich wie in der Schulbibliothek?
- Wie nutze ich den Medien-/Computerraum oder die Schülerlinks auf der Schulwebsite?
- Wann und warum besuche ich eine Lehrersprechstunde und wie bereite ich mich darauf vor?
- An wen wende ich mich, wenn ich von anderen Schülern bedroht werde?
- Was kann ich im Schulkiosk kaufen, was bietet die Schulmensa?
- Welche AG's gibt es und wie komme ich in meine Lieblings-AG?
- Gibt es in der Schule bestimmte Cliquen oder Schülergruppen, die selbstständig etwas auf die Beine stellen? (Schülerzeitung, Fußballtreff, Schülerband usw.)
- Und vielleicht auch: Wie muss ich Lehrer x oder Lehrerin y begegnen, wer legt auf was Wert, wer hat welche Marotten oder Eigenheiten, welcher Lehrer hat, kurz gesagt, welche Stärken und welche Schwächen?

Für viele Schulneulinge stellt es erfahrungsgemäß eine große Hilfe dar, wenn Sie von Beginn an eine nicht erwachsene, leichter zugängliche Vertrauensperson genannt bekommen, die ihre mehr oder minder banalen, oft aber dennoch große Ängste und Sorgen erzeugenden Probleme und Problemchen lösen kann. Und auch für die Mentoren selbst ist es, zumal wenn sie keine jüngeren Geschwister haben, eine Herausforderung (und unter dem Aspekt des sozialen Lernens ein direkter Gewinn), wenn sie anderen etwas so vermitteln müssen, dass es hilfreich und verständlich ist. Gewiss wird man nicht jeden Schüler der höheren Klassen für eine solche Aufgabe gewinnen wollen und können, während man den besonders Geeigneten vielleicht sogar zwei oder drei Schützlinge zuweisen kann. Und manche Neulinge werden ihren Mentor wahrscheinlich viel länger und intensiver in Anspruch nehmen als andere. Doch insgesamt ist der beiderseitige Nutzen dieser Maßnahme offensichtlich.

Und erfreulicherweise hält sich der dem Kollegium entstehende Aufwand sehr in Grenzen, sodass die Gesamtbilanz des Mentorensystems praktisch immer positiv ist. In der Regel genügt es, wenn die Mentoren in einigen zusätzlichen Stunden auf ihre Tätigkeit vorbereitet werden. Oft bekommen neu angeworbene Mentoren zudem kleine ‚Anleitungsheftchen' ausgehändigt, die im Laufe der Jahre vom Mentorenbetreuer zusammengestellt wurden und in denen kurz und prägnant beschrieben ist, was ein Mentor in der jeweiligen Schule alles tun oder auch nicht tun soll. Der anfallende Verwaltungsaufwand (im Wesentlichen Zuteilung der nominierten Mentoren) kann unter Umständen von einer ehrenamtlichen Kraft (an weiterführenden Schulen aus den Kreisen der Schülerschaft) bestritten werden. Als Dank erwartet die Mentoren eine entsprechende Urkunde als Beilage zum Zeugnis bzw. eine Berücksichtigung ihrer Arbeit bei der Note für das Arbeits- und Sozialverhalten (Kopfnoten).

Das **Tutorensystem** zielt, anders als das Mentorensystem, stärker auf die unterrichtlich-fachliche Unterstützung der Schüler. Die Organisation sieht in der Regel so aus: Vier in einem bestimmten Fach förderbedürftige Schüler erhalten von einem in diesem Fach besonders leistungsstarken älteren Schüler eine Art ‚Nachhilfeunterricht', wobei jeder Geförderte in der Regel zwei Euro pro Stunde bezahlt, sodass die gesamte Stunde acht Euro einbringt (Stand: Ende 2009). Der ‚Nachhilfelehrer' bekommt davon – wenn nicht das Schulsekretariat die Koordinations- und Verwaltungsarbeit schultern kann – 7,50 Euro.

Die restlichen 0,50 Euro fließen in einen Pool, aus dem ein weiterer Schüler bezahlt wird, der die Nachhilfeangebote seiner Schule koordiniert und der die anfallenden Organisationsarbeiten erledigt, und zwar ebenfalls zu einem Stundenlohn von 7,50 Euro. Es gibt inzwischen eine ganze Reihe von weiterführenden Schulen, deren Schülervertretungen derartige Dienstleistungen ganz selbstständig im Rahmen einer sogenannten ‚Schülerfirma' entwickeln, organisieren und durchführen. In aller Regel richten sich die Angebote dieser Schülerunternehmen, für die hier die Convos-Company des Conrad-von-Soest-Gymnasiums als Beispiel dient (vgl. **Abb. 1**), nicht nur an die Schüler der eigenen Schule, sondern auch und gerade an die Schüler der umliegenden Grundschulen und sonstigen Schulen. Das bedeutet umgekehrt, dass den Schulleitungen dieser nahe gelegenen Schulen unbedingt empfohlen werden kann, sich als potenzielle ‚Kunden' an benachbarte Gymnasien oder auch Real- und Gesamtschulen oder Berufskollegs zu wenden, bei diesen

Conrad-von-Soest-Gymnasium

Convos-Company

Kurz-Bericht über das zurückliegende Geschäftsjahr

Ein Gewinn von 1302,94 € wurde von der Convos-Company, unserer Schülerfirma, im vergangenen Jahr erzielt. Dieses stolze Ergebnis wurde auf der Aufsichtsratssitzung am 9. September bekannt gegeben. Die Einnahmen ergaben sich durch die vielfältigen Leistungen des kleinen Unternehmens, seien es die Fördermaßnahmen für Schülerinnen und Schüler der Klassen 5 bis 10 (394 €), der Verkauf von Kalendern, Klassenfotos, DVDs der Weihnachtsfeier sowie Kaffee und Kuchen bei Schulveranstaltungen (allein 385 €) oder das Angebot von PowerPoint-Fortbildungsveranstaltungen. Mit dem Gewinn wurden unter anderem die Schülerband gefördert, die Ausstattung des Medienraums verbessert und Spielgeräte für die großen Pausen zur Verfügung gestellt. Weiterhin sollen Schul-T-Shirts finanziert, ein Laptop für den Medienraum sowie Sitzbretter für den Schulhof angeschafft und die Oberstufen-Schülerzeitung „Pupille" unterstützt werden.

[URL: http://www.conrad-von-soest-gymnasium.de/Kurz-Bericht-ueber-das-zurueckliegende-G.58.0.html; 5.10.2009]

Abb. 1

eine entsprechende Dienstleistung zu erfragen und dabei direkt das Modell der ‚Schülerfirma' ins Spiel zu bringen.

Im Hinblick auf die Verkürzung der Schulzeit (Turboabitur) könnte man eventuell befürchten, dass die für solche Tätigkeiten besonders geeigneten Oberstufenschüler neuerdings keine Zeit mehr haben, um bei einer solchen Unternehmung mitzumachen. Doch das ist nicht der Fall. Auch weiterhin bessern die meisten dieser Schüler ihr Taschengeld mit Nebenjobs auf, wie aktuelle Untersuchungen belegen. Und sicherlich ist es für viele von ihnen attraktiver, eine Kleingruppe zu unterrichten, als im Supermarkt Pfandflaschen zu sortieren oder Konservenbüchsen einzuräumen. Außerdem gibt es auch hier wieder die Möglichkeit, entsprechende Leistungen in die Bewertung des Arbeits- und Sozialverhaltens miteinfließen zu lassen. Wie bei den Mentoren gilt auch hier, dass nicht jeder für diese Arbeit in Betracht kommt und dass die Tutoren eine kurze **vorbereitende Schulung** (Präsentations- und Moderationstechnik; ggf. Grundlagen der Didaktik) erhalten und von den zuständigen Fachlehrern mit geeigneten Materialien versorgt werden sollten. Eine gut funktionierende Schülerfirma weiß, wie sie solche Vorbereitungskurse selbstständig organisieren kann.

VORKASSE

Um sicherzustellen, dass der Tutor nicht immer mal wieder ohne Schüler und ohne Einkommen dasitzt und den Spaß an seinem Job verliert, sollte unbedingt Vorkasse erhoben werden. Wenn 10 oder 20 Termine im Voraus gebucht und bezahlt werden müssen, achten die Eltern erfahrungsgemäß penibler darauf, dass ihr Kind auch tatsächlich zur Förderstunde erscheint.

Was umgekehrt die Förderungsbedürftigen betrifft, so kann zunächst zwischen einem Bring- und einem Holsystem unterschieden werden. Beim **Bringsystem** spricht ein Lehrer die dringende Empfehlung aus, diesen oder jenen Kurs zu besuchen. (Wenn die Eltern des betreffenden Schülers nachweislich keine zwei Euro pro Stunde bezahlen können, tritt in der Regel der Förderverein der Schule in Aktion und übernimmt die Teilnahmegebühr). Beim **Holsystem** kann der Schüler selbst im Büro der Schülerfirma Kurse belegen, wie es seinen Wünschen und Bedürfnissen entspricht. Wie man sofort erkennt, muss hierbei die Fähigkeit zu angemessener Selbsteinschätzung vorausgesetzt werden können. Meistens bekommen deshalb nur bestimmte leistungsstärkere Schüler eine ‚Lizenz zum Holen', was erfahrungsgemäß durchaus als Auszeichnung verstanden wird und übrigens auch das Ansehen der Firma und die Nachfrage nach ihren Angeboten steigert.

Damit ist gleichzeitig angedeutet, dass sich die besagten Kursangebote keineswegs auf die Hausaufgabenbetreuung für die Leistungsschwächsten beschränken müssen, auch wenn dieser Bereich sicherlich zu den Kernaufgaben einer solchen Schülerfirma zu rechnen sein wird. Vielmehr können und sollten auch Maßnahmen der Vorabförderung (Hinführung zu demnächst anstehenden Themen oder Texten; unterrichtsunabhängige Lese- oder Rechenübungen; Vorbereitung auf Referate und andere Präsentationen; Einübung bestimmter Methoden oder Rechercheverfahren usw.) und Kurse zur Begabten- oder Hochbegabtenförderung zum Angebotsspektrum einer gut organisierten Schülerfirma gehören. Unter Umständen kann es dann erforderlich sein, (Lehramts-) Studierende, die ihr Abitur an der besagten Schule abgelegt haben, weiterhin für diese Tätigkeit zu gewinnen (und ggf. etwas besser zu entlohnen). Wo dies der Fall ist, mischen sich Repräsentanten der Schülerfirma natürlich unauffällig unter die Gäste der jährlichen Abiturfeier …

Unsere Erfahrungen aus vielen Hundert Schulbesuchen haben erbracht, dass Mentoren- und Tutorensysteme in der alltäglichen Praxis zu den wirksamsten und unaufwendigsten Maßnahmen der individuellen Förderung gehören und nahezu jeder Schule empfohlen werden können. Die Qualität der von Mentoren und Tutoren geleisteten Förderung darf hierbei nicht zu optimistisch, aber auch nicht zu pessimistisch eingeschätzt werden. Jedenfalls kann sie in diesen beiden Helfersystemen bedeutend besser gesteuert und kontrolliert werden, als wenn Eltern per Kleinanzeige irgendeinen Schüler anheuern, dessen fachliche und pädagogische Eignung sie selbst und auch die ‚betroffenen' Lehrer unter Umständen in gar keiner Weise einschätzen und überprüfen können. Selbst der kleinsten Grundschule kann also ohne Einschränkungen empfohlen werden, sich mit entsprechenden Anfragen an benachbarte weiterführende Schulen zu wenden. Und für größere weiterführende Schulen sollte es fast schon Ehrensache sein, für die eigenen Schüler und für die der umliegenden Schulen im Rahmen einer Schülerfirma ein attraktives, vielfältiges Tutoriumsangebot zu entwickeln.

MEHR KOOPERATION IM KOLLEGIUM

Das Adjektivattribut ‚individuell' in der Formulierung ‚individuelle Förderung' wird in der Regel ausschließlich auf die Geförderten und nicht auf die Fördernden bezogen. Das ist schade, weil jeder Lehrer im Laufe des Berufslebens erfahrungsgemäß ganz spezielle eigene Tricks und Kniffe entwickelt, um mit schwierigen Aufgaben und Situationen fertigzuwerden, also beispielsweise bestimmte schwierige Sachverhalte begreiflich zu machen, Interesse für als langweilig geltende Themen zu wecken oder konstruktiv mit als schwierig geltenden Schülern umzugehen.

Es wäre ein sehr wesentlicher Beitrag zur individuellen Förderung, wenn dieses in vielen einzelnen Köpfen steckende Wissen allen Mitgliedern eines Lehrerkollegiums zugänglich gemacht werden könnte. Für fast jedes Problem, sei es didaktischer, disziplinarischer, organisatorischer oder anderer Art, gibt es in einem Kollegium einen findigen Kopf, der die Lösung weiß und vermitteln könnte. Doch nicht selten erfährt der oder die Betreffende gar nicht erst, dass und wo dieses Problem existiert. Die **Problemlösungskompetenz der Gruppe** wird also oft nicht ausgeschöpft. Was lässt sich daran ändern? Eine ganze Menge, wie die inzwischen in vielen Schulen praktizierten Verfahren zur Stärkung der innerkollegialen Kooperation zeigen! Dabei können drei Schwerpunkte ausgemacht werden:

- der Unterricht selbst,
- die Unterrichtsvorbereitung,
- die Korrektur.

Was zunächst den Unterricht selbst angeht, so wäre natürlich in erster Linie an das **Team teaching** zu denken, das in zwei Varianten existiert. In der **Vollversion**, die eine sehr gute personelle Versorgung der Schulen voraussetzt und die deshalb in Deutschland nur höchst selten realisiert werden kann, unterrichten zwei Lehrer gleichzeitig ein und dieselbe Klasse, wobei der eine sich in einem Nebenraum ganz gezielt mit den Schwächeren und/oder den (Hoch-) Begabten beschäftigt, während der andere ganz normal den Lehrplan abarbeitet. In der **‚Sparversion'** dagegen, die personalbedingt in Deutschland aktuell den Regelfall darstellt, ist immer nur ein Lehrer im Klassenzimmer – jedoch immer der richtige! Ausgangspunkt ist hierbei die Überlegung, dass Lehrer, die das gleiche Fach unterrichten, naturgemäß nicht die gleichen fachlichen Schwerpunkte haben und außerdem mit unterschiedlichen Lerngruppen unterschiedlich gut zurechtkommen.

Bei der **Stundenplanerstellung** wird in Schulen, die eine solche Kooperation realisieren, deshalb nicht jede Klasse einem bestimmten Lehrer zugeteilt, der dann im kommenden Schuljahr sein Fach bzw. seine Fächer in dieser Klasse komplett und alleine unterrichtet. Vielmehr wird den Kollegen *a, b, c* kollektiv der Auftrag erteilt, den (Fach-) Unterricht in den Klassen *x, y, z* zu organisieren und durchzuführen. Wie diese Kollegen dann die anfallenden Arbeiten unter sich aufteilen, bleibt ihnen (ganz oder weitestgehend) überlassen. Es wäre also denkbar, dass ein Mathematiker mit Präferenzen für Geometrie in mehreren Klassen die Geometrie abdeckt und die Arithmetik anderen Kollegen überlässt, die in diesem Bereich ihren Schwerpunkt sehen. Und ein Sprachen lehrender Grammatikfan könnte in mehreren Klassen die Grammatik übernehmen und die Literaturanalyse seinen darin versierteren Kollegen überlassen. Für die beim Team teaching – sei es in der Voll-, sei es in der Sparversion – erforderlichen Absprachen zwischen den beteiligten Kollegen sollte ein festes, nicht zu knapp bemessenes Zeitfenster definiert und eingeplant werden.

Anstelle fachlicher können übrigens beim Team teaching auch **soziale oder psychologische Aspekte** im Vordergrund stehen. Hatten Sie schon einmal eine Klasse, mit der Sie einfach nicht zurechtgekommen sind? Eine Lerngruppe, in der Sie einfach kein Bein auf die Erde bekommen haben? Verhaltensauffällige, freche, gewalttätige Schüler, zu denen Sie sich kaum in die Klasse getraut haben? Dann gehören Sie der Mehrheit an. Solche Erfahrungen gehören selbst an Gymnasien in bevorzugten Stadtteilen zum Berufsalltag von Lehrern. **Kollegiale Kooperation** kann dieses Problem nicht selten lösen. Denn vielleicht haben Sie einen Fachkollegen, der in dieser speziellen Gruppe besser ankommt, der sich mehr Respekt zu verschaffen weiß, der einfach breitschultriger oder dickfelliger ist und deshalb weniger unter der Situation leidet als Sie. Es wäre offenkundig eine große Hilfe, in bestimmten Situationen die Lasten auf mehrere Schultern verteilen zu können. Allerdings sind dabei Teamqualitäten gefragt, die u.U. erst noch im Kollegium erarbeitet werden müssen. Wechselseitige **Hospitationen**, wie sie an manchen Schulen routinemäßig durchgeführt werden, können ein Weg sein, um die Stärken und Schwächen der Kollegen kennenzulernen und über die eigenen Vorzüge und Defizite aufgeklärt zu werden.

☐ NEUE ARBEITSZEITMODELLE

Übrigens zeichnen sich am Horizont noch weitergehende Kooperationsmöglichkeiten ab, und zwar durch die Einführung der ‚Neuen Arbeitszeitmodelle'. Diese Modelle, unter denen das *Hamburger* und das *Mindener Modell* (vgl. **Abb. 2**) besondere Bekanntheit erlangt haben, basieren auf schulspezifischen Leistungsinventaren, in denen sämtliche Arbeitsleistungen aufgeführt sind, die vom Kollegium insgesamt erbracht werden müssen. Dazu gehört natürlich nicht nur die Lehrtätigkeit in der Klasse, sondern auch die Unterrichtsvorbereitung, die Korrekturarbeit, die Elternberatung, die Teilnahme an Konferenzen, die Ausformulierung rechtsfester Prüfungsaufgaben, die Betreuung von AG's, die Lehrerfortbildung usw. Da diese Arbeiten unterschiedlich belastend und voraussetzungsreich sind, werden sie anschließend nach einem vom jeweiligen Kollegium selbst erarbeiteten (und regelmäßig aktualisierten) Schlüssel gewichtet. Beispielsweise kann sich der einzelne Kollege für 45 Minuten Unterricht in einer schwierigen Lerngruppe 50 oder 55 Minuten Arbeitszeit anrechnen, während für die achtstündige Mitwirkung an der Vorbereitung des Schulfestes

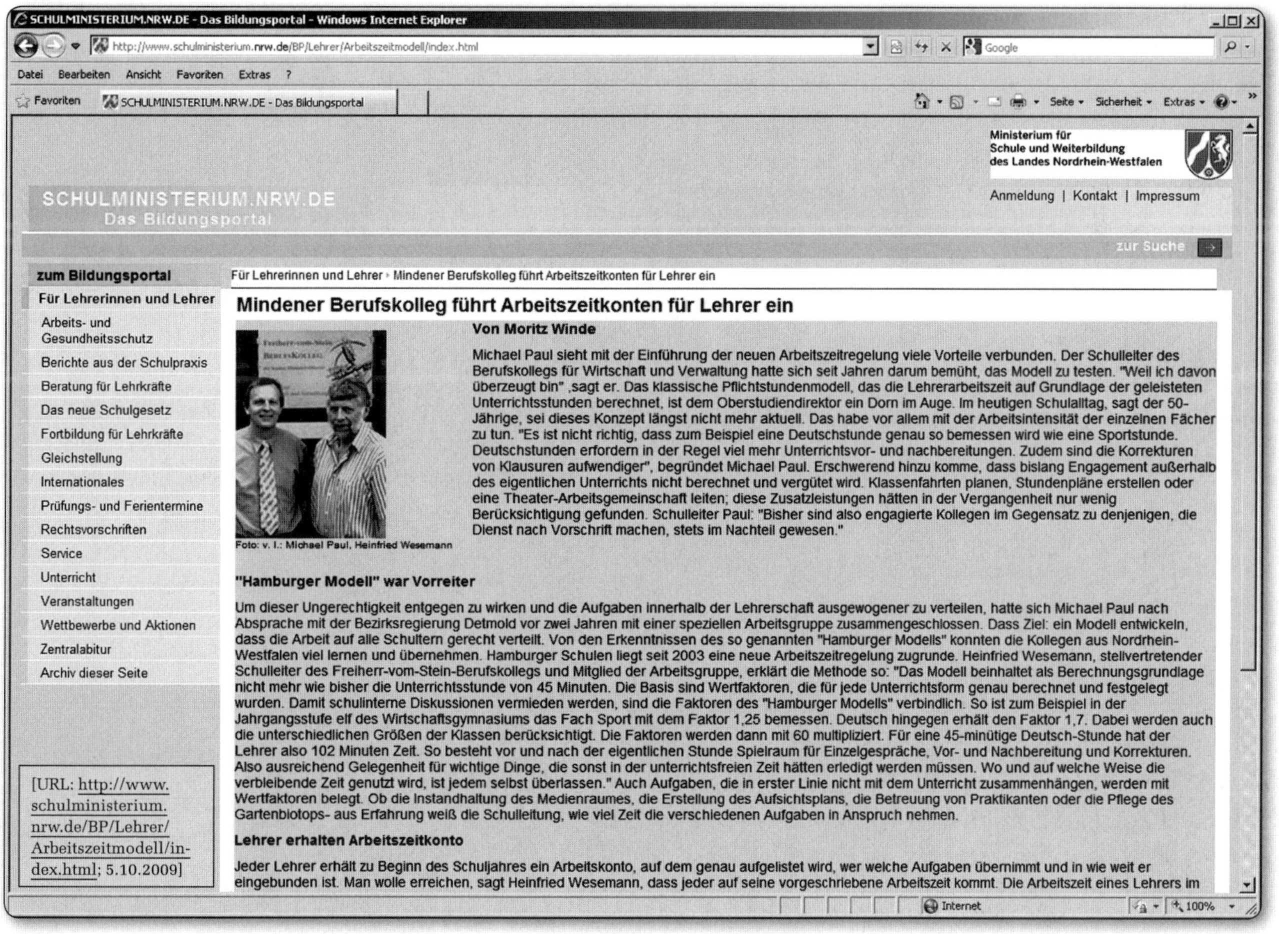
SCHULMINISTERIUM.NRW.DE - Das Bildungsportal - Windows Internet Explorer

http://www.schulministerium.nrw.de/BP/Lehrer/Arbeitszeitmodell/index.html

Datei Bearbeiten Ansicht Favoriten Extras ?

Favoriten | SCHULMINISTERIUM.NRW.DE - Das Bildungsportal | Seite Sicherheit Extras

Ministerium für Schule und Weiterbildung des Landes Nordrhein-Westfalen

SCHULMINISTERIUM.NRW.DE
Das Bildungsportal

Anmeldung | Kontakt | Impressum

zur Suche

zum Bildungsportal
- Für Lehrerinnen und Lehrer
- Arbeits- und Gesundheitsschutz
- Berichte aus der Schulpraxis
- Beratung für Lehrkräfte
- Das neue Schulgesetz
- Fortbildung für Lehrkräfte
- Gleichstellung
- Internationales
- Prüfungs- und Ferientermine
- Rechtsvorschriften
- Service
- Unterricht
- Veranstaltungen
- Wettbewerbe und Aktionen
- Zentralabitur
- Archiv dieser Seite

Für Lehrerinnen und Lehrer › Mindener Berufskolleg führt Arbeitszeitkonten für Lehrer ein

Mindener Berufskolleg führt Arbeitszeitkonten für Lehrer ein

Von Moritz Winde

Foto: v. l.: Michael Paul, Heinfried Wesemann

Michael Paul sieht mit der Einführung der neuen Arbeitszeitregelung viele Vorteile verbunden. Der Schulleiter des Berufskollegs für Wirtschaft und Verwaltung hatte sich seit Jahren darum bemüht, das Modell zu testen. "Weil ich davon überzeugt bin" ,sagt er. Das klassische Pflichtstundenmodell, das die Lehrerarbeitszeit auf Grundlage der geleisteten Unterrichtsstunden berechnet, ist dem Oberstudiendirektor ein Dorn im Auge. Im heutigen Schulalltag, sagt der 50-Jährige, sei dieses Konzept längst nicht mehr aktuell. Das habe vor allem mit der Arbeitsintensität der einzelnen Fächer zu tun. "Es ist nicht richtig, dass zum Beispiel eine Deutschstunde genau so bemessen wird wie eine Sportstunde. Deutschstunden erfordern in der Regel viel mehr Unterrichtsvor- und nachbereitungen. Zudem sind die Korrekturen von Klausuren aufwendiger", begründet Michael Paul. Erschwerend hinzu komme, dass bislang Engagement außerhalb des eigentlichen Unterrichts nicht berechnet und vergütet wird. Klassenfahrten planen, Stundenpläne erstellen oder eine Theater-Arbeitsgemeinschaft leiten; diese Zusatzleistungen hätten in der Vergangenheit nur wenig Berücksichtigung gefunden. Schulleiter Paul: "Bisher sind also engagierte Kollegen im Gegensatz zu denjenigen, die Dienst nach Vorschrift machen, stets im Nachteil gewesen."

"Hamburger Modell" war Vorreiter

Um dieser Ungerechtigkeit entgegen zu wirken und die Aufgaben innerhalb der Lehrerschaft ausgewogener zu verteilen, hatte sich Michael Paul nach Absprache mit der Bezirksregierung Detmold vor zwei Jahren mit einer speziellen Arbeitsgruppe zusammengeschlossen. Dass Ziel: ein Modell entwickeln, dass die Arbeit auf alle Schultern gerecht verteilt. Von den Erkenntnissen des so genannten "Hamburger Modells" konnten die Kollegen aus Nordrhein-Westfalen viel lernen und übernehmen. Hamburger Schulen liegt seit 2003 eine neue Arbeitszeitregelung zugrunde. Heinfried Wesemann, stellvertretender Schulleiter des Freiherr-vom-Stein-Berufskollegs und Mitglied der Arbeitsgruppe, erklärt die Methode so: "Das Modell beinhaltet als Berechnungsgrundlage nicht mehr wie bisher die Unterrichtsstunde von 45 Minuten. Die Basis sind Wertfaktoren, die für jede Unterrichtsform genau berechnet und festgelegt wurden. Damit schulinterne Diskussionen vermieden werden, sind die Faktoren des "Hamburger Modells" verbindlich. So ist zum Beispiel in der Jahrgangsstufe elf des Wirtschaftsgymnasiums das Fach Sport mit dem Faktor 1,25 bemessen. Deutsch hingegen erhält den Faktor 1,7. Dabei werden auch die unterschiedlichen Größen der Klassen berücksichtigt. Die Faktoren werden dann mit 60 multipliziert. Für eine 45-minütige Deutsch-Stunde hat der Lehrer also 102 Minuten Zeit. So besteht vor und nach der eigentlichen Stunde Spielraum für Einzelgespräche, Vor- und Nachbereitung und Korrekturen. Also ausreichend Gelegenheit für wichtige Dinge, die sonst in der unterrichtsfreien Zeit hätten erledigt werden müssen. Wo und auf welche Weise die verbleibende Zeit genutzt wird, ist jedem selbst überlassen." Auch Aufgaben, die in erster Linie nicht mit dem Unterricht zusammenhängen, werden mit Wertfaktoren belegt. Ob die Instandhaltung des Medienraumes, die Erstellung des Aufsichtsplans, die Betreuung von Praktikanten oder die Pflege des Gartenbiotops- aus Erfahrung weiß die Schulleitung, wie viel Zeit die verschiedenen Aufgaben in Anspruch nehmen.

Lehrer erhalten Arbeitszeitkonto

Jeder Lehrer erhält zu Beginn des Schuljahres ein Arbeitskonto, auf dem genau aufgelistet wird, wer welche Aufgaben übernimmt und in wie weit er eingebunden ist. Man wolle erreichen, sagt Heinfried Wesemann, dass jeder auf seine vorgeschriebene Arbeitszeit kommt. Die Arbeitszeit eines Lehrers im

Internet 100%

[URL: http://www.schulministerium.nrw.de/BP/Lehrer/Arbeitszeitmodell/index.html; 5.10.2009]

Abb. 2

vielleicht nur sieben Arbeitsstunden angerechnet werden dürfen. (Die Gewichtungsfaktoren werden, wie gesagt, vom Kollegium selbst definiert und können auch ganz anders ausfallen.)

Ein solches Modell eröffnet im Prinzip die Möglichkeit, die unterrichtlichen Tätigkeiten ganz neu aufzuteilen und dabei sogar zwischen der Vorbereitung, der Durchführung und der Nachbereitung (Korrekturen) zu unterscheiden. Unbestreitbar gibt es ja Kollegen, die in der Klasse so richtig in ihrem Element sind, die im lebendigen Austausch mit den Schülern aufblühen, echte – Verzeihung! – Rampensäue eben. Dieser Lehrertyp wird bei Vorbereitungs- und Verwaltungstätigkeiten ausgebremst. Und das muss ja nicht sein, denn umgekehrt gibt es fast in jeder Schule auch Kollegen, bei denen es ganz anders ist, die also nicht so gerne vor der Klasse stehen und die eigentlich lieber in ihrem mehr oder minder stillen Kämmerlein ‚paperwork' erledigen. An der Universität ist eine entsprechende Unterscheidung zwischen Lehrprofessuren, Forschungsprofessuren und Funktionsstellen inzwischen weitgehend eingebürgert. Zwar bleibt das alte Ideal der Einheit von Forschung, Lehre und Verwaltung im Prinzip erhalten, doch in der Praxis hat fast jeder Professor heute seinen Arbeitsschwerpunkt hier oder da oder dort. Auch in der Schule wird es sicherlich nur wenige reine ‚Vor- und Nachbereitungslehrer', ‚Unterrichtslehrer' und ‚Verwaltungslehrer' geben können. Doch die neuen Arbeitszeitmodelle eröffnen in dieser Hinsicht erste Spielräume für Akzentsetzungen, wie sie unter dem Aspekt der individuellen Förderung gewiss auch zu befürworten wären.

Die neuen Arbeitszeitmodelle erlauben es schon jetzt, dem unbestreitbaren Prozess der **Spezialisierung** Rechnung zu tragen und die Kollegen vermehrt in den Bereichen einzusetzen, in denen ihre jeweiligen Stärken und Talente liegen. Überspitzt könnte man sagen, dass die individuelle Förderung der Schüler dann dadurch erreicht wird, dass ihnen immer (oder jedenfalls deutlich öfter) genau derjenige Lehrer gegenübersitzt, der auch tatsächlich die Begabung hat, ihre speziellen fachlichen oder psychisch-sozialen Defizite zu beheben. Die Erfahrung lehrt, dass die Einführung derartiger Arbeitszeitmodelle für einige Monate lebhafte Diskussionen und starke Konflikte erzeugt, dass aber danach eine Routine gefunden wird, von der sowohl Lehrer als auch Schüler deutlich profitieren. Es empfiehlt sich, den Prozess der Modellvorstellung und -einführung von einer schulexternen Institution moderieren zu lassen, die den gesetzlichen Entscheidungsspielraum darstellt, ein Verfahren zur Lösung der unvermeidlichen Konflikte etabliert, Beispiele aus anderen Schulen vorstellt und Tipps zur organisatorischen Umsetzung gibt.

☐ SCHULINTERNE DATENBANK FÜR UNTERRICHTS- UND FÖRDERMATERIALIEN

Will man solche Lösungsansätze zunächst noch nicht in Angriff nehmen, bleiben im Bereich der Unterrichtsvor- und -nachbereitung immer noch viele Kooperationsmöglichkeiten übrig, die mit recht geringem Aufwand zu realisieren sind. An erster Stelle ist hier die Anlage einer **schulinternen Datenbank** zu nennen, in der nach und nach alle geeigneten, praxisbewährten Unterrichtsmaterialien gesammelt werden.

Die Erfahrung lehrt, dass in den meisten Lehrerzimmern Regalwände mit vielen, vielen Unterrichtsmaterialien stehen, von denen nur ein geringer Teil tatsächlich genutzt wird. Zwar werden solche Materialien oft auch zwischen Kollegen ausgetauscht, doch schon in Häusern mittlerer Größe hängt es hierbei nicht selten von Zufällen und von der Chemie zwischen den Kollegen ab, ob und wie viel wer von wem bekommt. Manche haben alles, andere fast nur das, was sie sich selbst erarbeitet haben. Um hier zu einer sinnvolleren, gerechteren Verteilung zu gelangen, empfehlen wir die Einrichtung der besagten Datenbank. Dabei sind fünf Punkte unbedingt zu beachten:

❶ **Technische Rahmenbedingungen**
Eine solche Datenbank ist im einfachsten Fall als handschriftliche Liste in Papierform zu realisieren, wird heute aber meistens in einem passwortgeschützten Bereich der schuleigenen Website angelegt. Sie besteht aus einer großen Tabelle, auf deren x-Achse die einzelnen Fächer und auf deren y-Achse die einzelnen Jahrgangsstufen abgetragen sind. In die einzelnen Felder der Tabelle werden Links und Signaturen eingetragen, die unmittelbar zu den entsprechenden Internetmaterialien oder Büchern in der Lehrerbibliothek führen und die in drei oder vier aussagekräftigen Schlagwörtern charakterisiert werden. Diese Links und Signaturen müssen unbedingt nach der Häufigkeit des faktischen Downloads der Materialien hierarchisiert werden. Sonst besteht

die Gefahr, dass beispielsweise im Tabellenfeld ‚Biologie / 5. Klasse' schon nach wenigen Jahren 100, 200 oder noch mehr unsortierte Links stehen, was die Benutzung stark erschwert, weil niemand alle diese Links sichten kann. Steht ganz oben das am häufigsten heruntergeladene (sowie ganz neue) Material, kommt dies einer Empfehlung gleich und erleichtert die Auswahl.

❷ **Delegation der Arbeit an der Datenbank**
Kein Lehrer hat genug Zeit, um eine solche Datenbank anzulegen und zu pflegen. Wir empfehlen deshalb sehr dringend, diese Arbeit zu delegieren, und zwar an Freiwillige, die sich im Sinne des bürgerschaftlichen Engagements ehrenamtlich betätigen. Zentrale Internetportale erlauben es heute, solche Leistungen gezielt anzufordern. So kann eine Schule beispielsweise unter http://www.diegesellschafter.de ein entsprechendes Anforderungsprofil hochladen. Und in vielen Kreisen und Kommunen gibt es darüber hinaus eigene Internetportale für Freiwillige und Ehrenämtler.
Die Chance, dass Sie für Ihre Schule einen frühpensionierten Datenbankverwalter finden, der sich einen Spaß daraus macht, Ihnen eine solche Datenbank einzurichten, ist sehr groß! Denn erstens verfolgen Schulen definitiv keine kommerziellen Interessen und sind deshalb über jeden Verdacht erhaben, das Engagement der Freiwilligen zu missbrauchen. Zweitens bringen nicht nur professionelle Datenbankverwalter, sondern inzwischen Repräsentanten vieler Berufsgruppen das erforderliche Know-how mit. Und drittens braucht ein solcher Ehrenämtler noch nicht einmal in Ihrer Gemeinde oder Ihrem Bundesland zu wohnen. Es reicht, wenn Sie in Ihrem Lehrerzimmer ein Ablagekörbchen aufstellen, in dem jeder Lehrer erprobte Materialien (bzw. Links und Signaturen) deponiert, und wenn dann ein oder zwei Mal im Monat der Inhalt des Körbchens an den Freiwilligen geschickt wird, der die Papiere einscannt und/oder verlinkt. Es muss nur ein Laufzettel hinzugefügt werden, aus dem hervorgeht, welcher Link in welches Tabellenfeld eingetragen werden soll. Und ab und zu darf dem Paket auch eine Einladung zum Schulfest oder zur Aufführung Ihres neuen Theaterstücks beigefügt werden.

❸ **Anonymität**
Aus den einzelnen Einträgen in der Tabelle sollte nicht hervorgehen, wer sie vorgeschlagen hat. Sonst besteht die Gefahr, dass wechselseitig aufgerechnet wird, wer wie viel eingeschickt hat, was zu überflüssigen Blockaden des ganzen Systems führen kann. Das gilt insbesondere, wenn zwei oder drei Schulen gemeinsam eine solche Datenbank anlegen, was sehr zu empfehlen ist, auch wenn dies zunächst oft auf Widerstand stößt.

❹ **Freiwilligkeit**
Niemand darf – direkt oder indirekt – gezwungen werden, Material für die Datenbank beizusteuern. Auch die Zugriffsrechte sollten nicht an die Vorbedingung geknüpft werden, dass jemand selbst Materialien zuliefert. (Bei Referendaren könnte an ein befristetes Zugriffsrecht gedacht werden.) Wenn die Datenbank vernünftig organisiert und übersichtlich aufgebaut ist, entfaltet sie erfahrungsgemäß schon nach kurzer Zeit einen derartigen Sog, dass kaum jemand noch ein ernsthaftes Interesse hat, nicht damit zu arbeiten. Wenn sich meine Arbeit darauf beschränkt, zwei oder drei Mal im Monat Materialien in das besagte Ablagekörbchen zu werfen, werde ich mich kaum verweigern.

❺ **Urheberrecht**
Es sollen und dürfen nur Links und Signaturen (mit kurzen bewertenden Kommentaren) in der Tabelle stehen, wenn es sich um urheberrechtlich geschützte Materialien handelt. Wenn Sie dagegen ein Arbeitsblatt, eine Prüfungsaufgabe, eine Kopiervorlage, einen Klausurtext oder Sonstiges ganz selbstständig verfasst haben, kann ein solches Blatt eingescannt und zum direkten Download in die Datenbank eingestellt werden. Natürlich sollte durch einen entsprechenden Passwortschutz Sorge dafür getragen werden, dass Ihre Materialien nicht in Jedermanns Hände geraten können. Ob Sie bestimmten Schülern für bestimmte Förderzwecke befristeten Zugriff auf bestimmte Datenbankinhalte gewähren oder vielleicht sogar für Schüler eine geeignete zusätzliche Datenbank anlegen (lassen) wollen, wäre in der Lehrerkonferenz zu besprechen.

KOORDINIERTES VORGEHEN BEI KORREKTUREN UND BERICHTIGUNGEN

Außer in der Unterrichtsvorbereitung, kann die kollegiale Kooperation natürlich auch in der Nachbereitung verstärkt werden, und zwar speziell bei den Korrekturen. Wie alle diesbezüglichen Untersuchungen regelmäßig zeigen, wird ein und dieselbe Schülerleistung von unterschiedlichen Lehrern durchaus unterschiedlich, ja manchmal *sehr* unterschiedlich kommentiert und benotet. Es trägt wesentlich zur Förderung speziell der Leistungsschwachen bei, wenn zumindest innerhalb der Fachgruppe, am besten aber natürlich innerhalb des gesamten Kollegiums bestimmte **Absprachen** getroffen und bestimmte Prozeduren eingehalten werden:

❶ In den Fachgruppen sollte eine Verständigung über die zu verwendenden Korrekturzeichen und ihre spezielle Bedeutung erzielt werden. Diese Bedeutungen sollten den Schülern explizit erläutert werden.

❷ Es sollten weitestgehend vereinheitlichte tabellenartige Erwartungshorizonte benutzt werden, die dem Schüler in übersichtlicher Form aufzeigen, in welchen Bereichen seine Stärken und Schwächen liegen. Solche Erwartungshorizonte sollten nicht mehr als eine DIN-A4-Seite umfassen (s. **KV 1–5** im Anhang, S. 124–128 und auf der CD).

❸ Ein Narr macht mehr Fehler, als zehn Weise korrigieren können. Wenn Sie bei der Korrektur nicht wissen, wo der Fehler liegt und was Sie an den Rand schreiben sollen, bitte nicht endlos grübeln und recherchieren, sondern schnell die Kollegen fragen! Ein solcher Austausch kann telefonisch oder per E-Mail erfolgen; manchmal setzen sich die Fachkollegen auch wöchentlich für eine Viertelstunde zusammen und besprechen kurz die ‚Fehler der Woche'. In sehr großen Häusern hat die Fachgruppe im Lehrerzimmer ein spezielles Ablagekörbchen für derartige ‚Amtshilfeersuchen'; jeder Fachkollege schaut dann en passant immer wieder mal rein und gibt ggf. entsprechende Korrekturratschläge.

❹ Korrekturen sollten je nach Leistungsstand des Schülers expliziter oder weniger explizit sein. Einem sehr schwachen Schüler muss ich die richtige Lösung an den Rand schreiben. Einem Schüler mittlerer Leistungsstärke markiere ich den Fehlertyp (z. B. Bezug, Logik, Rechtschreibung). Einem starken Schüler male ich nur ein Kreuz neben die Zeile. Bei der Berichtigung muss dieser Schüler selbst herausfinden, was in dieser Zeile falsch war; nur wenn er den Fehler nicht findet, gebe ich genauere Hinweise.
Ist ein Schüler zu schwach, um eine Korrektur zu verstehen, oder ist er zu unmotiviert, um meine Kommentare überhaupt eines Blickes zu würdigen, verplempere ich meine Zeit nicht mit der Anfertigung von Randbemerkungen, die dann doch nicht gelesen werden und die deshalb vollkommen wirkungslos verpuffen. Vielmehr streiche ich in diesen Fällen, wie es das Gesetz verlangt, nur ganz kurz an, wo welcher Fehlertyp vorliegt, und führe dann mit dem Schüler ein intensives Einzelgespräch, in dem ich mündlich die Fehler benenne und Vermeidungsmöglichkeiten erörtere. Was den zeitlichen Aufwand betrifft, gewinne ich dabei praktisch immer. Lieber mit einem solchen Schüler 20 Minuten über seine wichtigsten Defizite sprechen und gezielt bestimmte Teilberichtigungen einfordern, als zwei Stunden lang Randkommentare schreiben, die ungelesen in den Papierkorb wandern!

Wir empfehlen Ihnen, im Kollegium bzw. in den Fachgruppen Vereinbarungen hinsichtlich dieser fünf Punkte zu treffen, damit der Korrekturaufwand begrenzt und die Wirksamkeit der Korrekturen gesteigert werden kann. Denn zu einem funktionierenden Förderkonzept gehört auch ein koordiniertes Vorgehen im Bereich der Korrekturen und der Berichtigungen. Wenn Sie Fördergruppen nach dem Modell ‚Schüler helfen Schülern' organisieren und die Anfertigung von Berichtigungen – sinnvollerweise – in solchen Gruppen durchgeführt wird, sollten ggf. auch die Leiter dieser Kleingruppen über Ihre diesbezüglichen Vereinbarungen unterrichtet werden.

WIRKUNGSVOLLE ELTERNARBEIT

Personelle Unterstützung kann Ihnen bis zu einem gewissen Grad auch von den Eltern Ihrer Schüler gegeben werden. Die in der Einleitung beschriebene Flexibilisierung der Familienkonstellationen ist sicherlich die wesentliche Ursache dafür, dass das praktische Engagement der Eltern heute in vielen Schulen allerdings tendenziell rückläufig ist. Es fehlt häufig an Zeit oder an Kompetenz, um klassische Elternarbeit (Bibliotheksaufsicht, Hilfe bei Basaren und Theateraufführungen, Beiträge zum Schulfest, Gestaltung und Pflege der schuleigenen Website ...) zu übernehmen, und oft herrscht inzwischen auch eine Konsumentenmentalität vor: *„Du, Lehrer, bist für die Erziehung meines Kindes zuständig! Mache du deinen Job, wie ich meinen mache, und verschone mich mit weiteren Anforderungen!"*

Trotz dieser Hindernisse ist aber eine zielgerichtete, die vielen verschiedenen Möglichkeiten des Engagements aufgreifende Elternarbeit eigentlich unverzichtbar. Sie liefert oft wichtige Beiträge zur Verbesserung der Rahmenbedingungen, unter denen die individuelle Förderung in Ihrem Haus durchgeführt werden muss.

An erster Stelle ist hier natürlich die Gründung und professionelle Betreuung eines Fördervereins zu nennen. In einer Welt, in der man sich (leider) auch sonst von vielerlei Verpflichtungen loskaufen kann, ist es für viele Eltern nachvollziehbar und auch finanziell möglich, der Schule über den **Förderverein** zusätzliches Geld zukommen zu lassen. Es kann also hilfreich sein, die Elternschaft in dieser Hinsicht noch einmal neu durchzumustern. Will sagen, werfen Sie während des Elternabends doch einmal einen Blick auf den Schulparkplatz und halten Sie nach schmucken Neufahrzeugen Ausschau. Natürlich ist hierbei Fingerspitzengefühl gefragt. Doch ein intelligentes ‚Fund raising', wie es etwa die GS Auefeldschule in Kassel (s. **Abb. 3**) und das Gymnasium Schwertstraße in Solingen betreiben, führt nach unserer Erfahrung meistens zu einem überraschenden Erfolg.

LESEPATEN

Speziell in der Grundschule und in den unteren Klassen der weiterführenden Schulen können Lesepaten eingesetzt werden, die mit leseschwachen oder leseunwilligen Kindern regelmäßig das Lesen üben. Viele öffentliche Bibliotheken bieten entsprechende Förderprogramme an. Auch unter http://www.lesen-in-deutschland.de kann man zusätzlich solche Lesepaten finden, und manchmal gibt es auch unter den Eltern oder Großeltern der Schüler interessierte und geeignete Personen. Dabei ist an die gezielte Einrichtung von Lesefördergruppen für Schülergruppen mit speziellen Leseinteressen (Jungen, Migranten) zu denken.

Jedenfalls gibt es in dieser Hinsicht von Haus zu Haus die erstaunlichsten Unterschiede, wie wir bei unseren Hunderten von Schulbesuchen immer und immer wieder feststellen konnten. Wenn ein Förderverein sehr viel einbringt, liegt das eindeutig nicht nur am Einzugsgebiet der Schule, sondern ganz wesentlich an der Energie, mit der Förderverein und Kollegium – in der Regel ist hier natürlich die Schulleitung gefragt – diese Sache vorantreiben. Eine bestimmte Vorstellung von Bildungsautonomie und der für die deutschen Bildungsschichten seit Humboldts Zeiten charakteristische Habitus ist hierbei oft ein größerer Hemmschuh als die tatsächliche Begrenztheit des Finanzpotenzials der Eltern. Vielleicht überlegen Sie noch einmal, ob es in Ihrem Kollegium nicht doch eine Person gibt, deren Auftreten, Beziehungen und Elan sie zu einer solchen Tätigkeit prädestinieren.

Es gibt allerdings Schulen, an denen dies alles nicht in Betracht kommt, weil die Klientel ganz durchgängig den unteren und untersten Einkommens- und Vermögensschichten angehört. Solchen **Brennpunktschulen** empfehlen wir, anstelle des besagten Fördervereins einen monatlich tagenden **Runden Tisch** zu gründen, in dem außer der Schulleitung,

[URL: http://www.auefeldschule.de/foerderverein.html; 5.10.2009]

Abb. 3

der Eltern- und der Schülervertretung mindestens jeweils ein Vertreter der örtlichen Politik, der Schulverwaltung, des Sozialamtes, der Kirchengemeinden aller relevanten Konfessionen, der größten ortsansässigen Vereine (Sportvereine, Lyons Club usw.) sowie der IHK, des BVMW oder anderer Wirtschafts- und Unternehmerverbände sitzen sollten.

Keineswegs abwegig ist es auch, zwei oder drei Vorsitzende von Fördervereinen benachbarter Schulen mit wesentlich besserem Einzugsgebiet einmal anzusprechen und Patenschaftsmodelle ins Gespräch zu bringen. Je nachdem, wie ein solches Ansinnen vorgetragen wird, kann dies zu interessanten Kooperationen führen. Jedenfalls ist es immer ein interessantes Experiment, wenn der Rektor der armen Schule X in der Fördervereinssitzung der benachbarten superreichen Schule Y einfach einmal eine Viertelstunde lang die Lage in seinem Haus schildert. Umgekehrt dürfen natürlich die Vorstände reicher Fördervereine gerne mal den Blick in die nähere Umgebung schweifen lassen und von sich aus auf die ‚armen Nachbarn' zugehen.

SPRACHKURSE FÜR ELTERN

Wenn Sie viele Schüler mit Migrationshintergrund haben, können Sprachkurse für die Mütter und/oder Väter dieser Kinder unter Umständen das wichtigste Instrument der Schülerförderung sein. Aufgabe der Schule ist es *nicht*, solche Kurse selbst zu organisieren, doch der Runde Tisch muss diesbezüglich von der Schule möglichst konkrete Aufträge und Hinweise erhalten, damit in einer konzertierten Aktion gezielte Angebote für die in Frage kommenden Eltern entwickelt werden können.

Zu den Minimalzielen der Runden Tische in Brennpunktschulen sollte übrigens im Hinblick auf das Konzept der individuellen Förderung die Institutionalisierung einer schulrelevanten schulexternen Elternarbeit gehören. Deren Aufgabe ist es, Basiswissen über gesunde Ernährung, häusliche Kindererziehung, angemessenes Mediennutzungsverhalten (TV, PC, Handy), staatliche Erziehungshilfen usw. in die oft schwer erreichbaren Familien hineinzutragen. Zu denken ist also nicht so sehr an Vortragsreihen in der Schule, sondern an individuelle Beratungsgespräche vor Ort oder in familiennäheren Einrichtungen. Wenn die (evangelische, katholische, islamische, …) Gemeinde einlädt und einen Besprechungsraum bereitstellt, die VHS den sachkundigen Berater aufspürt, der örtliche Unternehmerverband dessen Honorar übernimmt und die Schule die für sie relevanten Beratungsthemen benennt, ist in Brennpunktlagen erfahrungsgemäß mehr auszurichten, als wenn der Rektor zum Vortragsabend in die Schule einlädt und wieder nur die 15 Personen kommen, die sowieso immer kommen und die es wahrscheinlich am wenigsten nötig haben.

☐ GANZTAGSBETREUER UND STUDENTISCHE MENTOREN

Zwei Kleinigkeiten seien abschließend im Hinblick auf die Gewinnung personeller Unterstützung noch angemerkt:

Erstens sollte bei Ganztagsangeboten verstärkt darauf geachtet werden, dass die – leider oft schlecht bezahlten, pädagogisch manchmal unzureichend vorgebildeten – **Betreuungspersonen** in die Fortbildungsmaßnahmen der Schule integriert bzw. in eine zielgerichtete Fortbildungsplanung des jeweiligen Trägers einbezogen werden.

BACHELOR-PRAKTIKANTEN

Denkbar ist dabei auch ein Praktikumsplatz für Studierende in den neu eingerichteten Bachelor-Studiengängen. Beispielsweise könnte ein Sportstudent im Rahmen der motorischen Förderung als Praktikant eingesetzt werden. Zumindest sollten Sie feststellen, welche Bachelor-Studiengänge in den benachbarten Hochschulen neu eingerichtet wurden und welche Praktika darin zu absolvieren sind. Die im Internet zu findenden Prüfungsordnungen der neuen Studiengänge lesen sich dann quasi wie ein Angebotskatalog.

Und zweitens sollte über die Gestaltung studentischer Schulpraktika neu nachgedacht werden. Im Zuge des Bologna-Prozesses modernisieren zurzeit viele deutsche Universitäten die Studien- und Prüfungsordnungen für ihre Lehramtskandidaten. Nicht selten wird dabei die Möglichkeit geschaffen, das **Schulpraktikum** nicht unbedingt en bloc innerhalb weniger Wochen zu absolvieren, sondern über einen längeren Zeitraum (ein bis zwei Semester) zu strecken. Am Pädagogischen Institut der Universität Bielefeld haben Studenten beispielsweise die Möglichkeit, einen förderbedürftigen Schüler über einen längeren Zeitraum hinweg als Mentor zu begleiten und damit den Förderprozess kontinuierlicher und nachhaltiger zu begleiten, als es im Rahmen punktueller Einzelmaßnahmen – etwa bei Defiziten im Bereich des Arbeits- und Sozialverhaltens – möglich ist. Vielleicht fällt ja auch Ihnen ein Schüler ein, dem eine solche fortwährende, an eine bestimmte Vertrauensperson geknüpfte Fördermaßnahme vermutlich gut tun würde. Dann sollten Sie in den relevanten (Lehramtsstudiengänge anbietenden) Instituten der umliegenden Universitäten nachfragen, ob solche Mentoren von dort abgerufen oder angefordert werden könnten.

2.2 *„WIR HINKEN JA JETZT SCHON DEN LEHRPLÄNEN HINTERHER!"* FÖRDERZEITEN FEST EINPLANEN

Wenn Sie dreißig Schafe in einer Woche von A nach B bringen sollen, wird es immer einige geben, die schon nach drei Tagen dort sind, ein großes Hauptfeld, das am fünften oder sechsten Tag eintrifft, ein paar Nachzügler, die gerade noch so in der letzten Minute über die Ziellinie stolpern, und schließlich einige, die sich mit Mühe über die Hälfte der Distanz schleppen und die nie und nimmer rechtzeitig in B eintreffen können.

In diesem Kapitel geht es um die Frage, wann und in welcher Gruppe Sie, als Schäfer, über die Ziellinie gehen sollten. Jedermann weiß, dass Sie die Möglichkeit hätten, allen voranzueilen, sich hinter der Ziellinie aufzustellen und entspannt zu verfolgen, wer sich wann hinter Ihnen ins Ziel quält. Das wäre vielleicht ganz unterhaltsam für Sie, aber offenkundig hätten Sie dann nicht Ihren Job gemacht. Dann also ganz hinten, als derjenige, der immer hinter dem letzten Schaf bleibt und die rote Laterne trägt? Beruf verfehlt, wäre auch hier der Befund. Denn ins Ziel kommen sollten Sie durchaus! Im Grunde ist es nicht schwierig, den richtigen Platz zu markieren: nämlich beständig um die Herde kreisend, vorne lockend, hinten treibend, dann und wann Ihren treuen emsigen Vierbeinern ein aufmunterndes Wort zuwerfend.

☐ STUNDENPLANGESTALTUNG / FÖRDERBÄNDER

Bezogen auf die Zielvorgaben des Lehrplanes bedeutet dies, dass Ihre Aufgabe natürlich nicht darin bestehen kann, an der Spitze einer Vorhut von fünf oder sechs besonders leistungsstarken Schülern triumphierend über die Ziellinie zu galoppieren und dann den eigenen Erfolg zu feiern. Vielmehr geht es von dort aus sofort wieder zurück bis ans Ende des Feldes und immerfort so weiter, bis eben so viele ins Ziel gekommen sind, wie bei Anspannung aller Kräfte maximal dazu zu bringen waren.

In der Praxis des Unterrichtsalltages bedeutet dies, dass Sie sich mal mit der Spitzengruppe (Begabten- und Hochbegabtenförderung), mal mit dem Hauptfeld (Regelunterricht nach Lehrplan) und mal mit den Nachzüglern (schulinterne ‚Nachhilfe') beschäftigen sollten. Das klingt recht einfach, doch wie häufig kommt es in der Hektik des Tagesgeschäftes einfach nicht dazu, dass auch tatsächlich alle drei Gruppen wahrgenommen, aufgesucht und in der jeweils geeigneten Form angespornt und angetrieben werden! Also kreisen, kreisen, kreisen!

Was heißt das konkret für die Gestaltung des Stundenplanes? Zwei Varianten bieten sich an:

1. Erstens besteht die Möglichkeit, dass jede einzelne Lehrkraft für sich selbst entscheidet, wann und in welchem Intervall ihre ganz normalen Unterrichtsstunden als **Förderstunden** durchgeführt werden sollen, in denen nicht alle den gleichen Stoff behandeln, sondern die Schwachen bestimmte Dinge nacharbeiten, die Mittleren das gerade Gelernte übend vertiefen und die Starken zusätzliche weiterführende Texte oder Aufgaben bearbeiten. Meistens werden dabei für diese drei Gruppen unterschiedliche Methoden bzw. Sozialformen benutzt (z. B. Kleingruppenarbeit im Selbstlernzentrum plus individuelle Stillarbeit im Klassenraum plus intensiver Förderunterricht in einem Nebenraum). Oft scheitert diese verwaltungstechnisch besonders unaufwendige Form der Differenzierung leider an den architektonischen Gegebenheiten.

2. Dann kommt in der Regel die zweite Variante ins Spiel, das sogenannte **Förderband**. In der Stundentafel werden bestimmte Stunden für die Förderarbeit fixiert, und zwar nicht selten schulweit! Beispiel: Eine Schule beschließt, dass donnerstags die ersten beiden Schulstunden grundsätzlich für die Förderung reserviert bleiben. Alle Schüler nehmen an diesem Förderunterricht teil, der keineswegs auf die Defizitbeseitigung beschränkt ist, sondern auch die Begabtenförderung, das Methodentraining, die Bewegungsförderung, das Sozialtraining u.v.a. miteinschließen kann und soll. Alle Lehrer bieten also in dieser Zeit jeweils spezielle

Förderkurse an, zu denen eben nicht nur die Leseförderung, Rechtschreibförderung, Dyskalkuliebehandlung oder ähnliche ‚Nachhilfe'-Angebote gehören, sondern auch z. B. die Bibliotheksrecherche, die Internetnutzung, die Portfolio-Arbeit, das Theaterspiel, die Sportgymnastik, die Arbeit im Schulgarten usw.

Bei bestimmten Angeboten wird man Kleingruppen zu bilden versuchen, was natürlich, da alle beteiligt sind, nur funktioniert, wenn an einigen anderen Kursen (z. B. Gymnastik in der Sporthalle oder aktuelle Podiumsdiskussionen in der Aula) mehr Schüler teilnehmen, als durchschnittlich in einer Klasse sitzen. Wenn das effektiv nicht zu realisieren ist, muss eine maximale Teilnehmerzahl definiert werden, die um vier oder fünf über der durchschnittlichen Klassengröße in dieser Schule liegen sollte. Natürlich können solche Förderbänder auch auf einzelne Jahrgänge oder Stufen begrenzt werden, doch die einfachste Lösung besteht tatsächlich darin, solche Förderphasen schulweit zu realisieren. Dies hat auch den Vorteil, dass stärkere Schüler in bestimmten Fächern schon am Unterricht höherer Klassen teilnehmen können, während Leistungsschwächere in einem Kurs für niedrigere Klassen ihr Basiswissen auffrischen.

FÖRDERBAND

Donnerstags in der vierten Stunde haben die 28 Schüler der 7a Deutsch bei Lehrer A und gleichzeitig die 29 Schüler der 7b Deutsch bei Lehrerin B. In beiden Klassen zusammen gibt es insgesamt 12 leistungsstarke Schüler, die selbstständig und diszipliniert arbeiten können. Diese 12 Schüler bilden drei Vierergruppen, die während dieser Unterrichtsstunde jeweils in einem Nebenraum oder einer Arbeitsnische selbstständig eine relativ anspruchsvolle Aufgabenstellung bearbeiten. Von den restlichen 45 Schülern gelten 18 als besonders leistungsschwach. Sie erhalten in dieser Stunde ‚Nachhilfeunterricht' durch Lehrer A. Mit den übrigen 27 Schülern führt Lehrerin B vertiefende Übungen zum ‚normalen' Unterrichtsstoff durch. Eine solche Maßnahme kann fortlaufend oder ad hoc bei punktuell auftretendem Förderbedarf für die Dauer einiger Wochen durchgeführt werden. Desto niedriger die Schülerzahl pro Klasse und desto größer die Gruppe der mithilfe eines Methodentrainings zu selbstständigem Arbeiten erzogenen Schüler ist, desto kleiner ist die ‚Nachhilfegruppe' und desto individueller kann darin gefördert werden.

Wo dies auf übergroße Widerstände stößt, kann das Förderbandangebot auf spezielle vordringliche Bedürfnisse konzentriert bleiben und an die Schultagesrandzeiten platziert werden. Ein Beispiel hierfür wäre ein Rechtschreibförderkurs für die fünfte Klasse dienstags vor der ersten oder (was ungünstiger ist) nach der letzten Unterrichtsstunde. Eine weitere Möglichkeit ergibt sich, wenn ein bestimmtes Fach in Parallelklassen während mindestens einer Schulstunde zeitgleich unterrichtet wird. In dieser/en Stunde/n werden die Schüler der Parallelklassen in drei Gruppen aufgeteilt: Die Leistungsstarken arbeiten weitestgehend selbstständig im Selbstlernzentrum bzw. in der Schülerbücherei oder in einem Nebenraum. Die kleinere Gruppe der Leistungsschwachen wird von einem Lehrer intensiver als sonst gefördert. Die mittlere Gruppe bearbeitet unter Anleitung der zweiten Lehrkraft vertiefende Übungen auf ‚Normalniveau'.

Natürlich hängt jedes dieser Angebote recht stark von den personellen und räumlich-zeitlichen Besonderheiten der Schule ab. Sind alle Schüler und Lehrer in die Förderphase integriert, kann das Angebot jedenfalls breiter und attraktiver aussehen.

☐ OFFENER ANFANG

Zu den ‚Schultagesrandzeiten' gehört natürlich auch der frühe Morgen, der von manchen Schulen, besonders solchen mit vielen Fahrschülern oder in sozialen Brennpunkten, als offener Anfang gestaltet wird. Zwanzig oder dreißig Minuten vor Unterrichtsbeginn werden hierbei bestimmte Schulräume (Foyer, Forum, Aula, Mensa u. Ä. sowie kleinere Gruppenräume) geöffnet, und einige wenige Lehrer sind bereits vor Ort, übernehmen die Aufsicht und stehen als Ansprechpartner für allerlei Probleme und Problemchen zur Verfügung. Die (freiwillig) früher eintreffenden Schüler können diese Zeit nutzen, um beispielsweise Gruppenreferate vorzubereiten, ihre Hausarbeiten fertigzustellen, die anwesenden Lehrer in fachlichen oder auch persönlichen Angelegenheiten um Rat zu fragen, in der Schülerbücherei etwas nachzuschlagen usw. In Brennpunktlagen wird u. U. auch ein Frühstück serviert, weil eine entsprechende häusliche Versorgung der Kinder oft leider nicht gewährleistet ist. Nicht allen Schulen kann der offene Anfang empfohlen werden, doch in manchen Häusern gehört diese halbe Stunde mit ihrer ganz speziellen Atmosphäre zu den wichtigsten und wirkungsvollsten Mitteln der individuellen Förderung.

FÖRDER-WORKSHOP

Noch eine Möglichkeit: Im Nachmittagsbereich können zu bestimmten Themen immer mal wieder ‚Kompaktseminare' angeboten werden, in denen bei einer Gruppenstärke von ca. 12 bis 15 Teilnehmern gezielt bestimmte Fachthemen (Groß- und Kleinschreibung, sequence of tenses, Prozentrechnung etc.) behandelt werden oder in denen z. B. eine bestimmte Recherchetechnik oder Lernmethode eingeübt wird (Wörterbuchnutzung, Internetrecherche, Benimmregeln, Gruppenarbeit etc.). Schüler mit Defiziten in diesen Bereichen können von ihren Fachlehrern zur Teilnahme aufgefordert werden, aber zusätzlich kann auch ein bestimmter Anteil der Plätze für Freiwillige reserviert bleiben, die sich am Schwarzen Brett dafür eintragen. Ein solcher Förder-Workshop, der je nach Bedarf und Nachfrage in regelmäßigen Abständen wiederholt wird, erstreckt sich meistens über sechs bis zehn Stunden, die auf zwei bis drei Nachmittage verteilt werden.

☐ FORMAT DER EINZELSTUNDE ÄNDERN

In einer Unterrichtsstunde, die nur 45 Minuten dauert, können in der Regel keine Unterrichtsverfahren praktiziert werden, die einen längeren organisatorischen Vorlauf haben. Bis die Sitzordnung verändert, bestimmte Materialien hervorgeholt und ausgebreitet, Schülergruppen gebildet oder Lernstationen eingerichtet sind, vergehen nicht selten 10–15 Minuten. Vielen Kollegen dauert das zu lang, da diese Zeit als bloßer Verlust wahrgenommen und nicht gezielt als Organisationstraining empfunden wird. Der klassische Frontalunterricht kann demgegenüber in der Sekunde beginnen, in der der Lehrer den Klassenraum betritt, und gilt nicht zuletzt deshalb als effizienter und unaufwendiger.

Eine wichtige Voraussetzung für die Realisierung von mehr Binnendifferenzierung und Schülerzentrierung ist deshalb die Veränderung des Stundenformates. In Grundschulen ist dies schon heute gängige Praxis, da die Kollegen dort in ein und derselben Klasse mehrere Stunden hintereinander unterrichten und dabei an einem Tag länger das eine und am nächsten Tag länger ein anderes Fach unterrichten können, sofern in der Gesamtbilanz die für die einzelnen Fächer jeweils vorgeschriebene Anzahl an Unterrichtsstunden erreicht wird. Nicht selten wird in Grundschulen deshalb auf den Schulgong verzichtet bzw. nur noch zur großen Pause gegongt.

In weiterführenden Schulen muss man zu anderen Mitteln greifen. Zwei Möglichkeiten bieten sich an:

1. **Vermehrung der Doppelstunden,**
2. **Einführung des 60-Minuten-Formates** (vgl. **Abb. 4**).

Beides hat allerdings nur Sinn, wenn in der auf diese Weise verlängerten Unterrichtseinheit auch tatsächlich eine methodisch abwechslungsreichere Unterrichtsgestaltung erfolgt! Wird in einer Doppelstunde über viele Tage und Wochen hinweg immer nur Frontalunterricht praktiziert, kommt es fast unausweichlich zu Ermüdungserscheinungen. Die Verlängerung der Unterrichtseinheit setzt also voraus, dass auch tatsächlich mehrere verschiedene Unterrichtsmethoden praktiziert werden. Wer permanent ‚klassischen', also nicht angereicherten (s. **Kap. 5**) Frontalunterricht praktiziert, sollte bei der 45-Minuten-Einheit bleiben.

Die Schwierigkeiten beim Übergang von der 45- zur **60-Minuten-Einheit** brauchen übrigens nicht zu skeptisch beurteilt zu werden.

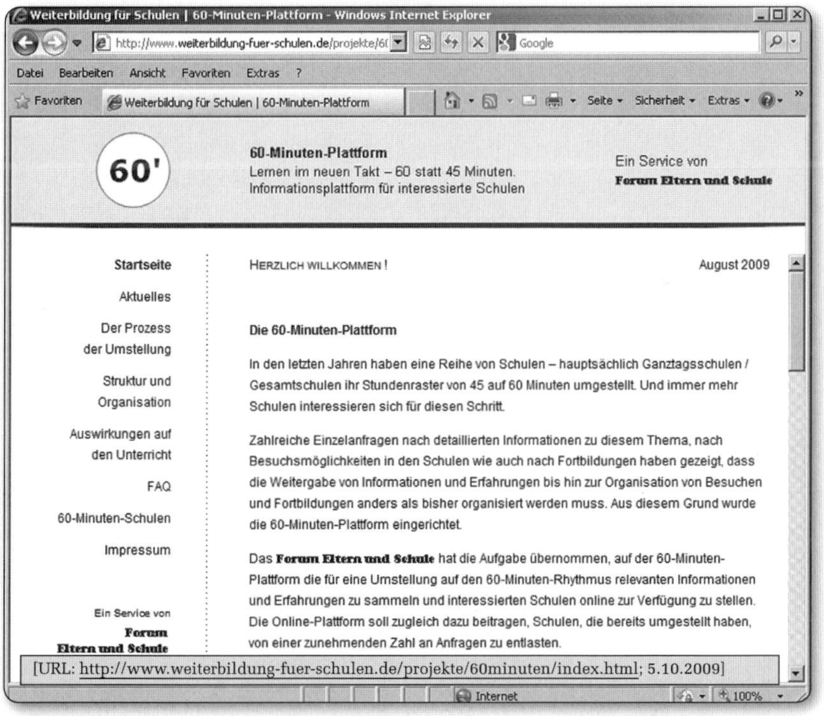

[URL: http://www.weiterbildung-fuer-schulen.de/projekte/60minuten/index.html; 5.10.2009]

Abb. 4

Die Erfahrung lehrt, dass im Vorfeld und in den ersten Wochen der Umstellung tatsächlich viele organisatorische Probleme auftreten und ein kleines Chaos ausbricht. Doch die Erfahrung lehrt auch, dass diese Kinderkrankheiten schnell ausgemerzt werden können und dass die Schüler- und Lehrerzufriedenheit danach größer ist als vorher. Man hat pro Tag weniger Fächer und Lehrer bzw. Lerngruppen, auf die man sich einstellen muss. Es müssen demgemäß weniger Bücher mitgeschleppt werden. Das Hin-und-her-Pendeln zwischen Klassen- und Fachräumen bzw. zwischen Gebäuden oder Gebäudeflügeln wird reduziert. Und vor allem hat man eben die entscheidenden Minuten mehr zur Verfügung, die man braucht, um wenigstens dann und wann jene Formen des differenzierteren, selbstständigeren oder kooperativen Lernens zu praktizieren, die tatsächlich einen gewissen organisatorischen Vorlauf haben.

☐ SCHULINTERNES METHODENCURRICULUM

Die Anwendung jener Unterrichtsmethoden, die eine individuellere Förderung ermöglichen, wird stark erschwert, wenn nicht sichergestellt ist, dass alle Schüler an einem bestimmten Punkt ihrer Schullaufbahn ein bestimmtes Methodenrepertoire sicher beherrschen. Wenn ich bei jeder Wochenplan- oder Portfolioarbeit erst wieder ganz neu erklären muss, was Wochenplan oder Portfolio ist, und wenn die Schüler dabei vermehrt schlechte Leistungen erbringen, weil sie in der Anwendung der Methode nicht geübt sind, schläft die Sache nach zwei oder drei Testdurchgängen schnell wieder ein. In den meisten Schulen findet deshalb ein für alle Schüler obligatorisches **Methodentraining** statt. Zu Beginn eines jeden Schuljahres werden die Schüler also zwei oder drei Tage lang in der Anwendung altersgerechter Recherche-, Erarbeitungs-, Präsentations- und Unterrichtsmethoden geschult, z. B.

- Umgang mit einem Nachschlagewerk,
- Internetrecherche,
- Bibliotheksbenutzung,
- Protokollieren,

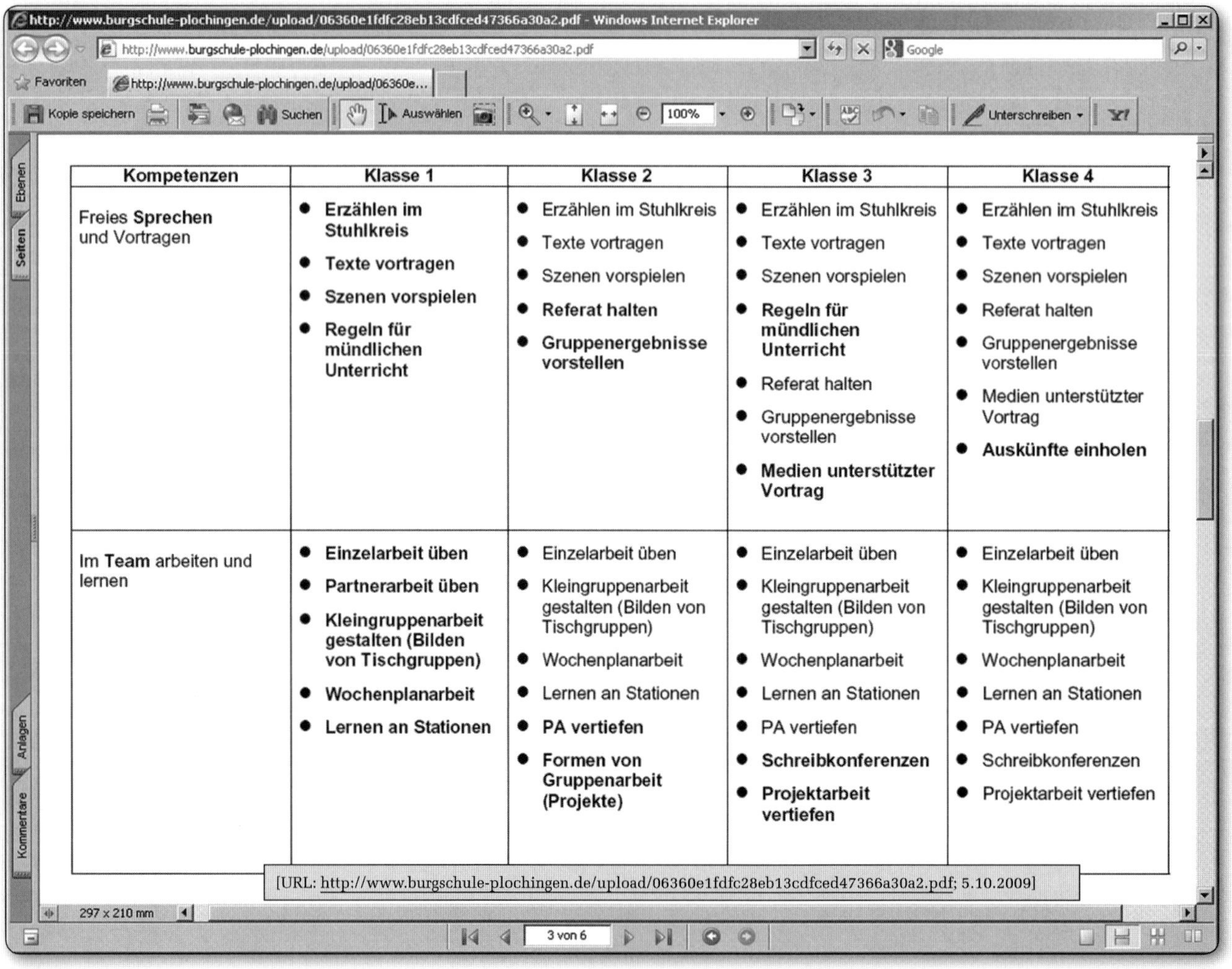

Kompetenzen	Klasse 1	Klasse 2	Klasse 3	Klasse 4
Freies **Sprechen** und Vortragen	• **Erzählen im Stuhlkreis** • **Texte vortragen** • **Szenen vorspielen** • **Regeln für mündlichen Unterricht**	• Erzählen im Stuhlkreis • Texte vortragen • Szenen vorspielen • **Referat halten** • **Gruppenergebnisse vorstellen**	• Erzählen im Stuhlkreis • Texte vortragen • Szenen vorspielen • **Regeln für mündlichen Unterricht** • Referat halten • Gruppenergebnisse vorstellen • **Medien unterstützter Vortrag**	• Erzählen im Stuhlkreis • Texte vortragen • Szenen vorspielen • Referat halten • Gruppenergebnisse vorstellen • Medien unterstützter Vortrag • **Auskünfte einholen**
Im **Team** arbeiten und lernen	• **Einzelarbeit üben** • **Partnerarbeit üben** • **Kleingruppenarbeit gestalten (Bilden von Tischgruppen)** • **Wochenplanarbeit** • **Lernen an Stationen**	• Einzelarbeit üben • Kleingruppenarbeit gestalten (Bilden von Tischgruppen) • Wochenplanarbeit • Lernen an Stationen • **PA vertiefen** • **Formen von Gruppenarbeit (Projekte)**	• Einzelarbeit üben • Kleingruppenarbeit gestalten (Bilden von Tischgruppen) • Wochenplanarbeit • Lernen an Stationen • PA vertiefen • **Schreibkonferenzen** • **Projektarbeit vertiefen**	• Einzelarbeit üben • Kleingruppenarbeit gestalten (Bilden von Tischgruppen) • Wochenplanarbeit • Lernen an Stationen • PA vertiefen • Schreibkonferenzen • Projektarbeit vertiefen

[URL: http://www.burgschule-plochingen.de/upload/06360e1fdfc28eb13cdfced47366a30a2.pdf; 5.10.2009]

Abb. 5

- Referatvorbereitung,
- Gruppenpuzzle,
- Portfolioarbeit,
- Stationenlernen.

In dieser Weise kann sichergestellt werden, dass ein Schüler einer bestimmten Klassenstufe definitiv ein bestimmtes Repertoire an Arbeitstechniken und Unterrichtsmethoden beherrscht. Auf dieses Repertoire kann dann im Unterricht ab dieser Klassenstufe von allen Lehrern zurückgegriffen werden. Der oben erwähnte organisatorische Vorlauf kann durch ein solches Methodentraining, wie es beispielsweise die Burgschule Plochingen praktiziert (s. **Abb. 5**), zwar nicht komplett beseitigt, aber doch merklich reduziert werden.

Individuelle Förderung ist ein ambitioniertes Projekt, dessen Realisierung die Schaffung bestimmter Rahmenbedingungen voraussetzt. Von den zuständigen staatlichen Stellen werden die dazu eigentlich erforderlichen Ressourcen nicht bzw. nicht im erforderlichen Ausmaß zur Verfügung gestellt werden. Die Schulen sind deshalb darauf angewiesen, durch die Rekrutierung von ‚Hilfskräften‘ und durch Veränderungen bei der Zeiteinteilung Kompromisslösungen zu finden, die zwar noch keine ganz individuelle Förderung im strikten Sinne, wohl aber eine gezieltere und wirksamere Förderung von Leistungsschwachen und (Hoch-) Begabten ermöglichen. Nur an einigen Schulen können *alle* in diesem Kapitel vorgestellten Maßnahmen durchgeführt werden. Doch an allen Schulen sind nach unserer Erfahrung wenigstens *einige* dieser Vorschläge umsetzbar. Der gänzliche Verzicht auf eine solche *eigenständige, vom Kollegium selbst realisierte* Verbesserung der Rahmenbedingungen erstickt jedenfalls alle Förderbemühungen schon im Keim. Mit Hilfe der beigefügten **Checkliste** (s. Anhang S. 129 und auf der CD) können Sie leicht feststellen (lassen), welche dieser vorbereitenden Maßnahmen in Ihrem Hause durchführbar und wünschenswert sind.

3. *„Ich kenne doch meine Schüler!"* Effiziente Diagnostik *(Cathrin Rattay)*

Die schulpolitischen Entwicklungen der vergangenen Jahre haben die Forderung nach immer mehr schriftlicher Dokumentation mit sich gebracht. Nicht nur die Verantwortlichen der Schulleitung müssen in viel größerem Umfang schriftlich niederlegen, was sie gemeinsam mit dem Kollegium planen oder durchführen (z. B. Förderkonzepte, Fortbildungskonzepte, Konzepte zur Leistungsbewertung etc.), sondern auch jeder einzelne Lehrer ist gefordert, vieles schriftlich festzuhalten, was bisher nicht unbedingt niedergeschrieben wurde. Dazu gehören neben Förderplänen und Zielvereinbarungen (s. Kap. 4 und 6.2) nicht zuletzt Beobachtungen und Diagnoseurteile über Schüler. Es stellen sich deshalb die berechtigten Fragen: Wann soll ich das noch machen? (Es gibt ja keine zusätzliche Zeit für das Niederschreiben von Beobachtungen.) Wenn ich für jeden Schüler Massen an schriftlichen Daten erzeuge, wer soll den Papierwust dann hinterher noch nutzen und auswerten? Und außerdem: Ich kenne meine Schüler doch! Wozu also der Aufwand?

All diese Einwände sind berechtigt und verweisen darauf, dass **effiziente Diagnostik** eben nicht bedeutet, dass einfach nur alles niederzuschreiben ist, was man an einem Schüler beobachtet, und dass ein Mehr an Tests und Diagnosematerialien auch nicht automatisch zu einer besseren Diagnose und Förderung führt. Eine effiziente Diagnostik ist vielmehr eine, die für die Lehrenden in der Durchführung *und* Auswertung noch handhabbar ist und darüber hinaus die für eine sinnvolle Förderung des einzelnen Schülers notwendigen Informationen liefert. Effizient diagnostizieren sollte deshalb bedeuten,

- sich als Lehrer seiner ständig beobachtenden / diagnostizierenden Rolle **bewusst** zu **sein**,
- keine Schüler aus dem Blick zu verlieren (in ihren **Stärken** und **Schwächen**),
- diagnostische **Hilfsmittel** (z. B. Beobachtungsbögen, standardisierte Verfahren) zur Verfügung zu haben, wenn sie benötigt werden,
- leicht **verständliche Notationsmöglichkeiten** zu nutzen, wenn der kollegiale Austausch es erfordert,
- zu erkennen, wann ein **Fachmann** für eine Diagnose zurate zu ziehen ist,

und bei all dem nicht zu vergessen, dass ein Ordner voller Testergebnisse eines Schülers nicht hilfreich ist, wenn im pädagogischen Alltag niemand mehr die Zeit findet, dieselben auszuwerten. Dass es selbstverständlich Schüler gibt, die in bestimmten Kompetenzbereichen sehr viel genauer beobachtet werden müssen als andere und für welche der besagte Ordner ggf. sogar Sinn macht, ist nicht zu bestreiten. In Kapitel 3.2 werden einige Hinweise zur Diagnostik solcher Schüler mit spezifischem Förderbedarf gegeben.

Für die große Mehrheit Ihrer Schüler aber müssen Sie eine Gratwanderung vornehmen: Wie viel alltägliche Beobachtung und gezielte Diagnostik brauche ich auf der einen Seite, um die Schüler adäquat fördern zu können, wie viel Zeit kann ich mir andererseits dafür nehmen, wie viel Aufwand betreiben, ohne mich im Dschungel der Diagnosemöglichkeiten zu verzetteln (und jedes Wochenende endlose Bahnen von Diagnosebögen auszufüllen). Einige Hilfestellungen zum erfolgreichen Bewältigen dieser Gratwanderung liefern die Überlegungen im folgenden Kapitel (3.1).

3.1 Beobachtung und Diagnostik im Unterrichtsalltag

Unabhängig davon, wie diagnosebedürftig ein Schüler ist, ob gezieltes Beobachten genügt, differenzierte Verfahren nötig sind, gerade Stärken beobachtet werden oder Schwächen, **Beobachtung mit dem Ziel der Förderung** verläuft immer nach einem bestimmten Muster (s. auch **Abb. 6**).

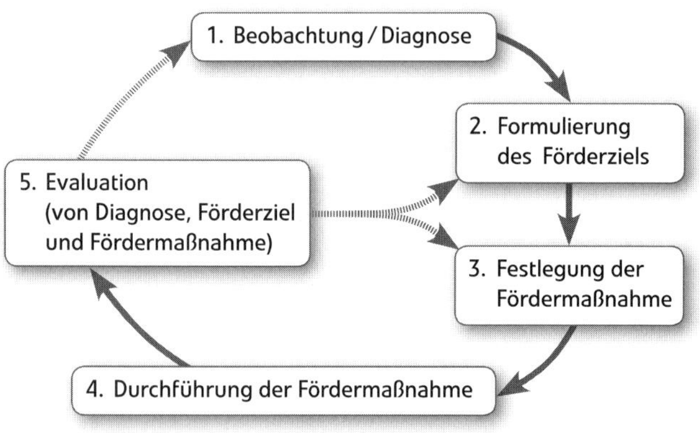

Abb. 6 Kreislauf von Diagnose und Förderprozessen im Schulalltag

Ein alltägliches Beispiel kann diesen immer gleichen Ablauf greifbar machen:

1. Sie **beobachten** innerhalb Ihrer Unterrichtsstunden, dass Jaqueline[1], die in der hintersten Ecke des Klassenraumes sitzt und deren Leistungen zum aktuellen Zeitpunkt leider zu wünschen übrig lassen, ständig damit beschäftigt ist, ihre Nachbarin (die beste Freundin) in Gespräche zu verwickeln. Ihre **Diagnose** steht fest: Jaqueline ist häufig zu abgelenkt, um dem Unterrichtsgeschehen zu folgen und Inhalte mitzubekommen. Weit hinten und neben der Freundin zu sitzen, scheint zu attraktiv und verführerisch zu sein.

2. Für Sie ist klar: Jaqueline muss einen Sitzplatz bekommen, der es ihr leichter ermöglicht, Ihnen zu folgen, und somit die erste Grundbedingung für ein Verstehen der Inhalte liefert (**Formulierung des Förderziels**).

3. Die sich daraus ergebende Fördermaßnahme lautet daher: Jaqueline wird umgesetzt und bekommt einen Platz, der näher in Ihrer Reichweite ist, und einen Sitznachbarn, dem sie möglichst nicht sofort alles anvertrauen möchte, was sie gerade bewegt (**Festlegung der Fördermaßnahme**).

4. Die **Durchführung der Fördermaßnahme** kann bei diesem Beispiel recht unkompliziert oder zumindest relativ schnell erfolgen, denn vermutlich wird sich Jaqueline zwar nicht sofort einverstanden zeigen, den Platz zu wechseln, nach einigem Zögern und Diskutieren dann aber doch Folge leisten.

5. Wenn nun Jaqueline einige Zeit auf ihrem neuen Sitzplatz verbracht hat, folgt der für den pädagogischen Alltag eigentlich wichtigste Schritt, nämlich die Überprüfung des Erfolgs der Maßnahme. Hat es Jaqueline (und ggf. zudem meinem Unterricht, welcher nun störungsfreier sein sollte) etwas gebracht, sie umzusetzen (**Evaluation**)? Dazu ist es zunächst notwendig, zu überprüfen, ob der neue Sitzplatz Jaqueline ein Weniger an Quatschen und ein Mehr an Aufmerksamkeit für Unterrichtsinhalte und dadurch bessere Leistungen beschert hat. Wenn ja, waren die Maßnahme und die Förderung erfolgreich. Wenn nicht oder nur teilweise, könnte es verschiedene Gründe für das Misslingen geben. So zum Beispiel könnte Ihre Diagnose falsch gewesen sein. Nicht Jaqueline, sondern die Nachbarin ist Ursache der Störungen gewesen und verwickelt nun die neue Nachbarin in die interessantesten Unterhaltungen. Oder die Maßnahme greift ggf. nicht, weil Jaqueline nur sehr schwer für Ihr Fach zu begeistern ist und auch direkt vor Ihren Augen und mit jeglichem Nachbarn Gespräche beginnt. Eventuell ist auch nur der neue Sitznachbar als Gesprächspartner ebenfalls sehr attraktiv für Jaqueline oder sie hat schlicht und einfach zu große fachliche Probleme und dadurch den Anschluss verpasst oder, oder, oder ... Sie werten also den gesamten Prozess von Diagnose und Förderung aus, indem Sie noch genauer beobachten und andere Faktoren in der Diagnose mitberücksichtigen. Sie würden aufgrund der **veränderten Diagnose** dann **neue Förderziele** und/oder **neue Maßnahmen** beschließen etc.

Wenn Förderung das Ziel von Diagnostik ist, was in Schule meistens der Fall sein sollte, dann vollzieht sich unabhängig von den konkreten Inhalten (egal ob mathematische Strategien, Sozialverhalten oder Methodenlernen; s. auch folgendes Unterkapitel) immer wieder dieser Prozess, bei dem jede Maßnahme neue Beobachtung und Diagnostik nach sich zieht. Ein anderes Ziel von Diagnostik kann die **Beurteilung** und **Bewertung** bzw. das **Erteilen einer Qualifikation** sein. Klassenarbeiten, besonders auch Abschlussarbeiten oder Vergleichsarbeiten helfen eben nicht nur dabei, eine Förderdiagnose zu stellen, sondern sollen vor allem der Beurteilung eines Schülers/einer Schule (im Falle der Vergleichsarbeiten) oder der Vergabe eines bestimmten Schulabschlusses dienen. Deshalb ist es wichtig, sich zu fragen, wann welche Form der Diagnostik angemessen ist und welches Ziel damit erreicht werden soll. Abhängig davon werden die von Ihnen gewählten Mittel der Diagnostik (s. S. 32 ff.) variieren.

☐ *WAS UND WIE BEOBACHTE ICH IM VIELFÄLTIGEN UNTERRICHTSALLTAG?* – INHALTLICHE KATEGORIEN DER DIAGNOSTIK

Wie schon das erwähnte Beispiel des Umsetzens einer Schülerin von einem Platz auf den anderen zeigt, hat man es in der Schule mit einem sehr breiten und vielfältigen Spektrum von zu Beobachtendem zu tun. Nicht nur der **fachliche Lernstand** von Schülern ist immer wieder zu di-

1 Name und Handlung sind frei erfunden, Übereinstimmungen mit lebenden Personen sind rein zufälliger Natur :o)

agnostizieren, sondern auch deren **Sozial- und Arbeitsverhalten**. Wenn das Ziel Ihrer Beobachtung eine adäquate Förderung ist, kommt noch ein weiterer zu berücksichtigender Aspekt hinzu, die sogenannte **Selbstkompetenz** der Schüler. Es handelt sich dabei um die Eigenwahrnehmung, welche der Schüler von seinen Fähigkeiten und Möglichkeiten hat. Sie können z. B. nach zielgenauer Diagnose feststellen, dass ein Drittklässler beim Aufbau der Hundertertafel die Schritte *von oben nach unten* und umgekehrt nicht verstanden hat (+ 10 und – 10) oder ein Achtklässler zwar die Basisaufgaben der Prozentrechnung problemlos rechnet, aber in der Anwendung bei bestimmten Aufgaben der Zinsrechnung nicht mehr mitkommt. Nun können Sie sich gesondert Zeit nehmen für Erklärungen, interessante Arbeitsblätter mit praxisorientierten Beispielen heraussuchen etc. Wenn der Schüler aber meint, er sei sowieso schlecht in Mathe (und übrigens seien ja auch schon seine Eltern schwach in Mathe gewesen), wird es ungemein schwer werden, trotz ansonsten guter Förderbedingungen, Fortschritte zu machen und Lernerfolge zu erzielen. Die Selbstkompetenz ist demnach immer mit zu beobachten, da diese Vorstellungen der Schüler häufig die ersten sind, an welchen man zu arbeiten hat, bevor ein Arbeiten an fachlichen Inhalten, Lernstrategien, einer Methode o. Ä. überhaupt möglich wird.

Bei einer solchen Vielzahl an zu beobachtenden Aspekten sind auch verschiedenste diagnostische Verfahren notwendig und sinnvoll. Ihnen wird aufgefallen sein, dass innerhalb des bisherigen Artikels häufig beide Begriffe: *Beobachten* und *Diagnostik*, verwendet wurden. Das hat seinen spezifischen Grund. Zur Diagnostik im Schulalltag gehört sowohl das **alltägliche Beobachten** (auch *subjektive Diagnostik* oder *Alltagsdiagnostik* genannt) als auch die **standardisierte Diagnostik**. Beides hat seine jeweiligen Vor- und Nachteile (s. auch **Tab. 1**) und nur die gegenseitige Ergänzung macht eine sinnvolle Diagnose pädagogischer Gesamtsituationen möglich.

So geschieht ein großer Anteil des **alltäglichen Beobachtens** nebenbei, fast automatisch als Nebenprodukt des Tagesgeschäftes: Bei der Pausenaufsicht fällt schwieriges oder besonders positives Sozialverhalten auf oder die Korrektur der Mathematikarbeit/der Hausaufgaben bzw. die mündliche Mitarbeit eines Schülers lassen erhebliche Defizite oder besondere Fähigkeiten erkennen. Schülern, bei denen man sich nicht sicher ist, wie es um ihren Lernstand steht oder ob sie ein ungünstiges Selbstbild haben, stellt man gezielte Fragen oder gibt ihnen eine spezifische kleine Aufgabe. In dieser Form ist die alltägliche Beobachtung sehr **praktikabel** und **in den Unter-**

alltägliches Beobachten		standardisierte Diagnostik	
Vorteile	**Nachteile**	**Vorteile**	**Nachteile**
im Schulalltag **praktikabel**			**zeitaufwendig**, im Schulalltag immer nur **punktuell** einsetzbar
berücksichtigt **Prozesse, Entwicklungen, Umfeldfaktoren**			**punktuell**, sehr begrenzt auf ganz bestimmte Kompetenzen
Schülern leichter vermittelbar			für Schüler schwer zugänglich / verständlich
Hauptziel = Beobachten als Basis für **Förderansätze**			Hauptziel = **Vergleich** und **Selektion**
	häufig sehr **subjektiv** (genügt den Gütekriterien *Validität*[2], *Reliabilität* und *Objektivität* meistens nicht)	ermöglicht eine **objektive** Diagnostik (genügt den Gütekriterien *Validität*, *Reliabilität* und *Objektivität*)	
	übersieht oft **unauffällige** Schüler	berücksichtigt **alle** gleichermaßen	
	in bestimmten Fällen nicht aussagekräftig genug (z. B. IQ, AD(H)S etc.)	erfasst viele spezifische Bereiche, welche die alltägliche Beobachtung nicht aussagekräftig beurteilen kann	

Tab. 1 Vor- und Nachteile verschiedener diagnostischer Vorgehensweisen

2 Siehe hierzu Infokasten auf S. 32.

richtsalltag problemlos integrierbar. Sie erfasst zudem den Schüler als Ganzen innerhalb seiner Umwelt, da sie beispielsweise berücksichtigt, dass Lukas zwar gerade ein sehr schlechtes Ergebnis im Musiktest abgeliefert hat oder verbal sehr aggressiv auf seinen Mitschüler reagiert, ansonsten aber gute Leistungen in diesem Fach bzw. normales Sozialverhalten zeigt und bekannt ist, dass seine Eltern sich vor wenigen Tagen getrennt haben.

Standardisierte Verfahren dagegen sind nicht nur aufwendiger in der Durchführung (z. B. ein Test zur phonologischen Bewusstheit, zur Rechtschreibung oder zur Lesekompetenz, der mit allen Schülern einer Klasse durchgeführt wird), sondern berücksichtigen als punktuelle Abfrage die Umfeldfaktoren nicht. **Zudem hat das alltägliche Beobachten gegenüber standardisierten Testverfahren einen großen Vorteil:** Ziel ist in erster Linie nicht die Selektion oder der Vergleich von Schülern (z. B.: Wessen Rechtschreibleistung liegt weit unter dem Durchschnitt?), sondern die **Förderung**. Beobachten Sie, dass die Hälfte der Klasse Schwierigkeiten hat, bestimmte Aufgabentypen zu lösen oder abstrakte Nomen großzuschreiben, werden Sie diese Inhalte wiederholen und noch einmal anders erklären. Sie überlegen sofort nach der Beobachtung: Wie kann ich daran etwas ändern? Was ist zu tun, um das Problem zu lösen? Alltägliche Beobachtung mündet demnach häufig direkt in der Überlegung zu geeigneten Fördermaßnahmen. Bei standardisierten Verfahren weiß man häufig zwar genau, welcher Schüler besondere Fähigkeiten oder große Schwierigkeiten in einem speziellen Bereich hat, wie und was genau aber in der Förderung desselben zu tun ist, bleibt oft unbeantwortet. Zum Beispiel ist das leider auch häufig der Fall, wenn außerschulische Institute Diagnosen vornehmen. Nicht selten bekommt man dann zwar die wichtige Diagnose gestellt, dass bei Schüler x eine Dyskalkulie vorliegt oder Schüler y Verhaltensauffälligkeiten in einem gewissen Bereich aufweist, wie man innerhalb der Schule aber sinnvoll fördern kann, bleibt leider häufig ungewiss. Nicht zu unterschätzen ist zudem, dass alltägliche Beobachtungen, in Alltagssprache formuliert und notiert, für Schüler leichter verstehbar und nachvollziehbar sind als die Prozentrang- und T-Wert-Ergebnisskalen standardisierter Verfahren, welche schon vom Lehrer meistens erst nach intensiver Einarbeitung richtig gedeutet und verstanden werden können. Für die Förderung ist es aber besonders wichtig, (auch junge) Schüler so gut wie möglich mit ins Boot zu holen und ihnen begreiflich zu machen, wo Stärken oder Schwierigkeiten liegen und was deshalb zu unternehmen ist. **Transparenz**, die **Einsicht der Schüler in Beobachtungsergebnisse** ist in vielen Fällen ein Schlüssel zum Gelingen von Fördermaßnahmen.

Umgekehrt gibt es Situationen, in welchen alltägliche Beobachtungen nicht ausreichend oder sogar verfälschend sind. So bekommen die während des Alltagsbetriebes ohnehin **auffälligen Schüler** immer ein höheres Maß an Aufmerksamkeit. Die sozial wie fachlich Unauffälligen, welche weder herausragende noch unterdurchschnittliche Leistungen bringen, gehen häufig im Alltagsgeschehen unter. Wollen Sie z. B. Beobachtungsbögen zu den Bereichen Sozialverhalten sowie Lern- und Leistungsbereitschaft für Ihre Klasse ausfüllen, so wird es Ihnen vermutlich zu Hause auf Ihrem Sofa sitzend nicht schwerfallen, für acht bis zehn Schüler die Kreuze oder Notizen zu machen (die sozial besonders Schwierigen, die sehr sozial Engagierten, die Ehrgeizigen und die besonders Trägen, wenig Anstrengungsbereiten).

Es sind die Extreme, die unsere Wahrnehmung filtert und welche im Gedächtnis abgespeichert werden. Besonders leistungsstarke genauso wie besonders schwierige Schüler sind meistens nicht nur Ihnen, sondern sogar auch den Kollegen bekannt. Für die Unauffälligen dagegen muss man vermutlich während des Unterrichts noch einmal sehr genau beobachten, um auch diese Schüler so gerecht wie möglich einzustufen. Das muss man sich allerdings gezielt vornehmen oder durch Hilfsmittel, wie z. B. Beobachtungsbögen (vgl. auch Kap. 3.1, S. 32), forcieren, da die alltäglichen Beobachtungsprozesse immer von den auffälligeren Geschehnissen eingenommen sein werden. Schon diese Auswahl dessen, was ins Auge springt, zeigt, wie subjektiv unsere Wahrnehmung und damit auch die alltägliche Beobachtung sind. Hinzu kommt, dass das alltägliche Beobachten nicht nur durch die Auswahl des *Interessanten* subjektiv ist, sondern auch durch die persönlichen Vorlieben, Einstellungen und Erlebnisse der einzelnen Lehrer. Niemand kann sich davon freisprechen, dass es Schüler gibt, die einem auf Anhieb sehr sympathisch sind, mit denen man sich vielleicht sogar sehr angeregt über gemeinsame Hobbys austauschen kann (sei es Tanzen, Eishockey oder Musik), und eben auch solche, auf die das – um es nett auszudrücken – nicht zutrifft.

Den einen verzeiht man Fauxpas fachlicher oder sozialer Art ggf. eher als den anderen, besondere Stärken erkennt man vielleicht bei Ersteren früher als bei Letzteren. Problematisch ist daran nicht zuletzt, dass diese Prozesse meistens **unbewusst** ablaufen und man ihren verfälschenden Einfluss nicht realisiert. Doch es muss noch nicht einmal eine generelle Grundstimmung gegenüber Schülern sein, die zu **Subjektivität im Beobachten** führt. Es reicht häufig sogar bereits ein kleines Alltagserleben, das uns sehr subjektiv werten lässt. Ihr Kollege hat einen Schüler in der 2. Stunde unterrichtet und hat bei Interesse für sein Fach einen aktiven, engagierten, mitarbeitenden Schüler erlebt. Für *Ihr* Fach interessiert sich dieser Schüler leider wenig und hat deshalb in der 1. Stunde weder mitgearbeitet noch sein Stören des Unterrichts eingestellt. Sie beide beobachten diesen Schüler in einen Tumult verwickelt auf dem Pausenhof. Ob das Ergebnis Ihrer Beobachtung identisch ausfallen wird?

Kurz gesagt genügt die alltägliche Beobachtung häufig den Gütekriterien der **psychologischen Diagnostik** nicht. Sie ist weder **objektiv** (unabhängig) noch **reliabel** (zuverlässig) noch **valide** (gültig) (s. nachfolgenden Infokasten). Das bemerken Sie im Hinblick auf die Validität zum Beispiel, wenn sie mal wieder Striche für fehlende Hausaufgaben in ein Heft eintragen. Was bedeutet: 7× keine Hausaufgaben im ersten Quartal? Die Deutungsmöglichkeiten können von *faule Socke* über *kann sich nicht organisieren* oder *ist nachmittags auf sich allein gestellt* oder *hat sich mit der Freundin zerstritten, bei der er immer abgeschrieben hat* bis hin zu *versteht den Stoff nicht* reichen. Was messen Sie/beobachten Sie also wirklich, wenn Sie feststellen, dass die Hausaufgaben häufig fehlen?

DIE DREI GÜTEKRITERIEN DER PSYCHOLOGISCHEN DIAGNOSTIK:

Validität = Gültigkeit; ein Test misst wirklich das, was er zu messen vorgibt
Reliabilität = Zuverlässigkeit; ein Test führt bei Wiederholung zum gleichen Ergebnis
Objektivität = Unabhängigkeit; die Ergebnisse sind unabhängig vom Beurteilenden

Auch reliabel sind alltägliche Beobachtungen selten, da man fast nie ein isoliertes Phänomen betrachtet, sondern komplexe soziale Situationen (Pausenszene, Unterrichtsgespräch etc.), welche eben nicht in identischer Form wiederholbar sind. So sind bekanntermaßen Leistungen in Klassenarbeiten eben nicht nur von den Fähigkeiten eines Schülers, sondern genauso von der Tagesform, den räumlichen und sozialen Umgebungsfaktoren etc. abhängig.

All die erwähnten Aspekte zeigen, dass es sich bei Beobachtung und Diagnostik in der Schule um ein sehr komplexes Phänomen handelt, welches sowohl auf alltäglicher Beobachtung als auch auf standardisierter oder zumindest durch Hilfsmittel gestützter, objektivierender Diagnose beruht.

Die wichtigen Fragen, die sich für den Unterrichtsalltag deshalb stellen, sind:

- In welchen Fällen ist das alltägliche Beobachten das richtige und völlig ausreichende Mittel?
- Für welche Bereiche bedarf es einer Systematisierung der alltäglichen Beobachtungen durch Hilfsmittel (z. B. mittels Beobachtungsbögen)?
- Wann/In welchen Fällen ist eine standardisierte Diagnostik notwendig? Kann sie innerhalb der Schule erfolgen oder muss man sich an außerschulische Institutionen richten?

Für viele Schulen hat es sich als sehr sinnvoll erwiesen, z. B. innerhalb einer Konferenz einmal zu *sammeln*, welche diagnostischen Hilfsmittel und standardisierten Verfahren an der Schule als Material zur Verfügung stehen und zu welchem Zeitpunkt (wenn auch bis dato nur von Einzelnen) durchgeführt werden. Dieses Sammeln führt häufig zu einem regen Austausch von und über Beobachtungsbögen oder Diagnosematerial jeglicher Art, lässt zudem erkennen, an welchen Stellen ggf. noch Bedarf ist und kann darüber hinaus der Schulleitung als gute und schnell erworbene Übersicht über das diagnostische Vorgehen an der Schule dienen. **KV 6** (s. Anhang, S. 130 und auf der CD) dient als eine mögliche Folie zum Sammeln der Informationen.

WIE VERMEIDE ICH ÜBERFLÜSSIGEN PAPIERKRAM? – INSTRUMENTE EINER AUF DIE WIRKLICHEN PROBLEME FOKUSSIERTEN DIAGNOSTIK

Wenn Ihnen nun bewusst ist, zu welchen Gelegenheiten innerhalb des Schulalltags die alltägliche Beobachtung das adäquate Mittel ist und wann andererseits zur Systematisierung und Objektivierung der Beobachtung Hilfsmittel notwendig sind, stellt sich die Frage, *welche* Mittel sich als hilfreich erweisen. Zunächst einmal gibt es verschiedenste standardisierte Verfahren, über deren Vorhandensein an der Schule sowie Vor- und Nachteile Sie sich z. B. innerhalb des Kollegiums austauschen können (vgl. Kap. 3.1, S. 29 Nutzung der **KV 6**, Anhang, S. 130 und auf der CD).

> Falls an Ihrer Schule noch ergänzende Testmaterialien gesucht werden, bietet es sich an, unter http://www.testzentrale.de/ nachzuschauen. Dort finden Sie viele der in Deutschland auf dem Markt befindlichen Testverfahren mit jeweiliger kurzer Beschreibung.

Ebenfalls zu überlegen ist, ob an Ihrer Schule **zusätzliche externe Diagnoseangebote** genutzt werden sollen. Selbstverständlich werden in besonderen Fällen, wie der Ermittlung besonderer Begabungen oder spezifischer Lernschwierigkeiten (s. auch Kap. 3.2), externe Diagnoseverfahren durch schulpsychologische Stellen oder Ärzte und Psychologen notwendig. Inzwischen gibt es aber *zusätzlich* zu dieser externen Diagnostik, die Bereiche abdeckt, welche die Schule üblicherweise nicht selbst diagnostizieren kann (AD(H)S, IQ etc.), auch vermehrt Angebote, die das typische Arbeitsfeld der Lehrer abzudecken versuchen. Vor allem **Online-Verfahren** zu **Diagnostik** und meistens auch angeschlossener Förderung werden inzwischen von vielen Verlagen angeboten (siehe Homepage des jeweiligen Verlages). Bisher sind dabei vor allem die folgenden Bereiche berücksichtigt:

- Phonologische Bewusstheit, Rechtschreibkompetenz, Lesekompetenz sowie Deutsch, Mathematik und Englisch für die Sekundarstufe I.

Für einige Lehrer ist die Vorstellung, dass ihr ureigenster Arbeitsbereich durch außerschulische technisierte Verfahren zwar sehr eingeschränkt, aber doch in Teilen übernommen werden soll, ein Graus. Andere sehen in solchen Angeboten dankbar eine Hilfestellung, welche es ermöglicht, alle Schüler zumindest schon einmal grob austesten zu lassen, um dann selbst die Feinarbeit vornehmen zu können. Ein solches Vorgehen spart Zeit, birgt natürlich aber auch die Gefahr, dass einige Schüler durch die schematisierten Maschen der Computerdiagnostik fallen. Die Erfahrung zeigt, dass Online-Diagnostik meistens gerade für die Leisungsschwächsten zu grobmaschig ist.

Ob solche Online-Verfahren der Diagnostik an Ihrer Schule oder für Sie als Unterrichtende(n) in Frage kommen, hängt neben Ihrer persönlichen Einstellung zu computergestützter Diagnostik aber von vielen weiteren Faktoren ab.

Die im Folgenden dargestellten Fragen und Hinweise sollen helfen, Online-Angebote kritisch zu bewerten und bei Bedarf das für Sie geeignete Verfahren herauszusuchen.

- Welche **Leistung** erhalten Sie für den jeweiligen Preis?
  - Die reine Diagnose? Wie ausgefeilt ist dieselbe dann? Erhalten sie eine gute Übersicht über Stärken- und Schwächenbereiche der Schüler? Handelt es sich um eine gute **Förder**diagnostik?
  - Bekommen Sie auch **Fördermaterialien**? Wenn ja, in welcher Form (Computerprogramm, Übungsheft auf den einzelnen Schüler abgestimmt, Übungsmaterial auf Gruppen abgestimmt, pdf-Dateien etc.)?
- Wie **praktikabel** ist das Verfahren?
  - Werden die Schüler am Computer getestet oder erhalten sie Testbögen im Papierformat, sodass die Ergebnisse vom Lehrer nachträglich eingegeben werden müssen?
  - Bei Testung am Computer: Ist die Computerhandhabung dabei so einfach, dass es die Schüler nicht überfordert und die Testergebnisse nicht verfälscht? (Besonders für die Grundschulen, aber auch in der Sek. I noch wichtig)
  - Kommen auch die am Computer nicht so versierten Lehrer mit dem Programm zurecht?
  - In welcher Form erhalten Sie die ggf. vorhandenen **Förderangebote** passend zum diagnostizierten Förderbedarf? (Beispiele: Hinweise auf Fördermaterial in einer Sammelmappe; Arbeitsblätter im pdf-Format werden Ihnen zugesendet und müssen von Ihnen (!) für jeden Schüler ausgedruckt werden; es gibt die Möglichkeit einer individuellen Förder-CD/eines Förderbuches für einen Schüler; Diagnose und Förderung beruhen auf einem Computerprogramm, welches nach der Diagnostik für den jeweiligen Schüler automatisch einen Aufgabenpool zu den Defizitbereichen anlegt.)

- Ist die **Diagnose einmalig und punktuell** oder gehen durch die Schüler erledigte Übungsaufgaben als erneute Diagnose in die Kompetenzübersicht ein?
- Ist der **Preis** angemessen? Es sind Zusatzkosten zu entrichten, welche auf Schule/Eltern/Förderverein ... zukommen.

Bisher nur wenig erwähnt sind die für die Schule seit jeher genutzten Diagnosemittel in Form von **Klassenarbeiten**, **Tests** und **mündlichen Überprüfungen**. Hauptziel solcher Testate ist zwar die **Qualifizierung** (Erreichen des Klassenziels, des Abschlusses etc.), doch können diese im Schulalltag sowieso durchzuführenden Testverfahren sehr wohl auch zur **Förderdiagnostik** genutzt werden. So ist es gut möglich, auf der Basis von Klassenarbeiten Fehleranalysen durchzuführen (von älteren Schülern auch selbstständig) oder sich Notizen über besondere Stärken- und Schwächenbereiche im Anschluss an Klassenarbeiten zu machen. Selbstverständlich ist es seit eh und je üblich, dazu etwas unter die Klassenarbeit zu schreiben. Ob das allerdings überhaupt von den Schülern intensiv gelesen und dann noch zu Förderzwecken genutzt wird, ist fraglich. Welcher Schüler nimmt vor der folgenden Klassenarbeit sein Arbeitsheft zur Hand, ermittelt aus dem Text unter der Arbeit, welche Fehler er in der Vergangenheit gemacht hat, und übt gezielt, um diese künftig zu vermeiden? Eine Idealvorstellung, auf welche sich zwar hinzuarbeiten lohnt, die aber zunächst nur schwer erreichbar scheint. Immer mehr Lehrer gehen deshalb dazu über, statt des Textes unter der Arbeit einen **Feedbackbogen** anzuhängen, der einfach und übersichtlich angibt, wo Schwierigkeiten innerhalb der Arbeit auftraten. Das verringert auch für den Lehrer den Zeitaufwand, da er zunächst in vorgegebenen Kategorien z. B. nur Kreuzchen oder Kurznotizen macht und dann ergänzend in einem freien Feld individuelle Anmerkungen für den jeweiligen Schüler einträgt.

Vor allem ist diese Form aber für den Schüler übersichtlich und kann eher in Absprachen mit ihm und ggf. Förderlehrern oder Eltern genutzt werden, um als Basis für Förderung zu dienen. Alternativ oder ergänzend ist es zudem sinnvoll, sich als Lehrer die in der Klassenarbeit/dem Test gewonnenen Informationen übersichtlich zu notieren. Jeder Lehrer macht das auf die für ihn praktikabelste Weise. Nur eine von mehreren Möglichkeiten ist es, sich Kurznotizen in **Kriterienraster oder Beobachtungsbögen** zu machen. Denn bei den vielen Tests und Klassenarbeiten haben Sie zwar einen Eindruck davon, welcher Schüler in Ihrem Fach besonders gute oder eher schwache Leistungen zeigt, doch für jeden Schüler genau zu wissen, ob er die Prozentrechnung auch verstanden oder das 1×1 verinnerlicht hat, überfordert das menschliche Gedächtnis. Die Informationen hat man, verliert sie aber leider auch schnell wieder im Wust der vielen Klassenarbeitshefte und des überfüllten Alltagsgeschehens, wenn sie nicht übersichtlich notiert werden. Nicht nur, aber besonders auch für die eher unauffälligen Schüler kann es deshalb Sinn machen, die durch Klassenarbeiten oder auch alltägliche Beobachtungen gewonnenen Einsichten über den Lernstand oder das Verhalten übersichtlich festzuhalten (Beispiel s. unten und **KV 7** im Anhang, S. 132 und auf der CD).

BEOBACHTUNGSBOGEN **Mathematik** für: N. S. Klasse: 3 b Erstellt durch: M. C.

Erhebungsdatum:	13.02.	15.03.	...	...
Grundrechenarten				
Kann addieren (schriftlich und im Kopf)	X		...	...
Kann subtrahieren (schriftlich und im Kopf)	X			
Kann multiplizieren (schriftlich und im Kopf)	noch zu langsam; merkt noch nicht, dass ein bestimmtes Ergebnis nicht in der Reihe sein kann	immer noch sehr langsam, aber sicherer bei Reihenzugehörigkeit		
Kann dividieren (schriftlich und im Kopf)		hat bei großen Zahlen (über 40 / 50) Probleme		
Kann mit mathematischen Hilfsmitteln umgehen (Lineal, Taschenrechner, Zirkel etc.)		X		
Grundlegende Rechenstrategien:				
Kann zum Zehner ergänzen (z. B.: 8 + 6 = 8 + 2 + 4)	X			
Kann die Kraft der 5 nutzen (z. B.: 6 + 7 = 5 + 5 + 1 + 2)	X			
Kann Umkehraufgaben lösen (6 x 7 = 7 x 6; 5 + 4 = 4 + 5 etc.)	X			
(halb-)schriftliche Rechenverfahren				
Beherrscht die (halb-)schriftliche Addition mit Übertrag	X			
Beherrscht die (halb-) schriftliche Subtraktion mit Übertrag	bei dreistelligen Zahlen noch Probleme	wurde nicht erfragt		
Größen / Maßeinheiten				
Kann mit Gewichtsangaben rechnen	X	ist wieder unsicher bei Gewichtsangaben		
Kann mit Zeitangaben rechnen (Uhr, Kalender etc.)	X			
Kann mit Längenangaben rechnen	km ist noch nicht sicher	X		
Kann mit Geld rechnen	X			
Geometrie				
Erkennt einfache Symmetrien und kann sie produzieren	X			
Kann Körper und Figuren benennen, altersgemäße Aufgaben dazu rechnen	X			
Kann mit einfachen Volumenangaben rechnen	ja, aber bei Bruchangaben noch Schwierigkeiten	wurde nicht erfragt		
Kann **Sachaufgaben** lösen (nicht Leseverständnis erfragen!)	ja, macht sich sogar Skizzen dazu	hohe Kompetenz auch bei komplexeren Aufgaben		

Viele Schulen haben entweder gemeinsam innerhalb von Konferenzen bzw. Fachkonferenzen oder durch den Austausch von vorhandenen Bögen und Rastern einen **Pool an Beobachtungsbögen** erstellt, aus welchem jeder aus dem Kollegium schöpfen kann. Über das Internet/die Homepages von Schulen kann man inzwischen oft auf einen Teil des Pools anderer Schulen zugreifen, um sich dort Anregungen zu holen. Einige Beispiele findet man neben anderen Dokumenten auch unter http://www.chancen-nrw.de/test/cms/front_content.php?idcat=129.

Wichtig ist dabei – das zeigt die Alltagserfahrung –, dass zwar ein gemeinsamer Pool vorhanden ist, es aber **individuell zu entscheiden** bleibt, wer welche Art von Bogen in welchem Fall nutzen möchte, denn nicht nur Schüler sind Individuen, sondern auch Lehrer haben individuelle Stile, in welchen sie ihre Arbeit jeweils am besten erledigen.

Beobachtungsbögen (auch Lernbegleitbögen genannt) können, abhängig von der jeweiligen Nutzung durch den Lehrer und dem Ziel des Ausfüllens, sehr unterschiedlich gestaltet werden (Typenbeispiele und Kopiervorlagen siehe **Tab. 2**, S. 36 und **KV 8 – 18** im Anhang, S. 133 – 145 und auf der CD).

Die im Anhang abgedruckten Beobachtungsbögen dienen als Beispiele, die so, wie sie sind, oder in abgewandelter Form verwendet werden können. Auf der beigefügten CD finden Sie alle Kopiervorlagen in digitaler, leicht variierbarer Form.

Es hat sich als sinnvoll erwiesen, die in einem Pool gesammelten Bögen zu sichten und dann, abhängig von den konkreten Verhältnissen und Bedürfnissen an Ihrer Schule bzw. innerhalb Ihres Klassenzimmers, zu verändern. Das kann die zu beobachtenden Kriterien betreffen, aber genauso auch die Frage, ob man z. B. einen Bogen für einen Schüler nutzt und seine Entwicklung verfolgen möchte, indem man Beobachtungen zu mehreren Zeitpunkten macht (vgl. u. a. **KV 8** und **KV 16** im Anhang, S. 134 und S. 143 und auf der CD) oder Bögen nutzt, die Kurznotizen zu mehreren Schülern ermöglichen (vgl. u. a. **KV 18** im Anhang, S. 145 und auf der CD).

Zusammenfassend und abschließend sei erwähnt:

- Beobachtungsbögen sollten dort eingesetzt werden, wo sie helfen, die **alltäglichen Beobachtungen** zu verfeinern, zu stützen, zu objektivieren, niemanden zu übersehen.
- Beobachtungsbögen machen nur dann Sinn, wenn sie so **praktikabel** sind, dass man nicht nur Zeit für das Beobachten, sondern auch noch für die Auswertung und Deutung der Ergebnisse hat, die einem dann die Planung und Durchführung von Fördermaßnahmen ermöglichen.
- Beobachtungsbögen werden – an der richtigen Stelle und in Maßen eingesetzt – in der Praxis von vielen Lehrern nicht als Last empfunden, sondern als aus der Schublade zu holendes **Hilfsmittel**, das die Arbeit erleichtert, wenn man gezielter hinschauen muss oder Gespräche mit Eltern und Schülern zu führen sind.
- Beobachtungsbögen o. Ä. können es Schülern erleichtern, Einblick in ihren **Lernstand** zu nehmen.
- Sobald Diagnosen in schriftlicher Form festgehalten werden, stellt sich vermehrt die **Frage des Datenschutzes**. Für Ihre Schule sollte geregelt sein, wo die Daten über Schüler (z. B. auch Beobachtungsbögen) aufgehoben werden und wer darauf Zugriff haben darf und soll (z. B. die (älteren) Schüler selbst? Förderlehrer? Nachmittagsbetreuung? etc.).

Als sehr wichtig erkannt haben viele Lehrer, dass sie und noch viel mehr ihre Schüler neben der ganzen „Diagnostiziererei“ auch **beobachtungsfreie Phasen** brauchen. Wie fänden Sie es, wenn in jeder Unterrichtsstunde/jeder Konferenz jemand mit Zettel und Stift säße, um Ihre Leistungen/Ihr Verhalten zu bewerten und zu Papier zu bringen? Wer realistisch ist, wird zwar einsehen, dass man sich als Beobachtender nicht wirklich *abschalten* kann, doch umso wichtiger ist es, sich und den Schülern Phasen zu gönnen, in denen man bewusst macht: Jetzt geht es nicht darum, besonders wissend, schlau und gut zu wirken (Pokerface), sondern jetzt stehen noch viel mehr als sonst unsere Fehler im Mittelpunkt, um daraus zu lernen. Jetzt ist Ausprobieren angesagt. Wünschenswert wäre diese Einstellung natürlich immer. Doch da Schule eben auch (wenn nicht sogar häufig) vor allem ein Ort ist, an dem Qualifikationen vergeben und Leistungsdruck erzeugt werden, müssen gerade für die leistungsschwächeren Schüler immer wieder ganz bewusst solche freieren Phasen geschaffen werden.

Typen		Beispiele	Vorteile	Nachteile
1. Raster mit vorgegebenen Beurteilungskriterien	**ankreuzen oder** **+ / ○ / –,** ☺ 😐 ☹	KVs 10, 16, 17	▷ zügiges Eintragen möglich ▷ Kriterien sind vorgegeben, können nicht unberücksichtigt bleiben/sind eine Hilfestellung bei der Beobachtung	▷ die vorgegebenen Formulierungen passen manchmal nicht, sind nur in begrenzter Anzahl möglich ▷ werden schnell unübersichtlich/zu komplex, um *einfache* Förderhinweise daraus zu entnehmen ▷ bei Extremen weniger aussagekräftig (sehr schwache Schüler haben fast überall ein Minus, starke fast überall ein Plus)
2. Raster mit vorgegebenen Beurteilungskriterien	**Platz für Notizen**	KVs 9, 11–15	▷ Formulierungen können, wenn nötig, zu vorgegebenen Kriterien frei gewählt werden; ansonsten reicht + / – etc. ▷ Kriterien sind vorgegeben, können nicht unberücksichtigt bleiben/sind eine Hilfestellung bei der Beobachtung ▷ gute Mischform	▷ bereits aufwendiger beim Ausfüllen ▷ für die eigenen Formulierungen ist manchmal zu wenig Platz vorhanden ▷ werden schnell unübersichtlich/zu komplex, um *einfache* Förderhinweise daraus zu entnehmen
3. Offen gehaltene Bögen		KVs 8, 18	▷ Formulierungen werden völlig frei gewählt, individuell angepasst an jeden Schüler ▷ nur das, was positiv wie negativ besonders auffällig ist, wird notiert (Übersichtlichkeit) ▷ Fokussieren auf das Wesentliche; Förderansätze sind leichter ablesbar	▷ man hat weniger Orientierung hinsichtlich des zu Diagnostizierenden ▷ nur das, was positiv wie negativ besonders auffällig ist, wird notiert (Übersehen von weniger auffälligen Aspekten) ▷ sich jedes Mal eigene Formulierungen auszudenken, kann viel Zeit kosten

Tab. 2 Vor- und Nachteile unterschiedlicher Typen von Beobachtungsbögen

3.2 *WIE WEIT GEHT MEINE DIAGNOSEPFLICHT, MEIN DIAGNOSERECHT? WANN IST WELCHER FACHMANN ZURATE ZU ZIEHEN? –* SCHULISCHE DIAGNOSTIK IN BESONDEREN FÄLLEN

Für die Diagnose spezifischer Begabungen genauso wie besonderer Lernschwierigkeiten haben Sie als Lehrer zunächst einmal, egal worum genau es sich handelt, eine ganz besondere Funktion: Sie stellen die ***Verdachts*diagnose**. Selbstverständlich gibt es auch Eltern, welche die Entwicklung Ihrer Kinder sehr interessiert betrachten und selbst den Verdacht hegen, dass ihr Kind Besonderheiten aufweist. Doch innerhalb der Institution Schule haben Sie die besten Möglichkeiten, sowohl besonders begabte Schüler als auch solche mit spezifischen Schwierigkeiten gezielt in Augenschein zu nehmen, und zwar

- bei der Auseinandersetzung mit dem zu lernenden Stoff (z. B. können Leseschwierigkeiten erst beim Lesenlernen entdeckt werden) und
- im Vergleich mit anderen Schülern (solchen im Leistungsmittelfeld ebenso wie solchen mit besonders hohem oder geringem Leistungspotenzial).

Sie sind demnach hauptverantwortlich dafür, dass Eltern und Schule auf betroffene Schüler aufmerksam werden. Ist das geschehen, beginnt die eigentliche Arbeit und oft leider auch die Verwirrung. In vielen Bundesländern (z. B. Hessen, Niedersachsen und NRW) ist nur schwammig vorgegeben, wie nach einer solchen Verdachtsäußerung vorzugehen ist, was also z. B. innerhalb der Schule getan werden kann und muss oder was welche außerschulische Stelle zur ausgereiften Diagnose beizutragen hat. Erschwerend kommt hinzu, dass es **für keines** der häufig auftretenden Phänomene die **eine eindeutige Definition** gibt, welche genau beschreibt, wann jemand als Kind mit AD(H)S oder als hochbegabt gilt, sondern es gibt immer verschiedene Definitionsmöglichkeiten. Man muss sich als Diagnostizierender deshalb bewusst machen, welche Definition des jeweiligen Phänomens einem vorschwebt, weil davon abhängig ist, wie man selbst vorgeht bzw. wie und welche andere(n) Stellen diagnostizieren. Die folgenden Kurzkapitel geben deshalb einen kleinen Einblick (die vielen ausführlichen Werke zum Thema können sie selbstverständlich nicht ersetzen) zu den Definitions- und Diagnosemöglichkeiten des jeweiligen Phänomens. Der Schwerpunkt liegt dabei auf der Frage: Was kann innerhalb der Institution Schule an Diagnose geleistet werden? Und welche Hilfestellungen gibt es dazu? Das Kapitel zum Phänomen LRS/Legasthenie (s. unten) ist etwas ausführlicher gestaltet, weil es exemplarisch die bei allen Phänomenen ähnlich gelagerte Definitionsproblematik vorstellt.

Für jedes dieser Spezialthemen sollte es – wenn irgend möglich – an jeder Schule einen, besser sogar zwei Lehrer geben, die sich **spezialisieren**, auf entsprechende Fortbildungen gehen, sich mit der innerhalb der Schule möglichen Diagnostik und Beobachtungspraxis vertraut machen und als Ansprechpartner für die Kollegen dienen.

☐ LRS / LEGASTHENIE

LRS bzw. legasthene Probleme gehören zu den besonders auffälligen Phänomenen des schulischen Alltags. Nicht nur in sprachlichen Fächern, sondern in fast jedem Unterrichtsfach bemerken Sie als Lehrer schnell, wenn ein Schüler noch enorme Schwierigkeiten im Rechtschreiben hat. Dass Leseprobleme vorliegen, wird Ihnen evtl. in manchen Fällen nicht ganz so schnell bewusst. Doch spätestens, wenn Sie Schüler vor sich haben, welche die unterrichtlichen Inhalte gut beherrschen, welche aber trotzdem schriftliche, nicht verbal erklärte Aufgabenstellungen kaum lösen können, oder wenn Sie auf Schüler aufmerksam werden, die sich dem lauten Lesen verweigern oder gravierende Schwierigkeiten dabei zeigen, wird klar, dass diese Betroffenen nicht über die für den Schulalltag notwendige Lesekompetenz verfügen. Die großen Fragen, die sich Ihnen – wie vielen anderen Lehrern – dann stellen, lauten: Liest ein Schüler einfach nicht so gut, weil er z. B. wenig Übung hat? Ist das ein Schüler, an dem einige Regeln der Rechtschreibung einfach vorbeigegangen sind, in dessen Umfeld auf richtiges Schreiben auch nicht besonders viel Wert gelegt wird? Oder habe ich ein Kind vor mir, das an **Legasthenie** leidet, das eine ausgeprägte **L**ese-**R**echtschreib-**S**chwäche hat, bei dem also grundlegende Schwierigkeiten beim Erwerb der Schriftsprache zu verzeichnen sind?

Vermutlich sind unter solch auffälligen Schülern einige, die eine außerschulische Bescheinigung hinsichtlich LRS oder Legasthenie vorweisen können oder bei denen neben Ihnen auch die Eltern bereits einen diesbezüglichen Verdacht geäußert haben. Genauso gibt es aber Schüler ohne Bescheinigung, bei denen Sie jedoch überzeugt sind, dass gravierendere Schwierigkeiten vorliegen, als dass sie nur zwei oder drei Regeln nicht gut gelernt hätten. Es gibt zudem auch die Schüler, welche zwar eine durch außerschulische Diagnostik erworbene Bescheinigung vorweisen können, die aber Ihrer Ansicht nach kaum andere oder mehr Fehler machen als die meisten Schüler Ihrer Klasse.

Wenn Sie sich mit ähnlichen Problemen konfrontiert sehen, gehören Sie nicht zu einer kleinen Ausnahmegruppe von Lehrern, sondern zur großen Mehrheit, denn das komplexe Phänomen LRS/Legasthenie bringt für Sie als Lehrer zwei Grundschwierigkeiten mit:

❶ Es existiert keine einheitliche Definition des Phänomens, keine Einigkeit darüber, was genau man unter LRS/Legasthenie zu verstehen hat.

❷ Es gibt sehr unterschiedliche Möglichkeiten, LRS/Legasthenie zu diagnostizieren (z. B. abhängig von der Definition, die man zugrunde legt, oder abhängig von dem Ort und den Verantwortlichen für die Diagnose – Schule, Schulamt, Kinderarzt, Facharzt, außerschulisches Förderinstitut etc.). Die folgenden Erläuterungen sollen dazu dienen, Ihnen einen ersten Überblick über die Definitionsbreite und Diagnosemöglichkeiten zu geben, um dann explizit zu machen, welche Art der Diagnostik dieses Phänomens in Schule möglich ist und welche Hilfsmittel Sie zur schulischen Diagnostik vorfinden können.

Zu ❶: Definitionen von LRS/Legasthenie:

Vermutlich sind Ihnen bereits die Doppelschreibweise der Begriffe *LRS/Legasthenie* sowie die Verwendung unterschiedlicher Ausschreibungen der Abkürzung *LRS* (Lese-**R**echtschreib-**S**chwierigkeiten, Lese-**R**echtschreib-**S**chwäche, Lese-**R**echtschreib-**S**törung) aufgefallen. Als Problem erweist sich, dass es nicht nur diese vier Begriffe für das zu beschreibende Phänomen gibt, sondern dass auch die Begriffe selbst nicht immer gleich verwendet werden und nicht völlig eindeutig einer bestimmten Definition zuzuordnen sind. Steht z. B. der Begriff *Legasthenie* auf der Homepage des Bundesverbandes Legasthenie und Dyskalkulie e.V., meint er dort nicht automatisch das Gleiche wie in einem Elternhandbuch, einer Verlautbarung des Schulamtes, einer neuen Veröffentlichung der medizinischen Forschung oder einem Artikel über Fördermöglichkeiten in einer pädagogischen Zeitschrift. Für einen einführenden Überblick werden Ihnen deshalb im Folgenden **drei z.T. sehr unterschiedliche Definitionen des Phänomens** in knapper Form vorgestellt. Diese, sich in einigen Aspekten widersprechenden Definitionen bilden Extrempole. Haben Sie diese Extreme im Hinterkopf, können Sie, wenn Eltern auf Sie zukommen und mit Ihnen über das Phänomen sprechen, wenn Sie einen Artikel in einer Fachzeitschrift dazu lesen oder das Schulamt neue Instruktionen schickt, sehr gut einordnen, aus welcher Richtung die entsprechende Definition kommt.

Als Erste sei die sogenannte ***Klassische*** **Legasthenie-Definition** erwähnt, welche ihren Namen trägt, weil sie schon besonders lange in ähnlicher Form existiert. Trotz ihrer bereits langen Tradition gilt diese Definition nicht als überholt, sondern findet auch heute noch Verwendung, so z. B. im sogenannten ICD-10[3].

Beim ICD-10 (= **I**nternational **C**lassification of **D**iseases/Internationale Klassifikation psychischer Störungen der WHO/Welt-Gesundheits-Organisation) handelt es sich um ein Handbuch, in welchem psychische Störungen im weitesten Sinne beschrieben sind und an welchem sich Psychologen – auch Schulpsychologen – orientieren, um Störungen und Auffälligkeiten zu diagnostizieren.

Diese klassische Definition basiert vor allem auf dem sog. **Diskrepanzkriterium**, nämlich der großen Differenz zwischen allgemeiner Intelligenz und spezifischer Lese- bzw. Rechtschreibfähigkeit. Ein Schulpsychologe, der nach dieser Definition vorgeht, wird einen Schüler zunächst einem Intelligenztest unterziehen und anschließend Lese- und Rechtschreibtests durchführen. Er wird zudem ausschließen,

- dass der Schüler unzureichend beschult wurde (also z. B. während gewisser/besonders früher

3 Die Angaben zur Lese-Rechtschreib-Störung findet man unter F 81 im ICD-10. Englische Version: http://www.who.int/classifications/apps/icd/icd10online/. Für den deutschen Raum verändert: http://www.dimdi.de/static/de/klassi/diagnosen/icd10/htmlgm2009/block-f80-f89.htm

Schuljahre über einen längeren Zeitraum krank war und deswegen große Lücken in der Schriftsprachkompetenz zeigt),

- dass der Schüler Anzeichen einer psychischen Entwicklungsverzögerung aufweist,
- Hör- und Sehstörungen die Aufnahme von Information erschweren oder
- eine erworbene Hirnschädigung ihn am Erlernen der Schriftsprache hindert.

Sind all diese Faktoren ausgeschlossen und zeigt das Kind ein nicht unterdurchschnittliches Intelligenzniveau (IQ > 70), gleichzeitig aber im Vergleich zu seiner allgemeinen Intelligenz sehr unterdurchschnittliche Werte bei Lese- und/oder Rechtschreibtests[4], spricht man im Sinne des ICD-10 von einer Lese-Rechtschreib-Störung. Argumentativ begründen lässt sich die Benennung einer Störung bei dieser Definition dadurch, dass man Schüler vor sich hat, die

- **keine** Anzeichen einer körperlichen oder psychischen **Erkrankung** aufweisen,
- **regelmäßig** die **Schule** besucht haben,
- durchschnittlich oder sogar überdurchschnittlich **intelligent** sind

und **trotzdem große Schwierigkeiten** beim Erwerb der Schriftsprache haben. Bringt ein Schüler die Bescheinigung eines Psychologen (u. a. auch des Schulpsychologen) mit, ist in der Regel davon auszugehen, dass bei der Diagnostik nach der klassischen Definition verfahren wurde.

Eine **zweite Definition** des Phänomens LRS/Legasthenie ergibt sich aus der Forschungsperspektive von **Biologen und Medizinern**, welche die biologischen Ursachen von Schwierigkeiten beim Schriftspracherwerb erforschen. Sie wollen nicht nur wissen, ob jemand besondere Schwierigkeiten hat, sondern vor allem, wie es aus biologischer Sicht dazu kommen kann, warum es also für Schüler x so viel schwieriger ist, lesen und schreiben zu lernen, als für die meisten seiner Mitschüler. Es werden vielfältige Forschungsansätze verfolgt, von denen hier nur die Ergebnisse einiger in kürzester Form erwähnt werden können. So stellte man beispielsweise fest, dass bei biologisch betroffenen Legasthenikern Zellen bestimmter Hirnregionen (u. a. des magnozellulären Systems[5]) nicht so gut entwickelt sind bzw. nicht optimal funktionieren und dass Legastheniker innerhalb des Gehirns andere Wege zur Verarbeitung gehörter oder gesehener Informationen nutzen als *normal* Lesende und Schreibende es tun. Vielleicht können Sie sich vorstellen, dass solche Umwege zwar auch zum Ziel führen, es aber viel länger dauert und einer viel größeren Anstrengung bedarf, um das Gleiche zu erreichen. Man ermittelte verschiedene Gene, die bei Betroffenen im Vergleich zu Nichtlegasthenikern Veränderungen aufweisen, und konnte zeigen, dass eine solch ungünstige genetische Veranlagung sich leider mit einer hohen Wahrscheinlichkeit weitervererbt. Vielleicht kennen Sie Familien, in welchen das Phänomen LRS/Legasthenie immer wieder auftritt, also z. B. Eltern und Kinder oder Geschwisterkinder bzw. Cousin und Cousine betroffen sind.

Die Frage, wie denn solch veränderte Genkonstellationen auf den menschlichen Körper wirken und wie sie dazu beitragen können, dass jemand Schwierigkeiten entwickelt, richtig lesen und schreiben zu lernen, ist bisher nur zu einem geringen Teil beantwortet. Ein Beispiel dessen, was man dazu als gesicherte Erkenntnis wiedergeben kann, ist, dass bei vielen biologisch Betroffenen eine **Störung in der auditiven Informationsverarbeitung** vorliegt. Sie haben also Probleme, gehörte Informationen richtig zu verarbeiten. Beispielsweise können sie schnell aufeinander folgende akustische Reize nicht richtig voneinander unterscheiden. In der deutschen Sprache sind es häufig vor allem bestimmte Konsonantenhäufungen, die für Betroffene schwer zu analysieren sind. Spricht man ihnen ein Wort wie *Handstand* vor, könnte es z. B. schwierig für sie sein, die Konsonantenhäufung in der Mitte des Wortes [lautlich: ntscht] richtig zu analysieren. Sie müssen ja nicht nur erkennen, dass es sich um vier Laute handelt, sondern zudem analysieren, welche Laute es sind und in welcher Reihenfolge sie wiederzugeben sind. Bei Konsonantenhäufungen werden Laute nur sehr kurz artikuliert und so schnell hintereinander ausgesprochen, dass es für Betroffene aufgrund ihrer Verarbeitungsstörung schwierig sein kann, jeden einzelnen richtig zu erkennen.

4 Die Ergebnisse der Lese- und/oder Rechtschreibtests liegen mindestens 1,2 Standardabweichungen unterhalb dessen, was aufgrund der Ergebnisse im Intelligenztest zu erwarten ist.

5 Vgl. u. a. Schulte-Körne, G. (Hrsg.): Legasthenie. Zum aktuellen Stand der Ursachenforschung, der diagnostischen Methoden und der Förderkonzepte. 2002. S. 13 und 23 ff.

Es gibt nun leider auch nicht *die eine* biologisch-medizinische Definition von LRS/Legasthenie, doch der **gemeinsame Nenner** soll hier knapp skizziert werden[6]: Aus biologisch-medizinischer Sicht ist LRS/Legasthenie eine Erkrankung, die sich sowohl in veränderten Genkonstellationen als auch in abnormalen Hirnstrukturen und/oder Hirnfunktionen widerspiegelt. Es gibt eine biologische Grundlage für die zu beobachtenden Schwierigkeiten. Schüler, die biologisch betroffen sind, können zwar durch gute Förderung und viel Anstrengungsbereitschaft sehr wohl kompetente Leser und Rechtschreiber werden, es ist für sie aber immer mit mehr Aufwand, Mühe und Zeiteinsatz verbunden als für Nichtbetroffene. Menschen jeder Gesellschaftsschicht und jeden Intelligenzniveaus können von genetischen Veränderungen betroffen sein. Wie Ihnen vermutlich auffällt, entsteht aus der biologischen Definition heraus hier ein Widerspruch zu einem Teil der klassischen Definition, nämlich zum Diskrepanzkriterium. Solch ungünstige genetische Veranlagungen vererben sich unabhängig von der Intelligenz, sodass jemand mit einem sehr hohen IQ genauso davon betroffen sein kann wie jemand mit durchschnittlichem, aber auch jemand mit unterdurchschnittlichem IQ. Rein aus biologischer Sicht macht es keinen Sinn, zu unterscheiden zwischen allgemein sehr intelligenten Schülern, die z. B. eine auditive Verarbeitungsstörung aufweisen (und als ansonsten intelligente natürlich eher mit Schwächen auffallen), und unterdurchschnittlich intelligenten Schülern, bei welchen die gleiche biologischen Störung nachgewiesen wird. Die Ergebnisse der biologisch-medizinischen Forschung stellen das Diskrepanzkriterium der ersten Definition somit in Frage.

Die dritte und hier als Letzte zu nennende Definition entstammt dem **pädagogisch-psychologischen Forschungsbereich** und widerspricht beiden bisherigen Definitionen in bestimmten Aspekten. Sie wendet sich einerseits gegen das Diskrepanzkriterium der klassischen Definition und die damit verbundene Nichtberücksichtigung von weniger intelligenten Schülern, welche dennoch Schwierigkeiten beim Schriftspracherwerb aufweisen[7]. Zudem wendet sie sich gegen die Vorstellung des *kranken* Kindes, welche den beiden vorher beschriebenen Definitionen anhaftet. Eine markante Äußerung aus dieser pädagogisch-psychologischen Forschungsrichtung ist die ihrer prominenten Vertreterinnen Ingrid Naegele und Renate Valtin: „*Wir halten LRS/Legasthenie in erster Linie für ein pädagogisches Problem und sind so optimistisch, zu glauben, dass bei angemessener Methode und optimaler Gestaltung des Lernumfeldes* alle Kinder *lesen und schreiben lernen können*“[8].

Anders als Biologen und Mediziner bemühen sich Vertreter dieser Forschungsrichtung darum, die pädagogischen und damit die Umfeldfaktoren zu erforschen, welche zum Entstehen von LRS/Legasthenie beitragen können. So gibt es seit den 70er Jahren intensive Forschungsbemühungen, die u. a. Folgendes ergeben haben:

- Schaut man weg von der Person, also nicht auf das *kranke* Kind, sondern hin zur Sache, um die es beim Phänomen LRS/Legasthenie geht, nämlich zur Schriftsprache, so kann man z. B. zwischen sehr intelligenten Schülern mit LRS/Legasthenie und andererseits unterdurchschnittlich intelligenten mit Schwierigkeiten im Lesen und Rechtschreiben keine wirklichen Unterschiede in der Sache ermitteln. Alle Kinder mit Schwächen straucheln an den gleichen Stellen, nämlich dort, wo die Schriftsprache objektiv betrachtet schwieriger ist als an anderen Stellen.

Stellen Sie sich bitte einmal eine erste Klasse vor, in der Sie Laut-Buchstaben-Beziehungen vermitteln. Wenn Sie die Konsonanten *m* und *l* einführen, wird kaum ein Schüler dieselben miteinander vertauschen. Haben Sie aber *d* und *t* eingeführt, so verwechseln zunächst einmal die meisten Ihrer Schüler bei lautgetreuem Schreiben diese beiden Konsonanten, weil sie einfach viel ähnlicher klingen (als Unterschied nur: stimmlos und stimmhaft). Zwar werden nur sehr wenige Kinder für längere Zeit Schwierigkeiten mit dieser Unterscheidung haben, doch zeigt dieses Beispiel, wie es auch viele andere tun würden (z. B. Großschreibung konkreter Nomen im Vergleich zur Großschreibung abstrakter Nomen), dass die Schriftsprache objektive Hürden aufweist.

6 Gute einführende Artikel zur biologischen Erforschung des Phänomens finden sich in drei von Gerd Schulte-Körne herausgegebenen Bänden (siehe Literaturverzeichnis).

7 Der Abstand zwischen IQ und Lese-Rechtschreib-Niveau ist bei ihnen nicht so groß, dass sie unter die klassische Definition fallen würden.

8 Naegele, I. M. und Valtin, R.: Vorwort zur 6. Auflage. In: Naegele, I. M. und Valtin, R. (Hrsg.): LRS – Legasthenie – in den Klassen 1–10. Beltz, 2003. S. 9.

Aus Sicht pädagogischer Forschung wird nun argumentiert, dass z. B. ein Schüler, der mit der verwendeten Unterrichtsmethode nicht ideal zurechtkommt (bei durchschnittlich 26 Schülern pro Klasse ist es äußerst wahrscheinlich, dass ein und dieselbe Methode nicht für jeden ideal ist) und der evtl. auch in seinem häuslichen Umfeld niemanden hat, der ihm hilft, solche Hürden zu überwinden, es nicht rechtzeitig schafft, bestimmte Schwierigkeiten zu bewältigen. Der Unterricht wird dann aber fortgesetzt und man kommt zur nächsten objektiven Schwierigkeit, während der Schüler noch mit der vorangegangenen kämpft. So kann es aus Sicht pädagogischer Forschung zur Verfestigung von Schwierigkeiten kommen, selbst wenn gar keine biologischen Ursachenfaktoren vorliegen. Es geht aus pädagogisch-psychologischer Sicht also nicht primär darum, zu ermitteln, *warum* ein Schüler Schwierigkeiten entwickelt hat, sondern darum, so früh wie möglich festzustellen, *womit* jemand Schwierigkeiten hat, welche Hürden noch nicht überwunden sind, und ihm an dieser Stelle weiterzuhelfen.

Wenn Sie noch einmal die zweite und dritte Definition resümieren, fällt auf, dass man hier ein Problem vor sich sieht, welches unsere Gesellschaft immer wieder zu unterschiedlichsten Themen beschäftigt, nämlich die Frage: Was hat größeren Einfluss: die Anlage (die Gene, die biologische Grundausstattung) oder die Umwelt (das Lebens- und Lernumfeld, die pädagogischen Faktoren)? Und wie so häufig, kommt man auch bei dem Phänomen LRS/Legasthenie nur dann zu einer sinnvollen Antwort, wenn man beides berücksichtigt. Es gibt Schüler, die biologisch betroffen sind und deshalb umso mehr gute, auch pädagogische Fördermöglichkeiten benötigen. Und es gibt andere Schüler, die keine ungünstige Veranlagung mitbringen, aber in den schulischen und häuslichen Lernmöglichkeiten nicht die notwendigen Hilfestellungen finden. Diese Tatsache zeigt erneut, wie komplex das als ‚LRS/Legasthenie' bezeichnete Phänomen ist und wie wichtig es darum ist, sich bei Gesprächen über dieses Thema im Klaren darüber zu sein, welche Vorstellung von LRS/Legasthenie der Gesprächspartner mit sich bringt. In Gesprächen mit Eltern ist die Fähigkeit, ermitteln zu können, von welcher Vorstellung/Definition ein Elternteil ausgeht, besonders wichtig, da die meisten Elternhandbücher aus *einer* Forschungsperspektive heraus geschrieben sind und häufig so tun, als sei diese eine die einzige Möglichkeit, das Phänomen zu verstehen.

Zu ❷: Möglichkeiten zur Diagnose von LRS/Legasthenie:

Abhängig von der Definition des Phänomens LRS/Legasthenie (s. o.) können unterschiedliche Mittel und Methoden zur Diagnostik dienen. So nutzt man z. B. nach der klassischen Definition (ICD-10) Intelligenztests und standardisierte Lese- und Rechtschreibtests. Hiernach können Sie in Schulen nicht vorgehen, da Ihnen als Lehrer an einer Regelschule die Durchführung von Intelligenztests fast immer untersagt ist. Schulpsychologische Stellen nutzen aber, da die dortigen Psychologen ans ICD-10 gebunden sind, meistens diese Definition. Auch die Möglichkeiten biologisch-medizinischer Diagnostik sind Ihnen in der Schule nicht gegeben. Es gibt zur Ermittlung spezifischer Störungsbereiche (z. B. der auditiven Informationsverarbeitungsstörung) Fachärzte (sog. Pädaudiologen), die einige der biologischen Faktoren ermitteln können. Leider sind aber viele andere der biologischen Faktoren bisher nur auf Forschungsebene nachzuweisen. Es fehlt dort noch an standardisierter Diagnostik.

Ihre eigene Domäne der Diagnostik ist, wie zu erwarten, der **pädagogische Bereich**. Was Sie als Lehrer selbst tun können, ist die Durchführung einer sinnvollen **Förderdiagnostik**. Sie können also herausfinden, wo jemand innerhalb des Schriftspracherwerbs bestimmte elementare Hürden noch nicht überwunden hat, um an dieser Stelle mit Förderung anzusetzen. Beispielsweise kann man untersuchen, welche grundlegenden Lesestrategien ein Achtklässler noch nicht beherrscht oder welche Laut-Buchstaben-Beziehungen ein Drittklässler immer wieder vertauscht. Für schulische Diagnostik stehen Ihnen standardisierte Verfahren zur Verfügung.

Beispiele standardisierter Verfahren zur Ermittlung von Lese- und Rechtschreibkompetenzen:

- ▷ HSP/Hamburger Schreib-Probe zur Ermittlung von Rechtschreibkompetenz [Klasse 1–9]
- ▷ WLLP/Würzburger Leise Leseprobe zur Ermittlung von Lesekompetenz [Klasse 1–4]
- ▷ WLST/Würzburger Lesestrategie-Wissenstest [Klasse 7–12][8]

9 Testmaterialien und nähere Informationen zu den Testverfahren findet man unter: URL: http://www.testzentrale.de

Solch standardisierte Verfahren beinhalten Vergleichswerte, die Ihnen Auskunft darüber geben, ob ein Schüler im Vergleich zur Altersgruppe, z.B. beim Erwerb von Rechtschreib- bzw. Lesekompetenz, weit zurückliegt. Meistens definiert man bei solchen Verfahren Schüler, deren Ergebnisse unter die schlechtesten 15% fallen (bzw. im Prozentrang 15 liegen), als Kinder mit Lese-Rechtschreib-Schwierigkeiten. Als problematisch erweist sich, dass in vielen Bundesländern, in welchen Lehrer innerhalb der Schule zur Diagnose verpflichtet sind (z.B. Hessen, Niedersachsen, NRW), keine Vorgaben oder Empfehlungen dazu gemacht werden, welches Diagnosematerial zu verwenden ist. Diese Schulen müssen und dürfen sich demnach selbst ein geeignetes Verfahren suchen.

Da es in der Schule aber immer auch um die Frage der Fördermöglichkeiten geht und nicht nur darum, festzustellen, dass jemand Schwierigkeiten hat, bietet es sich an, neben standardisierten Verfahren **qualitative Analysen der Rechtschreib- und Lesekompetenzen** von Schülern durchzuführen. Dazu können häufig gute Beobachtungs- und Analysebögen dienen, die z.B. die grundlegenden Lesestrategien aufzählen und die zu hinterfragen helfen, welche davon ein Schüler bereits beherrscht und anwendet bzw. welche nicht (Beispielbogen s. **KV 14**, Anhang S. 140 und auf der CD).

DYSKALKULIE ODER RECHENSTÖRUNG

Um sich zumindest annähernd vorstellen zu können, wie es ist, von Dyskalkulie betroffen zu sein, ordnen Sie bitte den Buchstaben des Alphabets Zahlen zu (also A = 1, B = 2, C = 3 etc.) und berechnen Sie dann die Aufgabe: U minus K. Ermitteln Sie also, um den wievielten Buchstaben es sich jeweils handelt, und subtrahieren Sie die ermittelten Zahlen voneinander (U entspricht 21, K entspricht 11; 21 – 11). Das Ergebnis lautet 10.

Da man die Elemente des Alphabets nicht als proportionale, sondern nur als sequenzielle Relation erfasst, gestaltet es sich aufwendig, an das Ergebnis zu kommen. Man weiß, dass nach dem K das L, nach dem L das M kommt, aber wie sich T zu G oder R zu G verhalten, weiß man nicht und braucht man normalerweise auch nicht zu wissen. Viele werden deshalb zunächst einmal beginnen, von vorn durchzuzählen, bis sie bei U = 21 angekommen sind. Dann beginnen sie wiederum von vorn bis K (= 11. Buchstabe) zu zählen, um daraufhin 21–11 zu rechnen.

Ähnlich kompliziert muss ein Schüler vorgehen, der z.B. das Zehnersystem nicht verstanden hat und 32 – 12 rechnen soll oder die Analogie von 3 + 4 und 3 + 14 nicht erkennen kann. Wie genau es zu Schwierigkeiten im Umgang mit grundlegenden mathematischen Operationen kommt, ist nicht eindeutig geklärt. Sehr ähnlich dem Definitionsstreit um das Phänomen LRS/Legasthenie (vgl. Kap. 3.2, S. 37) gibt es auch sehr verschiedene Vorstellungen zur Frage: Was ist Dyskalkulie?[10]. Es gibt auch hier die Definition nach dem **ICD-10** (siehe Infokasten auf S. 38), nach welchem eine Rechenstörung vorliegt, wenn ein Kind Schwierigkeiten mit den Grundlagen der Mathematik aufweist, obwohl ansonsten keine Entwicklungsverzögerungen oder Intelligenzeinbußen festzustellen sind und das Kind regulär unterrichtet wurde (**Diskrepanzkriterium**)[11]. Zusätzlich existieren auch für Dyskalkulie Definitionen, welche die **biologischen Faktoren** betonen, und andere, welche den **pädagogischen Einfluss** unterstreichen.

So gehen Forscher **biologisch-medizinischer** Orientierung davon aus, dass **neurologische Störungen** und ganz **spezifische Entwicklungsverzögerungen** dazu führen, dass grundlegende Operationen, welche für mathematische Grundfunktionen (z.B. Mengen als Ganzes erfassen) notwendig sind, nicht gut ausgeführt werden können. Die biologisch-medizinische Forschung um das Phänomen Dyskalkulie ist, nicht zuletzt, weil sie noch nicht so lange existiert wie die zum Thema LRS/Legasthenie, leider noch nicht so weit, dass gesicherte Nachweise eine biologische Standarddiagnostik ermöglichen würden. Bisher können anormale Hirnstrukturen, funktionelle Auffälligkeiten oder veränderte Wahrnehmung und Motorik nur auf Forschungsebene mit Dyskalkulie in Zusammenhang gebracht werden.

Der biologischen Orientierung gegenüber steht das **systemische** oder **fehleranalytische Erklärungsmodell**, nach welchem Rechenschwierigkeiten vor allem dann entstehen, wenn die individuellen Lernvoraussetzungen und die Umfeldbedingungen (Schule, Familie, soziales Umfeld) sich nicht

10 Es kann hier nur ein erster Überblick über Tendenzen gegeben werden.

11 Die Angaben zur Rechenstörung findet man unter F 81 im ICD-10. Englische Version: URL: http://www.who.int/classifications/apps/icd/icd10online/ (28.01.09); Für den deutschen Raum verändert: URL: http://www.dimdi.de/static/de/klassi/diagnosen/icd10/htmlgm2009/block-f80-f89.htm.

ideal ergänzen oder grundlegende Rechenstrategien falsch entwickelt wurden. So wird von einigen Betroffenen an falschen Strategien festgehalten, auf die sich dann nicht weiter sinnvoll aufbauen lässt. Schüler rechnen so beispielsweise folgende Aufgaben: *75 – 26 = 13 oder *96 – 17 = 25. Da sie nicht verstanden haben, wie man subtrahiert, wenn der Einer des Subtrahenden (hier 26 bzw. 17) größer ist als der Einer des Minuenden (hier 75 bzw. 96), vertauschen sie einfach Einer und Zehner des Subtrahenden, sodass sie dann mit einer ihnen bekannten Strategie vorgehen können (aus 75 – 26 wird 75 – 62, aus 96 – 17 wird 96 – 71).

Anderen Schülern fehlt das Verständnis für grundlegende Strategien und mathematische Systeme: So wird 9 × 250 als 250 + 250 + 250 + … gerechnet, anstatt 10 × 250 – 1 × 250 oder 9 × 200 + 9 × 50 zu rechnen. Das fehleranalytische Modell geht davon aus, dass man durch Herausfinden der falsch eingeprägten oder mangelhaft ausgeprägten Strategien die besten Ansätze für die Förderung von Schülern mit Dyskalkulie erhält. Und unabhängig davon, inwieweit biologische Faktoren beim einzelnen Schüler eine Rolle spielen mögen, ist die **Analyse mathematischer Grundfunktionen und Strategien** nach aktuellem Wissensstand das Effektivste, was Sie *innerhalb der Schule* tun können, um einerseits Ihre Verdachtsdiagnostik zu stützen und Schüler ggf. an außerschulische Stellen zu tiefergehender Diagnostik weiterzuleiten, um aber auch andererseits die Zeit, die zur Förderung verfügbar ist, effektiv nutzen zu können. Als **Hilfsmittel** dienen Ihnen dazu sowohl standardisierte Verfahren als auch Symptomfragebögen (siehe Tippkasten) oder Beobachtungsbögen (Bsp. **KV 15**, Anhang S. 141 und auf der CD).

Als standardisiertes Diagnoseverfahren zur Ermittlung mathematischer Kompetenzen hat sich neben anderen das Diagnoseprogramm *Kalkulie* (Cornelsen-Verlag) bewährt. Es kombiniert detaillierte Beobachtungen – auch zu Strategien – mit entsprechenden Fördermaterialien; Gruppen- und Einzeltestungen sind möglich.

Symptomfragebögen, die häufig für Eltern entwickelt wurden, können auch Ihnen als Lehrer sehr gute Ansatzpunkte für zu Beobachtendes geben und damit sowohl eine Hilfestellung bei der Verdachtsdiagnostik sein als auch Ideen für eigene Fehleranalysen liefern.

Beispielhaft ist im Folgenden ein kleiner Ausschnitt aus einem Symptomfragebogen abgedruckt:

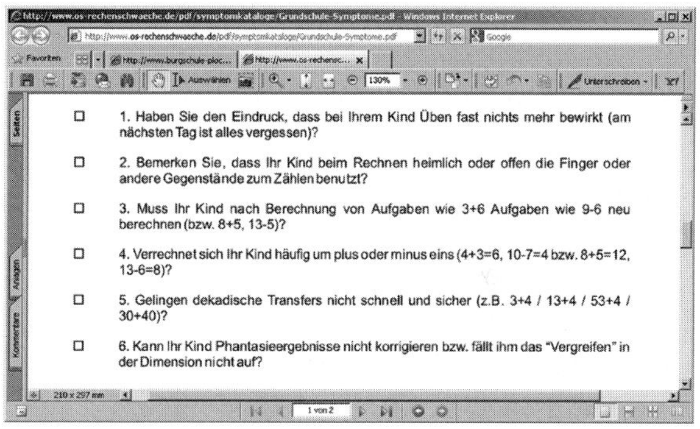

☐ 1. Haben Sie den Eindruck, dass bei Ihrem Kind Üben fast nichts mehr bewirkt (am nächsten Tag ist alles vergessen)?

☐ 2. Bemerken Sie, dass Ihr Kind beim Rechnen heimlich oder offen die Finger oder andere Gegenstände zum Zählen benutzt?

☐ 3. Muss Ihr Kind nach Berechnung von Aufgaben wie 3+6 Aufgaben wie 9-6 neu berechnen (bzw. 8+5, 13-5)?

☐ 4. Verrechnet sich Ihr Kind häufig um plus oder minus eins (4+3=6, 10-7=4 bzw. 8+5=12, 13-6=8)?

☐ 5. Gelingen dekadische Transfers nicht schnell und sicher (z.B. 3+4 / 13+4 / 53+4 / 30+40)?

☐ 6. Kann Ihr Kind Phantasieergebnisse nicht korrigieren bzw. fällt ihm das "Vergreifen" in der Dimension nicht auf?

URL: http://www.os-rechenschwaeche.de/pdf/symptomkataloge/Grundschule-Symptome.pdf

Unter http://www.os-rechenschwaeche.de/symptomkatalog.htm oder http://www.arbeitskreis-lernforschung.de/symptomkatalog.htm finden Sie solche Fragebögen, die zur Unterstützung für Beobachtungen zu unterschiedlichen Zeiten entwickelt wurden (Schuleingangstestungen, Grundschulzeit, Sekundarstufe I).

Betont sei abschließend noch einmal, dass Symptomfragebögen oder Beobachtungsbögen keine ausreichende Diagnostik darstellen, um einem Schüler zu bescheinigen, dass er Dyskalkulie hat. Sie helfen im pädagogischen Alltag aber sehr wohl, das zu tun, was möglich ist, nämlich: Verdachtsdiagnosen zu stellen und zu wissen, wann außerschulische Diagnosemöglichkeiten in Anspruch genommen werden sollten, Fehleranalysen durchzuführen und für die in der Schule mögliche Förderung – z. B. in kleinen Fördergruppen – Ansatzpunkte zu finden.

AD(H)S

Für Laien wie für Ärzte, Psychologen und auch geschulte Therapeuten gilt das Phänomen AD(H)S als sehr schwer zu diagnostizieren. Grund dafür ist, anders als bei LRS/Legasthenie oder Dyskalkulie, dass es nicht unbedingt verschiedene, sich z.T. widersprechende Definitionen gibt, sondern dass die Definition und die Diagnose sehr komplex sind und ein gutes Zusammenarbeiten von Eltern, Lehrern, Erziehern, Ärzten und Psychologen erfordern.

Die Abkürzung **AD(H)S** steht für **A**ufmerksamkeits-**D**efizit-**S**yndrom mit (ADHS) oder ohne (ADS) **H**yperaktivität.

Nur in einem sehr aufwendigen Verfahren unter Mitwirkung aller genannten Parteien ist eine effektive Diagnostik möglich. Warum dies so ist, zeigt die definitorische Beschreibung des Phänomens, welche u. a. im ICD-10 (s. Infokasten S. 38)[12] verankert ist.

Beschreibung des Phänomens:

- Auftreten der **Leitsymptome** *Unaufmerksamkeit, Impulsivität* und *Hyperaktivität*
  - für mehr als sechs Monate und
  - in mehreren (mindestens zwei) Lebensbereichen: Schule, Familie, Verein etc.
- Die Störungen sind rückwirkend nachvollziehbar bis **vor das 7. Lebensjahr.**
- Die Verhaltensweisen entsprechen weder dem Alter noch dem Entwicklungsstand des Kindes.
- Die Verhaltensweisen sorgen für **deutliche Beeinträchtigungen** in den Lebensbereichen des Kindes.

Soll also die Entwicklung der Störung innerhalb verschiedener Lebensbereiche nachvollzogen und rückverfolgt werden, sind neben den Eltern auch die Pädagogen aller Institutionen, in welchen sich das Kind aufgehalten hat, gefragt. Dass es so schwierig und aufwendig ist, AD(H)S zu diagnostizieren, hat verschiedene Ursachen. Zunächst einmal ist es nicht immer einfach einzuschätzen, wann ein Schüler vom Charakter her einfach etwas temperamentvoller oder leichter ablenkbar ist als andere und wann demgegenüber jemand krankhafte Züge im Hinblick auf Hyperaktivität und Unaufmerksamkeit zeigt. Deswegen beinhaltet die Definition den Verweis auf *deutliche Beeinträchtigungen* durch das auffällige Verhalten. Schüler, die nicht von der Störung betroffen sind, aber trotzdem impulsiv handeln und unaufmerksam sind, vermögen, im Gegensatz zu Kindern mit AD(H)S, ihr Verhalten zumindest hin und wieder zu steuern und dem erwünschten Verhalten anzupassen, sodass es normalerweise nicht zu dauerhaften Problemen kommt. Schon hier zeigt sich, dass auch innerhalb der Schule die **sporadische, alltäglich zufällige Beobachtung** des Verhaltens **nicht ausreichend** sein kann, um eine Diagnose vorantreiben zu können (s. u.). Besonders problematisch ist in diesem Zusammenhang zudem, dass Schüler mit ADS (also *ohne* hyperaktive und impulsive Auffälligkeiten) eben nicht immer präsent sind, weil sie z. B. ständig zappeln oder rüpeln, sondern höchstens als unkonzentriert zu beobachten sind. Besonders solche Schüler fallen häufig durchs Raster und werden spät oder überhaupt nicht entdeckt.

Auch die **medizinische Diagnostik** ist erschwert, da es zwar auf Forschungsebene Hinweise auf veränderte Hirnströme, anormale Hirnstrukturen oder -funktionen gibt, bisher aber kein diagnostisches Verfahren vorliegt, das valide (s. Infokasten S. 32) nur AD(H)S auf neurologisch-organischer Ebene nachweisen könnte. Mediziner und auch Psychologen haben deshalb neben der Testung z. B. der motorischen Fähigkeiten oder der Intelligenz vor allem Ausschlussdiagnosen durchzuführen, um sicherzugehen, dass nicht andere körperliche Ursachen (wie z. B. veränderte Werte von Schilddrüsenhormonen) zu den Symptomen Unaufmerksamkeit, Impulsivität und/oder Hyperaktivität führen.

Ihr **Beitrag als Lehrer** zu dieser komplexen Diagnoseleistung liegt vor allem in der Kooperation mit den anderen Stellen und dem gezielten Beobachten innerhalb des Lebensbereiches Schule. Dazu eignen sich Beobachtungs- oder Fragebögen, welche spezifische Fragestellungen und Beobachtungspunkte enthalten.

12 Die Angaben zu AD(H)S findet man unter F 90 *Hyperkinetische Störungen* im ICD-10. Englische Version: URL: http://www.who.int/classifications/apps/icd/icd10online/; für den deutschen Raum verändert: URL: http://www.dimdi.de/static/de/klassi/diagnosen/icd10/htmlgm2009/block-f90-f98.htm.

So ist es für die Diagnose und genauso für Förderansätze beispielsweise interessant zu wissen,

- ob es einen **typischen Verlauf** der Auffälligkeiten gibt (über die Woche/den Tag/eine Schulstunde hinweg),
- ob bestimmte **Unterrichts- und Sozialformen** das Verhalten beeinflussen,
- ob **Leistungsdruck** Schwierigkeiten verstärkt,
- wie **Misserfolge** verarbeitet werden,
- welche Aufgaben der Schüler besonders **gern**/ besonders **konzentriert** erledigen kann.

Falls ausführliche Beobachtungs- und Fragebögen an Ihrer Schule nicht vorliegen, sind dieselben bei schulpsychologischen Beratungsstellen, sozialpädiatrischen Zentren, Kinder- und Jugendärzten oder auch über das Internet erhältlich[13]. Neben der Verdachtsdiagnose und der gezielten Beobachtung als Teil einer umfassenden Gesamtdiagnose gibt es viele Möglichkeiten, **Hilfestellungen** durch Beobachtung und direkte Rückmeldung an den betroffenen Schüler zu geben. So hat es sich als sehr effektiv erwiesen, **Selbstbeobachtungsbögen** an betroffene Schüler zu verteilen und nach jeder Stunde oder der Pause das Eigenurteil mit dem Lehrerurteil abzugleichen (Beispiel s. **Abb. 7**).

Denn die direkte Rückmeldung und der Erwerb der Kompetenz, sein eigenes Verhalten richtig einzuschätzen, sind ungemein wichtig für Schüler mit AD(H)S. Es geht dabei nicht nur darum, dass die Schüler innerhalb der Klasse ‚*erträglicher*' werden, weil sie sich z. B. bemühen, weniger herumzulaufen, um am Ende der Stunde einen lachenden Smiley hinter der entsprechenden Kategorie ankreuzen zu können (das kann ein toller Nebeneffekt sein), sondern gerade die Fähigkeit, sein eigenes Verhalten richtig einzuschätzen, ist bei Betroffenen häufig sehr unterentwickelt. Der Vergleich eigener Beobachtung mit der des Lehrers hilft ihnen, ihr Verhalten besser einschätzen zu lernen und unangebrachtes genauso wie situationsgerechtes Verhalten zu erkennen. So können Betroffene ohne Hilfestellung häufig nicht nur ihr Fehlverhalten schlecht einschätzen, sondern zeigen auch bei beispielsweise erfolgreich verbessertem Verhalten Schwierigkeiten, dasselbe als Erfolg zu verbuchen. (Es ist ja auch nicht so einfach, zu erkennen, dass man es geschafft hat, innerhalb einer Arbeitsphase nicht 12-mal aufzustehen und die Arbeit zu unterbrechen, sondern nur 9-mal). Lehrer, die solche Selbstbeobachtungsbögen nutzen, betonen, dass es ungemein wichtig sei, die **Kategorien** sehr **stark** zu **begrenzen**. Ein bis drei Aussagen reichen im Normalfall

Selbstbeobachtungsbogen von: __________	Ich	Lehrer
Ich habe meine Aufgabe erst beendet, bevor ich mir eine Auszeit genommen habe.	☺ 😐 ☹	☺ 😐 ☹
…		
Ich habe in der Pause gut auf mich und andere aufgepasst.	☺ 😐 ☹	☺ 😐 ☹
…		
Ich habe es geschafft, nicht reinzurufen.	☺ 😐 ☹	☺ 😐 ☹
…		

Abb. 7 Beispielhafter Ausschnitt aus einem Selbstbeobachtungsbogen[14].

13 Beispiel: URL: http://www.kinderaerzte-im-netz.de/aerzte/arzt_26_5.html

14 Einen ausführlichen Bogen sowie viele hilfreiche Informationen zum Umgang mit Betroffenen im Unterricht finden Sie in: Imhof, Skrodzki und Urziger: Aufmerksamkeitsgestörte, hyperaktive Kinder und Jugendliche im Unterricht. Staatsinstitut für Schulpädagogik und Bildungsforschung. Auer, 2006.

völlig für Betroffene. Ein *normaler* Selbstbeobachtungsbogen mit ca. 10 oder mehr Kategorien (Bsp. s. **KV 19**, Anhang S. 146–147 und auf der CD) würde schnell überfordern und das Ziel verfehlen.

> Neben der Nutzung von Selbstbeobachtungsbögen sind folgende Maßnahmen, wenn auch selbstverständlich keine Allheilmittel, so doch beliebte **Hilfsmittelchen** im Umgang mit betroffenen Schülern:
>
> **Luxusplätze:** Der betroffene Schüler hat zwei feste Sitzplätze im Klassenraum, zwischen welchen er einige Male pro Stunde pendeln darf.
>
> **Stehpulte:** Vielen Hyperaktiven kommen Stehpulte zum Arbeiten sehr entgegen.
>
> **Auszeiten:** Der Schüler hat in Absprache mit dem Lehrer (die Klasse ist informiert) das Recht, sich – wenn er es für nötig hält – eine Auszeit zu nehmen (Hinausgehen, eine Runde über den Schulhof rennen etc.).
>
> **Kleines Bewegungsareal:** Innerhalb des Klassenraumes (wenn das platztechnisch möglich ist, ohne die anderen zu stören) hat der Schüler ein kleines Areal, innerhalb dessen er – immer, wenn es nötig ist – sich bewegen kann.
>
> **Igel- oder Schaumstoffbälle:** Bälle oder Ähnliches zum Kneten und Daranherumnesteln können einigen Schülern helfen.

HOCHBEGABUNG

Vielleicht hat sich mancher beim Lesen des Einleitungsteils zu diesem Kapitel gefragt: „Wieso steht hier, auch für Hochbegabung gäbe es verschiedene Definitionsmöglichkeiten? Das ist doch wohl wirklich eindeutig!" Wenn man die **kognitionsorientierte Definition** von Hochbegabung nimmt, dann ist das auch der Fall. Lautet das Ergebnis eines Schülers im Intelligenztest IQ größer 130, so wird er als hochbegabt bezeichnet. Doch was ist mit sportlicher Hochbegabung oder rein mathematischer, rein sprachlicher, handwerklicher, kaufmännischer, musischer und sozialer Hochbegabung. Da wird es schon schwierig. Fühlen Sie sich als Lehrer genauso verantwortlich dafür, musische, handwerkliche oder soziale Hochbegabung zu entdecken und zu fördern wie kognitive? Das ist ein interessantes Thema, welches sich gewiss innerhalb des Kollegiums zu diskutieren lohnt. Doch selbst, wenn Sie die rein kognitionsorientierte Definition (IQ > 130) bevorzugen und innerhalb Ihrer Schule danach vorgehen, zeigt die Erfahrung, dass längst nicht alle hochbegabten Schüler entdeckt werden. Wie bewerten Sie z. B. die Tatsache, dass in Beratungsstellen und an Förderinstituten 80% der Anfragen für Beratungen und der Anträge auf Förderungen für Jungen gestellt werden? Sind von 100 Hochbegabten nur 20 Mädchen? Selbstverständlich nicht, doch von 100 auf Hochbegabung getesteten und als hochbegabt anerkannten sind leider nur 20 Mädchen, nicht, weil es weniger hochbegabte Mädchen gäbe (die Verteilung ist gleichförmig 50:50), sondern weil Mädchen schlechter als hochbegabt erkannt werden. (Wie ist die Verteilung an Ihrer Schule?). Man kann mutmaßen, woran das liegen mag. *Eine* mögliche Erklärung dafür ist folgende: Viele Jungen reagieren auf Unterforderung mit Klassen-Clownerie, Störungen oder Aggression. Sie fallen auf und werden genauer beobachtet. Viele Mädchen dagegen scheinen nach außen hin genügsamer mit Unterforderung umzugehen, ziehen sich eher zurück und verarbeiten Probleme in sich gekehrt. Gute Leistungen werden häufig eher ihrem Fleiß als ihrer Begabung zugeschrieben.

Wie auch immer es zu diesem Missverhältnis kommt, es ist zwar ein gewichtiger, doch nicht der einzige Grund, die diagnostischen Anstrengungen auch gezielt auf besondere Begabungen auszurichten. So wichtig die Diagnose von Lernschwierigkeiten und Defiziten ist, so bedeutend ist es doch auch, Begabungen gezielt erkennen, fördern und betroffene Schüler intensiv fordern zu können.

Indizien für Hochbegabung können dabei u. a. sein:

1. **Kognitive Leistung** (Wissen, Wortschatz, Kombinationsgabe, ...)
2. **Arbeitshaltung** (Hingabe, Perfektionismus, Selbstkritik, ...)
3. **Sozialverhalten** (Selbstständigkeit, Gerechtigkeitsempfinden, ...)
4. **Äußere Faktoren** (Noten, frühe Einschulung, Überspringen, ...)

Um bei den vielen Stellen, an denen es gewohnheitsgemäß an Schulen brennt, die **Begabungsdiagnose** nicht aus den Augen zu verlieren, hat es sich als sehr sinnvoll erwiesen, ein einfaches und praktikables Vorgehen zu institutionalisieren (s. nachfolgenden Tipp).

An vielen Schulen hat sich folgendes **Verfahren** bewährt:

1. Jeder Lehrer trifft halbjährlich eine großzügige **Vorauswahl** und überlegt, welche Schüler ihm innerhalb seines Unterrichtes durch außergewöhnliche kognitive Leistungen, die spezifische Arbeitshaltung, ungewöhnliches Sozialverhalten und/oder äußere Faktoren besonders auffallen (vgl. **KV 20**, Anhang S. 148 und auf der CD).

2. Für die ausgewählten Schüler nutzt man einen **Fragebogen/Beobachtungsbogen**, der gezielter verschiedene Begabungsbereiche erfragt. Beispielhaft sei hier der sehr nützliche, von Barbara Reichle entwickelte Bogen[15] genannt. Zum Beispiel wird dort erfragt, ob der Schüler fähig ist, selbstständig Analogien zu bilden und aus allgemeinen Regeln spezifische Schlüsse zu ziehen, ob der Schüler aus Fehlern schnell lernt (*Lernverhalten und Denkfähigkeit*), kaum Lob und andere Verstärker benötigt, um Aufgaben durchzuführen (*Motivation*), oder ungewöhnliche Meinungen äußert und sie vertreten kann (*Kreativität*).

3. Schüler, die anhand der gezielteren Beobachtungen und Notizen als potenziell besonders begabt erscheinen, werden zum Absolvieren von Intelligenz- und weiteren Tests zum **Schulpsychologischen Dienst** oder zu einer Stelle der **DGhK** (s. nachfolgenden Infokasten) überwiesen.

Die **DGhK** (= **D**eutsche **G**esellschaft für das **h**ochbegabte **K**ind) liefert nicht nur Informationen zum Thema Hochbegabung, sondern ist Anlaufstelle für Schulen, Eltern und hochbegabte Kinder. Die Regionalvereine der DGhK bieten in vielen Regionen vor Ort **Beratungsangebote** für Eltern und Lehrer, **Diagnostik** von Kindern und **Förderangebote** für Schüler. Informationen erhalten Sie u. a. unter http://www.dghk.de.
Informationen zum Thema sowie Veranstaltungshinweise u. v. m. sind zudem unter http://www.karg-stiftung.de einsehbar.

15 Reichle, Barbara: Hochbegabte Kinder. Erkennen, fördern, problematische Entwicklungen verhindern. Unter Mitarbeit von Wolfgang Lehmann und Inge Jüling. Beltz, 2004.

4. *„DOKUMENTATIONITIS" ODER WIRKLICHE HILFESTELLUNG?* FÖRDERPLÄNE SINNVOLL GESTALTEN UND NUTZEN *(Jost Schneider)*

„Das ist sinnloser bürokratischer Aufwand! Mündlich kann ich das alles viel schneller erledigen! Die Zeit, die wir für das Ausfüllen irgendwelcher Formulare verschwenden, sollten wir lieber für die eigentliche Förderung nutzen!"

Diese und ähnliche Argumente sind häufig zu hören, wenn es um die Frage geht, ob zum Zwecke der Förderung auch individuelle Förderpläne geschrieben werden sollen und ob *ohne* solche Zusatzarbeiten nicht vielleicht sogar schneller und besser gefördert werden kann.

Tatsächlich gibt es viele Schüler, denen mit einem Förderplan nicht gedient oder geholfen ist. Wir plädieren deshalb für eine **verwaltungstechnisch schlanke Lösung**, bei der nicht mehr Papier benutzt wird als zwingend erforderlich. Es darf auf keinen Fall so weit kommen, dass die Dokumentation der Förderung mehr Zeit in Anspruch nimmt als die Förderung selbst!

Doch es gibt eben auch Umstände, unter denen ein Förderplan von großem, unbestreitbarem Nutzen ist. Wir unterscheiden **sieben Fälle**, in denen es – und zwar nicht nur für die Schüler, sondern auch und gerade für die Lehrer – eine große Hilfe ist, wenn ein solcher Förderplan existiert! Nach unserer Erfahrung gehört in einer durchschnittlichen Schule ungefähr jeder zehnte Schüler einer dieser sieben Fallgruppen an. Es sollten demnach im Normalfall zunächst für ca. 10% der Schüler Förderpläne angelegt werden. Je nach Umfeld und Einzugsbereich der Schule kann diese Quote nach und nach gesteigert oder abgesenkt werden.

4.1 *„WEM NUTZT EIN FÖRDERPLAN DENN ÜBERHAUPT? WANN SOLL ICH DAS AUCH NOCH MACHEN?"* GESTALTUNG UND VERWENDUNG VON FÖRDERPLÄNEN

Die sieben Fälle sollen hier zunächst kurz dargestellt werden. Im Anschluss geben wir Hinweise zur sinnvollen Gestaltung und Verwendung von Förderplänen. Wir bieten Ihnen außerdem eine Reihe von Musterbögen, die Sie direkt kopieren und benutzen oder nach Ihren Wünschen variieren können (s. **KV 21–36**, Anhang S. 149–164 und auf beigefügter CD).

☐ *„ICH WEISS WIRKLICH NICHT, WO ICH BEI DEM ANFANGEN SOLL! IM GRUNDE MÜSSTE DER ÜBERALL GEFÖRDERT WERDEN!"*

⚠ ERSTER FALL: FÖRDERPRIORITÄTEN SETZEN

Wenn ein Haus renoviert werden soll, nehmen der Maurer, der Dachdecker und der Tapezierer nicht alle sofort am ersten Tag der Bauarbeiten ihre Tätigkeit auf. Vielmehr gibt es eine koordinierte Bauleitplanung, damit sichergestellt ist, dass der Tapezierer erst kommt, wenn die Mauern stehen und das Dach drauf ist.

Soll nur eine einzelne kleine Renovierungsmaßnahme durchgeführt werden, ist eine solche Leitplanung überflüssig. Doch wenn mehrere Arbeitsschritte in einer bestimmten sinnvollen Reihenfolge zu erledigen sind, bricht ohne eine solche Planung das Chaos aus, und die Renovierung ist das Geld nicht wert, das sie gekostet hat.

So auch bei der Förderung: Hat ein Schüler ein einziges (klar identifizierbares und innerhalb des Regelunterrichtes behebbares) Defizit, braucht er meistens keinen Förderplan. Doch oft sind leistungsschwache Schüler nicht nur in einem einzigen Fach schwach, sondern zeigen in vielen Bereichen Unterstützungs- und Förderbedarf. Wenn dann viele Lehrer an dem von ihnen festgestellten Problem zu arbeiten beginnen, ohne dass eine sinnvolle Koordination erfolgt, können sich die – an und für sich jeweils sinnvollen und gut gemeinten – Fördermaßnahmen wechselseitig blockieren und neutralisieren. Jedenfalls bringt es nichts, wenn ein Schüler von Lehrer x montags zum Lesetraining, von Lehrer y mittwochs in die Rechtschreibförderung und zusätzlich von Lehrer z freitags in die Mathefördergruppe geschickt wird. Sinnvoller ist es natürlich, wenn der gesamte Förderbedarf festgestellt, Prioritäten gesetzt und die einzelnen ‚Baustellen' in einer vernünftigen Reihenfolge abgearbeitet werden. Der Förderplan dient in diesen Fällen vor allem der **kollegiumsinternen Koordination** und stellt sicher, dass nicht der zweite vor dem ersten Schritt gemacht wird.

Lern- und motivationspsychologisch besonders sinnvoll ist es übrigens, wenn hierbei nach Möglichkeit immer zugleich **eine Schwäche und eine Stärke** des Schülers zum Gegenstand von Fördermaßnahmen gemacht wird. Der Schüler bekommt damit den Eindruck, dass er nicht nur als ‚Mängelwesen' wahrgenommen wird, und allgemein verlieren die Förderaktivitäten der Schule ihren stigmatisierenden Charakter.

Voraussetzung hierfür ist natürlich, dass die Schule auch im Bereich der Begabungs- und Talentförderung ein interessantes Angebot auf die Beine stellen kann, sich also nicht einseitig auf die Defizite und ihre Beseitigung konzentriert. Es mag in bestimmten Fällen schwierig sein, überhaupt irgendeine förderwürdige Begabung zu identifizieren. Doch verlässt man hierbei den engen Kanon unserer Schulfächer, die ja nur einen winzigen Ausschnitt dessen abdecken, was ein Mensch so alles an Talenten und Begabungen entwickeln kann, dann sieht die Sache in der Regel anders aus. Man denke nur an Arbeitsgemeinschaften zu Themen wie Recht, Medizin, Ernährung, Tanzen, Basteln, Knobeln, Schach, Klettern etc. Nicht selten bieten derartige Neigungen und Lieblingsaktivitäten der Schüler auch einen guten Ansatzpunkt, um förderrelevante Übungen und Maßnahmen in den verschiedensten Unterrichtsfächern daraus abzuleiten und darauf zu beziehen.

☐ *„WO SCHICKEN WIR EIGENTLICH MOMENTAN UNSERE LEGASTHENIKER HIN? HAT HIER NOCH JEMAND KONTAKT ZU DIESER FRAU DR. MEIER, DIE DAMALS DEN ACHMED BEHANDELT HAT?"*

⚠ ZWEITER FALL: KOOPERATION MIT EXTERNEN FÖRDER-INSTITUTIONEN

Nicht alle von Lehrern anberaumten Fördermaßnahmen können von der Schule selbst durchgeführt werden. Die Diagnose und Behandlung/Förderung von LRS, Dyskalkulie, Hochbegabung, ADHS und ähnlichen Besonderheiten erfordern in der Regel eine Kooperation mit externen Institutionen. Hat aber die Arbeit dieser Institutionen den gewünschten Erfolg? Welche Maßnahmen sind von der jeweiligen Institution überhaupt durchgeführt worden? Ergänzen diese Maßnahmen auf eine sinnvolle Weise den Fachunterricht? Ist zumindest sichergestellt, dass keine Widersprüche zwischen schulischer und außerschulischer Förderung auftreten?

Natürlich sollte mindestens ein Mal im Halbjahr festgestellt werden, welchen Erfolg die außerschulische Förderung überhaupt hat und ob ggf. eine **andere/weitere Institution** mit Fördermaßnahmen beauftragt werden sollte. Dies alles im Kopf zu behalten, ist nur möglich, wenn man in einer ganz kleinen Schule mit wenigen Schülern unterrichtet und praktisch alle auftretenden Förderfälle und ihre Entwicklungsgeschichte leicht im Hinterkopf behalten kann. Sobald es sich um mehr als ein halbes Dutzend solcher Fälle handelt und mehrere Kollegen involviert sind, ist es ratsam, den Verlauf der Kooperation mit den außerschulischen Förderinstitutionen wenigstens stichwortartig in einem Förderplan zu notieren.

☐ *„WAS IST DA EIGENTLICH LOS? DER WAR BISHER DOCH IMMER GANZ GUT IN MATHE!"*

⚠ DRITTER FALL: UNERKLÄRLICHE LEISTUNGSSCHWANKUNGEN

Diesen Fall kennen wir alle: Schüler x erbrachte im Fach y immer gute oder sehr gute Leistungen. Doch plötzlich verschlechtert er sich um zwei oder drei Notenstufen. Was ist geschehen? Hat er einige entscheidende Unterrichtsstunden versäumt? Ein Fall von Schülermobbing? Gibt es Probleme im Elternhaus? Ist er einfach faul gewesen? Kann er aus eigener Kraft wieder Anschluss finden oder muss eine gezielte zusätzliche Förderung stattfinden?

In aller Regel wird der Lehrer in solchen Fällen zunächst ein Gespräch mit dem Schüler (und ggf. auch mit den Eltern) führen. Kann das Problem klar erkannt, benannt und im Rahmen des Regelunterrichtes behoben werden, bedarf es keiner zusätzlichen Dokumentation, wenn die Note sich nach diesen Maßnahmen tatsächlich wieder verbessert. Doch es gibt eben immer mal wieder Fälle, in denen ein solches Normalverfahren letztlich nicht die gewünschte Wirkung zeigt. Vielleicht kann schon das eigentliche Problem nicht identifiziert werden. Oder es kann nicht im Rahmen des Regelunterrichtes behoben werden. Oder es müssen andere, vielleicht schulexterne Akteure und Institutionen eingeschaltet werden.

Soll die Sache dann nicht einfach im Sande verlaufen, kann ein Förderplan gute Dienste leisten. Er ermöglicht es, die verschiedenen Lösungsansätze und ihren jeweiligen Erfolg oder Misserfolg festzuhalten und die tatsächlichen **Ursachen des Problems** allmählich immer genauer einzukreisen. Wenn ein Klassen- oder Lehrerwechsel ansteht, ist er beinahe unverzichtbar, weil sonst das über den Schüler gespeicherte förderrelevante Wissen u. U. nur unvollkommen oder gar nicht weitergereicht wird.

Wenn die Leistungsschwankung so beträchtlich ist, dass eine Nichtversetzung droht, müssen für den Schüler (in den meisten Bundesländern) obligatorisch Lern- und Förderempfehlungen geschrieben und den Eltern vorgelegt werden. Es ist selbstverständlich ratsam, in diesen Fällen keine überflüssige doppelte Arbeit zu produzieren, d. h. der Text des Förderplanes sollte einfach in das Formular mit den Empfehlungen hineinkopiert werden. Mit etwas Routine und bei entsprechender Gestaltung des Förderplanformulars (s. u.) kann so viel Arbeit eingespart werden.

☐ ***„HABEN WIR EIGENTLICH AKTUELL HAUSEIGENE LRS-FÖRDERGRUPPEN ODER NICHT? HIER WEISS MANCHMAL WIRKLICH DIE RECHTE HAND NICHT MEHR, WAS DIE LINKE TUT!“***

⚠ VIERTER FALL: ZUSAMMENARBEIT IN GROSSEN KOLLEGIEN

Manche Schulen haben 60, 80 oder noch mehr Lehrer. Unter Umständen kennen die Kollegen einander in diesen Häusern nur ganz entfernt und können nicht einmal jedem Namen das passende Gesicht zuordnen. Wenn in einer solchen Rieseninstitution zwei oder drei Kollegen gemeinsam einen bestimmten Schüler fördern müssen, ohne sich vielleicht jemals auf den Gängen oder in Pausen zu begegnen, bedarf es unbedingt einer Dokumentation der Fördermaßnahmen, damit es nicht zu Terminüberschneidungen, zu sinnlosen Wiederholungen oder zu Unklarheit bezüglich der **Zuständigkeiten** kommt. Jedenfalls sollte keinem Schüler eine wichtige und vielleicht sogar im eigenen Haus durchführbare Fördermaßnahme vorenthalten bleiben, bloß weil die zuständigen Kollegen sich jeweils auf den anderen verlassen oder einfach nicht wissen, dass eine Maßnahme bereits erfolglos ausprobiert wurde. Auch in diesen Fällen sollte in einem kurz gefassten Förderplan dokumentiert werden, wer wann mit welchem Resultat welche Förderung durchgeführt hat.

☐ ***„DIE LOTTA IST IN DIESER WOCHE SCHON ZUM VIERTEN MAL ZU SPÄT GEKOMMEN, ALLMÄHLICH WEISS ICH WIRKLICH NICHT MEHR, WAS ICH DA NOCH MACHEN SOLL!“***

⚠ FÜNFTER FALL: GRENZEN DER EIGENEN ZUSTÄNDIGKEIT KLAR MARKIEREN

In Zeugnissen müssen Fähigkeiten und Verhaltensweisen bewertet werden, die teilweise nicht durch schulische/unterrichtliche Interventionen trainiert oder beeinflusst werden können. Ob ein Schüler beispielsweise morgens immer zu spät kommt, oft nicht die richtigen Bücher dabei hat, unzuverlässig seine Hausarbeiten erledigt usw., kann nicht alleine von den Lehrern beeinflusst werden. Vielmehr sind hier offenkundig die Erziehungsberechtigten gefordert, die aber ihren Pflichten nicht immer zuverlässig nachkommen und die heute manchmal dazu tendieren, einen Großteil der Erziehungsarbeit auf die Institution Schule abzuwälzen.

Ein Förderplan bietet in solchen Fällen eine gute Möglichkeit, um eine klare **Aufgabenverteilung** zu definieren und sich von den Erziehungsberechtigten auf einem Förderplan abzeichnen zu lassen, dass sie ihren Beitrag zur Bildung und Erziehung des Kindes leisten werden. Dabei kann natürlich nicht verlangt und festgeschrieben werden, dass die Eltern mit dem Kind diese und jene Vokabeln pauken, sehr wohl aber, dass sie darauf achten, dass das Kind – wann und wo und mit wem auch immer – diese Vokabeln lernt.

☐ ***„KLARAS MUTTER HAT GESTERN ABEND IN DER BERATUNG WIEDER HERUMGESCHRIEN UND HAT MIR SOGAR MIT DEM RECHTSANWALT GEDROHT, WENN ICH IHRER TOCHTER WIEDER EINE FÜNF GEBE!“***

⚠ SECHSTER FALL: JURISTISCHEN QUERELEN VORBEUGEN

Dass ihre Kinder individuell gefördert werden müssen (und in einigen Bundesländern sogar ein gesetzliches Anrecht auf eine solche Förderung haben), hat sich inzwischen unter den Eltern herumgesprochen. Manche leiten daraus ab, dass die Lehrer quasi verpflichtet sind, eine einmal erkannte, womöglich versetzungsrelevante Schwäche ihres Kindes so individuell und nachhaltig zu traktieren, dass die Versetzung nicht länger gefährdet ist. Wenn sich zu dieser Anspruchshaltung noch ein feuriges Temperament gesellt, kann es zu **gerichtlichen Auseinandersetzungen** über die Notwendigkeit und Angemessenheit schulischer Fördermaßnahmen kommen.

Auch wenn solche juristischen Querelen jedem Pädagogen ein Graus sind, so kann an dieser Stelle nur empfohlen werden, auch in solchen Fällen einen Förderplan anzulegen und im Einzelnen zu dokumentieren, welche Maßnahmen in einem solchen besonderen Problemfall durchgeführt worden sind. Aus juristischen Gründen müssen die Eintragungen in einem solchen Fall natürlich hundertprozentig wasserdicht sein, d. h. es sollten nur Maßnahmen geplant und notiert werden, deren Durchführung personell und zeitlich definitiv gewährleistet werden kann.

☐ *„MIT DEM KEVIN HAB ICH JETZT VEREINBART, DASS ER IN DER THEATERGRUPPE MITMACHEN DARF, WENN ER IN DEN NÄCHSTEN VIER WOCHEN NOCHMAL DIE KOMMAREGELN DURCHARBEITET. DER IST GANZ STOLZ MIT SEINEM VERTRAG ABGEZOGEN!"*

SIEBTER FALL: FÖRDERPLAN ALS LERNVERTRAG

Nicht in allen, aber doch in vielen Fällen (insbesondere, wenn man eine Belohnung oder eine den Schüler stark interessierende Gegenleistung in Aussicht stellen kann) ist es sinnvoll, den betroffenen **Schüler als den Hauptadressaten** des Förderplanes anzusehen und diesen Plan auch als Lernvertrag auszugestalten. Die Durchführung bestimmter Maßnahmen kann dann an Bedingungen gebunden und/oder mit bestimmten Gratifikationen verknüpft werden, sodass der Betroffene schon an der Planung der Maßnahmen wesentlich beteiligt wird. Auf dem Plan gibt es dann ein eigenes Feld für die Unterschrift des Schülers, und er bekommt eine Kopie des Dokumentes zur Aufbewahrung mit nach Hause. Es ist sinnlos, diese Maßnahme in jedem einzelnen Förderfall durchzuführen, doch es ist nicht minder unsinnig, grundsätzlich darauf zu verzichten und die in bestimmten Fällen erzielbaren Verstärkungseffekte ungenutzt zu lassen. Willigt nämlich der Schüler aus freien Stücken in die Maßnahme ein und ist er von Beginn an planend und formulierend am Förderprozess beteiligt, wird er mit größerem Engagement bei der Sache sein, als wenn er wider Willen von der einen in die nächste Fördergruppe gesteckt wird. Mit ein wenig Erfahrung kann man als Lehrer recht zuverlässig feststellen, bei welchem Schüler dieser kleine pädagogische Kniff gute Wirkung zeigt und in welchen anderen Fällen man sich die Mühe beruhigt sparen kann. Kein Lehrer sollte jedenfalls monatlich Dutzende Lernverträge abschließen – und keiner keinen.

Vermutlich werden an Ihrer Schule nicht alle diese sieben Fälle regelmäßig vorkommen. Doch es wäre geradezu ein Wunder, wenn keiner davon jemals einträte. Also liegt es manchmal in Ihrem eigenen Interesse und ist außerdem pädagogisch sinnvoll, einen Förderplan anzulegen, und sei es auch nur, um Maßnahmen zu koordinieren, gewisse Arbeiten systematisch zu delegieren und die Verantwortung auf mehrere Schultern zu verteilen.

Wie soll aber nun ein Förderplan überhaupt aussehen? Was soll darin enthalten sein? Wer soll ihn schreiben? Wem soll er vorgelegt werden können? Die folgenden Hinweise sollen Ihnen helfen, eine verwaltungstechnisch schlanke Lösung zu realisieren, damit, wie gesagt, die Dokumentation der Förderung am Ende nicht mehr Zeit und Arbeit kostet als die Durchführung der Fördermaßnahmen selbst.

- **Beschränkung auf eine einzige DIN-A4-Seite**
  Manche Verlage bieten heute sehr umfangreiche Förderplanformulare an, in denen dutzende oder sogar hunderte Kriterien aufgelistet sind, nach denen die Leistung eines Schülers beurteilt werden soll. Wir raten davon ab, mit derartigen Tabellarien zu arbeiten. Zur Not findet sich (anfangs) noch jemand im Kollegium, der solche Raster ausfüllt. Doch es findet sich fast mit Sicherheit niemand, der sie liest. Der Alltagsnutzen solcher Maßnahmen ist deshalb sehr begrenzt. Allenfalls kann man die Kriterienkataloge als inspirierendes Formulierungsreservoir benutzen, um in denjenigen Lernbereichen, auf die es bei einem bestimmten Schüler ankommt, differenziertere Eintragungen in einen Förderplan vornehmen zu können. **Eine Seite muss genügen** – und genügt auch tatsächlich in der Praxis!

- **Adressaten definieren**
  Diskutieren Sie bitte vor Einführung der Förderpläne in Ihrer Lehrerkonferenz, wer zu den Adressaten der Pläne gehören soll! Wollen Sie die Pläne nur für die eigene Selbstvergewisserung und für die Strukturierung und Organisation Ihrer persönlichen Fördermaßnahmen einsetzen? Oder steht die schulinterne Kommunikation mit Ihren Kollegen im Vordergrund, weil Sie in erster Linie sicherstel-

len möchten, dass die Maßnahmen sinnvoll koordiniert werden? Wollen Sie die Pläne auch den Eltern vorlegen? Sollen die Eltern die Zurkenntnisnahme (in bestimmten Fällen) mit ihrer Unterschrift bestätigen? Und sollen auch die Schüler die Pläne (in bestimmten Fällen) unterzeichnen, weil Sie einige Pläne direkt als Lernverträge auffassen und gestalten möchten? Wie steht es schließlich mit externen Personen, die an der Förderung beteiligt werden sollen (Legasthenie-Therapeut, Mentor/Tutor, Ergotherapeut usw.), und mit der Schulaufsicht/ Schulinspektion? Sollen die Pläne auch in diese Richtung zielen?

Es liegt auf der Hand, dass Ihre Beantwortung dieser Fragen wesentliche Konsequenzen sowohl hinsichtlich der **Form** als auch hinsichtlich der **Inhalte** Ihrer Förderpläne nach sich zieht! Pläne, die nur für Sie selbst und/oder Ihre Kollegen bestimmt sind, können Fachtermini und Abkürzungen enthalten, handschriftlich verfasst sein und schneller ergänzt oder nachgebessert werden. Kommen Eltern, Schüler, externe Förderinstanzen oder Inspektoren mit ins Spiel, sieht die Sache anders aus. Die Eintragungen müssen dann allen Adressaten verständlich sein, die äußere Form erfordert mehr Sorgfalt, und Änderungen müssen u. U. wieder neu diskutiert und abgestimmt werden. Dieses Plus an Aufwand geht allerdings in der Regel auch mit einer **Steigerung der Verbindlichkeit und Justiziabilität** einher.

Wir empfehlen Ihnen, Förderplanmuster zu verwenden, die so **flexibel** gestaltet sind, dass sie sehr unterschiedlichen und wechselnden Anforderungen gerecht zu werden erlauben. Manchmal geht es nur um die interne Koordination und Organisation. Dann ist die Unterschrift der Eltern und der Schüler nicht erforderlich, und der Plan kann fachsprachliche Wendungen oder Abkürzungen enthalten und handschriftlich ausgefüllt werden. In anderen Fällen steht ein externer Adressat im Vordergrund. Dann muss der Plan expliziter, formeller, sauberer und ordentlicher sein. Solche Pläne sollten Felder für die Unterschriften von Eltern, Schülern und externen Förderern enthalten, doch ob diese Felder auch ausgefüllt werden sollen, muss jeweils im konkreten Einzelfall entschieden werden.

▶ **Prozeduren und Zuständigkeiten festlegen**
Bitte erörtern Sie in Ihrer Lehrerkonferenz außerdem vor der Einführung von Förderplänen, wer die Pläne ausfüllen soll und in welchem Turnus und in welchem Gremium ihr jeweiliger Nutzen überprüft werden kann. Es ist sinnvoll, wenigstens einmal pro Halbjahr alle Pläne in der Klassen- oder Jahrgangsstufenkonferenz durchzugehen und kurz festzulegen, ob der Plan noch weitergeführt werden soll, welche Änderungen eventuell durchzuführen sind und welche Unterschriften im konkreten Einzelfall eingeholt werden sollen. Wird der Plan nicht mehr benötigt, sollte das darin verzeichnet werden, damit nicht später der Eindruck entsteht, dass die Förderung ohne Gründe abgebrochen wurde oder im Sande verlief.

▶ **Keine Luftschlösser bauen**
Notieren Sie in Ihren Förderplänen nur Maßnahmenvorschläge, die auch tatsächlich umgesetzt werden können! Gehen Sie dabei nicht vom an und für sich Wünschenswerten, sondern vom tatsächlich Realisierbaren aus! Wenn es beispielsweise in Ihrem Haus keine psychomotorische Förderung gibt und auch in Kooperation mit externen Institutionen kein solches Angebot auf die Beine gestellt werden kann, dann darf im Förderplan allenfalls eingetragen werden, dass die Eltern in der Beratung aufgefordert werden sollen, sich selbst um eine entsprechende Förderung ihres Kindes zu kümmern.

Grundsätzlich sollte also folgendermaßen vorgegangen werden:

▷ Tragen Sie (halbjährlich) zusammen, welche Fördermaßnahmen Sie überhaupt (alleine oder mit externer Hilfe) organisieren und anbieten können!

▷ Legen Sie dann fest, welche Kinder in den Genuss dieser tatsächlich realisierbaren Maßnahmen kommen sollen.

▷ Und tragen Sie erst danach im Förderplan konkret ein, wer wann welche Maßnahme durchführt. Aus juristischen Gründen sollte dabei ein mittlerer Konkretionsgrad gewählt werden, denn im Prinzip können solche Eintragungen auch gegen Sie verwendet werden, wenn es denn einmal hart auf hart kommt. Schreiben Sie also nicht in den Plan „*Der und der Kollege wird mit dem Kind xy an den sechs Donnerstagen ab dem 17. September 2009 die Übungen 4 bis 18 aus der Lernförderkartei xy bearbeiten*“, sondern halten Sie die Formulierung vager:

„Durcharbeitung geeigneter Übungen aus der Lernförderkartei xy ab Herbst 09“. Auf diese Weise ist sichergestellt, dass **keine ‚mission impossible‘** in einen Plan aufgenommen wird, d. h. dass auch wirklich alles umgesetzt wird, was im Plan steht, und dass Sie nicht belangt werden können, wenn eine geplante Maßnahme aus von Ihnen nicht zu verantwortenden Gründen vorläufig nicht realisiert werden kann. Natürlich kann und soll das Förderangebot der Schule regelmäßig erneuert und ergänzt werden. Doch solange es kein konkretes neues Angebot gibt, sollte *im Förderplan* auch nichts davon zu lesen sein.

▶ **Möglichst Stärken und Schwächen synchron fördern**
Bekommt ein Schüler einen Förderplan, dann sollte darin nicht nur die eine Besonderheit verzeichnet sein, die zur Anlage des Planes geführt hat. Vielmehr sollte nach Möglichkeit immer synchron mindestens eine Schwäche *und* mindestens eine Stärke des Schülers notiert und in der Förderung berücksichtigt werden. Befasst man sich zunächst ausschließlich mit den Schwächen, dann rutscht man sehr schnell in eine reine Defizitorientierung hinein. Förderung heißt dann aus Sicht der Schüler im Grunde Nachhilfe, und Förderunterricht heißt Nachsitzen. Die individuelle(re) Förderung ist in diesem Fall rein auf die Schwachen und die Schwächen konzentriert und hat insgesamt einen eher negativen Beigeschmack. Da die Behebung schwerwiegender Defizite erfahrungsgemäß bis zum Sankt-Nimmerleins-Tag ausgedehnt werden kann, kommt es in der Praxis oft nicht mehr zur Begabungs- und Talentförderung.
Wird hingegen anlässlich der Anfertigung eines Förderplanes grundsätzlich sowohl nach den Stärken als auch nach den Schwächen eines Schülers gefragt, verändert sich das Bild, und die Fördermaßnahmen erlangen insgesamt ein positiveres Image. Dass auch die Lern- und Motivationspsychologie ein solches **synchrones Vorgehen** nahelegt, dürfte niemanden überraschen: Das Vehikel ist einfach besser zu steuern, wenn man die Lenkstange an *beiden* Enden ergreift!
Es muss unbedingt betont werden, dass sich der Gesamtaufwand für Fördermaßnahmen durch die Beachtung des Synchronie-Prinzipes entgegen häufig geäußerten Befürchtungen *nicht* erhöht. Stellen Sie einfach halbjährlich fest, welche Ressourcen Sie für Fördermaßnahmen zur Verfügung haben (Lehrerstunden, externe Hilfe, Räume etc.)! Reservieren Sie dann die eine Hälfte dieses Reservoirs für die Mängelbeseitigung und die andere Hälfte für die Talent- und Begabungsförderung! Ob Sie insgesamt 6 oder 60 Maßnahmen anbieten können, spielt dabei keine Rolle. Eine reine Defizitorientierung ist *nicht* moralischer und *nicht* wirkungsvoller als ein synchrones Vorgehen! Als kleiner, aber nicht unwesentlicher Nebeneffekt des Synchronie-Prinzips kann noch angeführt werden, dass die Durchführung von Maßnahmen zur Talent- und Begabungsförderung fast immer deutlich einfacher und angenehmer ist als die Realisierung von Maßnahmen zur Defizitkompensation. Auch aus der Sicht des Kollegiums gewinnt die individuelle Förderung damit deutlich an Reiz und Charme, was einen nicht zu unterschätzenden Motivationsschub mit sich bringen kann. Wichtig ist dabei natürlich, dass sich die einzelnen Lehrer an beiderlei Maßnahmen beteiligen können, d. h. der einzelne Kollege nicht ausschließlich und immerdar auf die Förderung der Schwachen *oder* der Starken fixiert wird.

▶ **In Problemfällen Symbolsprache nutzen**
In manchen Fällen sind die Eintragungen und Empfehlungen im Förderplan eines Kindes nur nachvollziehbar, wenn bestimmte **Hintergrundinformationen** bekannt sind. Zu denken wäre beispielsweise an Kindesmissbrauch, Gewalt in der Familie, Drogenabhängigkeit der Eltern, seelische Erkrankungen und ähnliche Probleme. Obwohl Leistung und Verhalten des Kindes im Unterricht vielleicht keine Auffälligkeiten zeigen, kann es dann u. U. doch erforderlich sein, bestimmte Fördermaßnahmen zu veranlassen (regelmäßige Besprechung mit Beratungslehrern, Kooperation mit Jugendhilfe, Teilnahme an Theater-AG etc.) und dies systematisch und detailliert im Förderplan zu dokumentieren. Da entsprechende Hintergrundinformationen nicht im Förderplan selbst notiert werden können, sofern Sie diesen auch für die Kommunikation mit den Eltern benutzen möchten (s. o.), sollte in diesen Fällen in einer Ecke des Planes ein unauffälliges kleines Symbol (Quadrat, Kreis, Dreieck, ...) eingetragen werden, das den über die Hintergründe nicht informierten Kollegen signalisiert: Achtung! Um diese Eintragungen zu verstehen, benötigt

man Hintergrundinformationen, die beim Klassenlehrer, bei der Schulleitung oder im Archiv (Personalakte) zu bekommen sind.
Übrigens sei an dieser Stelle noch kurz darauf hingewiesen, dass Förderpläne, auch wenn sie keine solchen speziellen Hintergrundinformationen enthalten, in datenschutzrechtlich einwandfreier Weise aufbewahrt, also unter Verschluss gehalten werden müssen.

4.2 WIE MACHEN ES ANDERE? – MUSTERBÖGEN, KOPIERVORLAGEN

Im Anhang finden Sie nun Beispiele für Förderpläne, und zwar jeweils ein **ausgefülltes Beispielexemplar und ein kopierbares Blanko** (vgl. **KV 21–36**, Anhang S. 149–164 und auf der CD). (Handschriftliche Einträge sind hier für den Druck durch eine Schreibschrift wiedergegeben.) Die Pläne unterscheiden sich in dreierlei Hinsicht voneinander:

- *Primar*stufe vs. *Sekundar*stufe
- *interne* Nutzung (nur im Kollegium) vs. *externe* Nutzung (auch Erziehungsberechtigte, betroffene Schüler, externe Akteure, wie z. B. Therapeuten, Schülerselbsthilfe etc.)
- freies *Ausformulieren* vs. *Ankreuzen* vorgegebener Kategorien

Mithilfe der folgenden Tabelle (s. **Tab. 3**) können Sie leicht feststellen, welches der acht Planmuster Ihren speziellen Bedürfnissen am ehesten gerecht wird.

Beispiel: Sie wählen in der ersten Spalte die Option ‚Primarstufe'. Danach entscheiden Sie sich in der ersten Zeile für ‚externe Nutzung'. Zuletzt votieren Sie in der vierten Spalte für ‚frei formulieren': Planmuster 29/30 bleibt dann noch übrig, kommt also für Sie in Betracht.

	interne Nutzung	externe Nutzung	
Primarstufe	KV 21/22	KV 29/30	frei formulieren
	KV 23/24	KV 31/32	ankreuzen
Sekundarstufe	KV 25/26	KV 33/34	frei formulieren
	KV 27/28	KV 35/36	ankreuzen

Tab. 3 Entscheidungshilfe für Planmuster

Sie sind mit den Formulierungen in unseren acht Musterplänen nicht ganz einverstanden und würden gerne hier und dort etwas verändern? Kein Problem! Auf der diesem Buch beigefügten CD finden Sie **alle Pläne in elektronischer Form**, und zwar im gängigen doc-Format, sodass Sie in Word schnell und leicht Ihre Änderungswünsche realisieren können. Ebenfalls auf der CD zu finden sind Förderkarteien, auf denen die Maßnahmen der Schule, des Schülers, der Eltern usw. detaillierter aufgeschlüsselt werden können und die darauf abzielen, den Schüler möglichst stark an der Planung und Ausgestaltung des Förderprozesses zu beteiligen (vgl. **KV 37–39**, Anhang S. 165–167 und auf der CD), sowie zwei Checklisten, mit denen Sie selbstständig Förderpläne entwerfen können (**KV 40–41**, Anhang S. 168–169 und auf der CD).

5. INDIVIDUELLE FÖRDERUNG IM UNTERRICHT

5.1 SCHÜLERZENTRIERT – LEHRERZENTRIERT? (*Karin Kress*)

Wenn Sie sich bis hierher mit den Maßnahmen zur individuellen Förderung auf Schulebene auseinandergesetzt haben, beginnen Sie dieses Kapitel wahrscheinlich mit der berechtigten Frage: Wie soll ich das in meinen Unterricht integrieren? Vielleicht gehen Sie sogar so weit, zu fragen, ob der normale Unterricht überhaupt der Ort für individuelle Förderung sein kann. Kann er und ist er – vieles läuft schon in Ihrem Unterricht, das man, ohne rot zu werden, als individuelle Förderung bezeichnen kann, sei es die **Lernberatung** in der Fünf-Minuten-Pause oder die Zusatzaufgaben für zu Hause vor einer Klassenarbeit. Wir haben auf unseren Fortbildungen häufig sehr kreative Varianten kennengelernt, mit denen Kollegen der Stoffvielfalt, dem Zeit- und Notendruck kleine Freiräume abtrotzen, um individuell auf ihre Schüler einzugehen. Trotz allem aber muss man die Kirche im Dorf lassen. Eine systematische Förderung stößt im Unterrichtsalltag auf zahlreiche Hindernisse, vor allem aber auf das Problem, bei den Schülern einer Klasse nicht den Überblick zu verlieren. Unsere Auswahl an Methoden, Tipps und Tricks ist daher darauf ausgerichtet, Ihnen möglichst Instrumente an die Hand zu geben, die die Arbeit erleichtern oder bestimmte Fördermaßnahmen überhaupt erst möglich machen.

Individuelle Förderung heißt nicht, dass Sie Ihren kompletten Unterricht umstellen sollen. Auch für Sie ist es wichtig, sich auf das Machbare zu konzentrieren. Sie müssen nicht jede Stunde binnendifferenziert unterrichten. Fangen Sie z. B. mit binnendifferenzierten Übungsstunden vor Klassenarbeiten an. Seien Sie wieder offen für einen **Trial-and-Error-Prozess**. Wenn eine Methode nicht den gewünschten Effekt erzielt, kann das vielfältige Gründe haben. Für eine andere Lerngruppe, in einem anderen Kontext, anders angeleitet kann sie wiederum genau das Richtige sein. Es gibt nicht *die* Methoden zur individuellen Förderung. Die Methoden unterscheiden sich allerdings darin, wie hoch der Aufwand ist, um mit ihnen **Freiräume** für eine zusätzliche individuelle Förderung zu schaffen. Auch wenn schülerzentrierte Unterrichtsmethoden dabei weit vorne mitmischen, weil sie die Lehrer in den konkreten Unterrichtssituationen flexibler agieren lassen, ist das erste Auswahlkriterium, dass Sie sich selbst in der Anleitung der Methode wohlfühlen und sie zu Ihrem persönlichen Temperament passt.

In der Diskussion, ob **schülerzentrierte** oder **lehrerzentrierte Unterrichtsmethoden** geeigneter sind, die Schüler auf die Anforderungen im Leben vorzubereiten, werden Sie sich vermutlich schon eine Meinung gebildet haben. Die Idee, dass die Schüler mehr Verantwortung für ihren eigenen Lernprozess übernehmen, ist ein zentraler Bestandteil der individuellen Förderung. Nicht nur, weil individuelle Förderung immer **Hilfe zur Selbsthilfe** heißt, sondern schon aus dem einfachen Grund, weil Binnendifferenzierung und Bewusstmachen des individuellen Lernfortschritts nicht vom Lehrer für über 24 Schüler einer Klasse geleistet werden kann. Wenn Sie Schüler vor sich haben, die mit der **Verantwortung für ihren eigenen Lernprozess** überfordert sind, ist dies nichts weniger als eine Handlungsaufforderung. Sie entscheiden in der jeweiligen Situation, wie viel **Selbstständigkeit** Sie einfordern und wie viel **Unterstützung** Sie den Schülern geben. Hierin unterscheidet sich die individuelle Förderung in keiner Weise von anderen Unterrichtssituationen. Auch hier gilt: Niemand kann für jemand anderen lernen. **Lernen ist ein aktiver Aneignungsprozess.** Mangelhafte Lernstrategien können immer nur zeitweise durch kluge Lehrer ausgeglichen werden. Wenn Sie sich als **Unterstützer** Ihrer Schüler verstehen und nicht als Vorbeter, dann gilt die schlichte Faustregel: Alles, was die Schüler (auch) tun können, die Schüler tun lassen.

5.2 SCHÜLERAKTIVIERUNG (*Dirk Schlechter*)

„So, ich wünsche euch einen guten Morgen, bitte holt eure Hausaufgabenhefte heraus!“

So oder so ähnlich wurden damals und werden noch heute Unterrichtsstunden eingeleitet. An der Rolle des Lehrers als Initiator des Unterrichts hat sich also auch in der heutigen Zeit nicht viel geändert. In fast jeder klassischen Unterrichtsstunde gehen der Unterrichtsbeginn und -schluss vom Lehrer aus. Es handelt sich hierbei um ein weitverbreitetes Ritual, das den Unterricht stark vorstrukturiert und den Schülern Orientierung bietet, damit sie ihre Privatgespräche einstellen und sich auf die Unterrichtssituation einlassen können.

Rituale wie der **lehrerzentrierte Unterrichtseinstieg**, der immer eine Begrüßung und häufig einen kurzen Lehrervortrag oder durch den Lehrer vorbereitete Impulse enthält, werden bereits in der Grundschule eingeführt und in allen anderen Schulformen aufgegriffen. Durch ihre Regelmäßigkeit und durch das Wiederholen der immer wieder ähnlichen Vorgehensweise werden solche Einstiege erst zu einem Ritual. Sie haben eine große Bedeutung bei der Vermittlung von Verhaltensregeln. Rituale bieten den Schülern Orientierung dabei, ihr Verhalten dem Beginn des Unterrichts anzupassen, sie dienen ihrer Sozialisierung und sind daher von großer Bedeutung.

Dennoch wird eine starke Lehrerzentrierung den individuell unterschiedlich leistungsfähigen Schülern oft nicht gerecht, und als **schüleraktivierend** kann man derartige Einstiege auch nicht bezeichnen. Im Regelfall fordert ein solcher Unterrichtsbeginn ein, alle Aktivitäten (z. B. Essen, verbale Kommunikation, nonverbale Kommunikation, Bewegung im Raum, Spielen) einzustellen. Er führt somit zu einer bei den Schülern erzwungenen Passivität, denn vom überwiegenden Teil der Schüler wird zumeist das Zuhören und nicht Aktivität verlangt.

Um die Schüler jedoch individuell zu fördern, muss man sie zunächst erst einmal „ins Boot holen“, ihre Aufmerksamkeit erregen und sie motivieren. Und hier sind schüleraktivierende Methoden als eine Art „vorbereitende Methoden“ für die individuelle Förderung unverzichtbar.

Daher finden Sie im nachfolgenden Kapitel Vorschläge, wie organisatorische Veränderungen in Schulen aussehen können, die eine stärkere Schüleraktivierung ermöglichen. Das Kapitel „Methoden der Schüleraktivierung im Unterricht“ zeigt zahlreiche Beispiele für schüleraktivierende Unterrichtseinstiege und -methoden, die die Qualität der individuellen Förderung im Unterricht nachhaltig verbessern können. In diesem Zusammenhang soll auch der jeweilige Förderaspekt der Methoden aufgegriffen werden.

Alle **Methoden**, die in den Kapiteln 5.2 – 5.5 vorgestellt werden, finden Sie am Ende von Kap. 5.5 (vgl. S. 111 – 112) in einer Matrix zur Einordnung der Methodenbeispiele in ihrer Verwendung zur individuellen Förderung übersichtlich dargestellt.

STÄRKEN FÖRDERN, NICHT SCHWÄCHEN BEKÄMPFEN – CHANCEN ZUR FÖRDERUNG UND AKTIVIERUNG BEGABTER SCHÜLER UND IHRER MITSCHÜLER

Schüleraktivierung und Förderung im Rahmen des Schullebens – Möglichkeiten der Gestaltung des Nachmittagsangebotes an Ganztagsschulen

A Infos:

Viele Schulen, die auf Ganztagsbetrieb umgestellt haben, stehen vor dem Problem, den Schülern attraktive Nachmittagsangebote anbieten zu wollen und dabei gleichzeitig den zu betreibenden finanziellen und personellen Aufwand realistisch einschätzen zu müssen. Es ist nicht immer leicht, die individuellen Begabungen und Interessen schwächerer und stärkerer Schüler zu fördern, daher sollte eine **Vielzahl sehr unterschiedlicher Projekte** angeboten werden. Geeignet sind vorwiegend solche Projekte, die möglichst viele Schüler aktivieren können. Aber auch **kleine Inselprojekte**, die wenigen Schülern Aktivitäten bieten, können u. U. interessant für das Schulleben sein. Dies gilt dann, wenn Inselprojekte reichhaltig auf dem Programm stehen. Sie haben nämlich einen beträchtlichen Freizeit- und Erholungswert für die Schüler und die betreuenden Lehrer, weil sie Rückzugsmöglichkeiten und Ruhe bieten bzw. eine Alternative gegenüber dem Stress beim Aufenthalt in einer Großgruppe. Beides finden Schüler im Regelfall leider eher nur zu Hause vor und nicht in der Schule. Vor allem am Nachmittag sollte das Angebot an Aktivitäten so vielfältig und so reichhaltig wie möglich sein, damit die Schule zu einem Ort wird, an dem Schüler, Lehrer und weiteres Schulpersonal sich gleichermaßen wohlfühlen. Neben Förderangeboten, die aus dem Bereich der Schulfächer kommen, erfreuen sich bei Schülern vor allem Freizeitbeschäftigungen großer Beliebtheit.
Dennoch lassen sich auch Projekte realisieren, die **Synergieeffekte für den Unterricht am Vormittag** ermöglichen (z. B. Einrichtung einer Kräuterspirale) und den Schülern trotzdem Freude bereiten.
Als Beispiel für einen Planungs- und Selbstkontrollbogen bei Schülerprojekten siehe **KV 42**, Anhang S. 170–171 und auf der CD.

B Ablauf:

Sie sollten zunächst **Ideen** für Aktivitäten gemeinsam mit den Schülern sammeln. Auch aus dem Kollegium können Vorschläge kommen, die dann zur Umsetzung gebracht werden. Es geht allerdings nicht darum, dass jeder Lehrer im Nachmittagsbereich lediglich seine „Hobbys" anbietet. Vielmehr muss sichergestellt werden, dass die individuellen Interessen der Schüler auch berücksichtigt sind. Weiterhin sollte es möglich sein, Angebote auch wieder einzustellen, wenn die Nachfrage deutlich sinkt und andere Interessen in den Vordergrund rücken. Es macht Sinn, Angebote nicht über ein ganzes Schuljahr oder Schulhalbjahr auszudehnen, sondern einen **begrenzten Wochenumfang** festzulegen. Dabei können saisonale Gesichtspunkte, z. B. bei der Gestaltung eines Schulgartens (*siehe Projektbeispiel unten*), eine Rolle spielen. Die Schule darf durchaus Ansprüche an das Niveau der Aktivitäten stellen. Es muss sich nicht um eine Verlagerung der Freizeitaktivitäten, die die Schüler zu Hause praktizieren, in den schulischen Bereich handeln (eher ungeeignet wäre z. B. das Angebot einer Computerspiele-AG o. Ä.). Genauso sollte aber der „**Bildungsanspruch**" nicht das einzige Kriterium dafür sein, ob eine Aktivität von der Schule angeboten wird. Immerhin sind Phasen der Zerstreuung durchaus im Rahmen von Ganztagsangeboten legitim. Auch **Kooperation mit externen Partnern** kann zu einer erheblichen Verbesserung der Angebote beitragen, da so schulfremde Ressourcen genutzt werden können (Räume, Personal).

C Varianten:

- ▷ Es gibt viele Varianten von Schüleraktivitäten für den Nachmittagsbereich, beispielsweise Förder-AGs:
- ▷ Kooperation mit Sportvereinen in der Umgebung (Freizeitsport) – ein Angebot für mehrere Schüler
- ▷ Kooperation mit Jugendeinrichtungen in der Umgebung – ein Angebot für eine größere Gruppe
- ▷ Inselprojekt: Einrichtung und Pflege eines Schulaquariums – ein Angebot für eine kleine Gruppe
- ▷ Inselprojekt: Klassenraumgestaltung – ein Angebot für eine kreative Kleingruppe
- ▷ Inselprojekt: Attraktiver Schulhof – ein Angebot für eine kreative Kleingruppe
- ▷ Einrichtung einer Theater-AG – ein Angebot für eine größere Gruppe von Schülern
- ▷ Einrichtung und Pflege eines Schulgartens – ein Angebot für mehrere Schüler
- ▷ Einrichtung von Koch-AGs – ein Angebot für mehrere Kleingruppen
- ▷ Einrichtung einer Film-AG/Trickfilm-AG
- ▷ Einrichtung einer Lese- oder Knobel-AG – ein Angebot für eine kreative Kleingruppe
- ▷ Einrichtung einer Gesunde-Schule-AG – ein Angebot für eine kreative Kleingruppe
- ▷ Einrichtung einer Schach-AG – ein Angebot für mehrere Schüler
- ▷ Einrichtung einer Experimental-AG (Physik, Chemie, Biologie) usw.

D Rolle des Lehrers:

Die Lehrer einer Schule führen einmal im Schuljahr Umfragen in ihren Klassen durch, um die Zufriedenheit mit dem Nachmittagsangebot zu evaluieren und um neue Vorschläge für Schüleraktivitäten zu sammeln. In der Lehrerkonferenz können Angebotsvorschläge in Bezug auf ihre Passung zum Schulprogramm überprüft werden. Bei größeren Schulen eignet sich für diese Aufgabe auch die Steuergruppe.

E Organisatorisches/Schulformen:

Schüleraktivierung im Nachmittagsbereich kann an allen Schulformen, die als Ganztagseinrichtungen arbeiten, angeboten werden.

F **Tipps und Tricks:**

Zunächst sollten bewährte Angebote in den Unterrichtsalltag integriert werden. Es empfiehlt sich die Kontaktaufnahme mit Ganztagsschulen, um deren Erfahrungen nutzen zu können (z. B. die Erfahrungen von Gesamtschulen). Dort kann für Koordinatoren ein Schulrundgang organisiert werden, um sich inspirieren zu lassen, welche schüleraktivierenden Nachmittagsangebote gut von den Schülern angenommen werden.

Beispielprojekt zur Schulgartengestaltung

Impressionen von der Kräuterspirale im Schulgarten am Paul-Spiegel-Berufskolleg Dorsten *(Foto: Dirk Schlechter, Juni 2008)*

Ideen für ein Schulgartenprojekt (Beispiele):

- ▷ Gestaltung einer Kräuterspirale auf dem Schulgelände
- ▷ Aufstellen von Insektenhotels (z. B. für Wildbienen)
- ▷ Nutzung eines Teils der Fläche für Gemeinschaftsprojekte (z. B. Errichtung eines Grillplatzes mit Sitzmöglichkeiten, z. B. Baumstümpfen)
- ▷ Einrichtung eines Totholzbereichs, der als Unterschlupf für Igel und andere Kleinsäuger geeignet ist (anfallendes Schnittmaterial aus dem Frühjahr kann hier verwendet werden)

Anbindung an den Unterricht am Vormittag/Schüleraktivierung (Beispiele)

- ▷ Im Biologieunterricht können im Sommer Beobachtungen von Fluginsekten oder Kleinsäugern im Schulgarten gemacht werden (z. B. Beobachtung von Solitärbienen beim Bestäuben der Blüten).
- ▷ Eine Koch-AG kann die Kräuter aus der Kräuterspirale zum Kochen entnehmen, auch Hauswirtschaftsklassen an Berufskollegs können davon profitieren.

Das Drehtürmodell

A Infos:

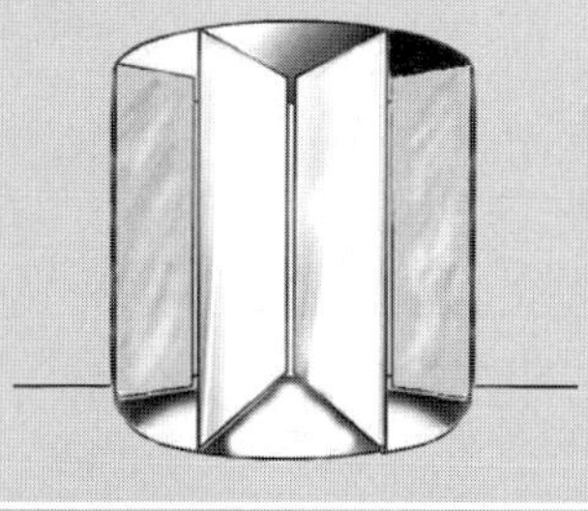

Befindet sich ein begabter Schüler im Regelunterricht und bekommt aufgrund der Unterforderung durch längere Phasen der Wiederholung und Übung Langeweile, so kommt es häufig zu Unterrichtsstörungen, Passivität und Lustlosigkeit. Abhilfe verspricht ein der äußeren Differenzierung zuzurechnendes Modell, das sogenannte *Drehtürmodell*. Im Rahmen dieses Modells erhalten Schüler die Möglichkeit, den **regulären Unterricht** zu **verlassen**, um selbstständig an einem Projekt zu arbeiten. Durch die „Drehtür" des Klassenzimmers gelangen die Schüler für einen begrenzten Zeitraum in eine andere Lernumgebung mit anderen Anforderungen, sie kommen aber in der folgenden Stunde durch die gleiche Tür wieder zurück in den Regelunterricht (Drehtürmodell).

B Ablauf:

Die Arbeit begabter Schüler an einem selbstständigen Projekt findet in einem speziellen Raum statt, der mit Computern mit Internetzugang und einer kleinen Bibliothek ausgestattet ist (siehe Variante Selbstlernzentrum). Im Rahmen des Drehtürmodells kann der planmäßige Unterricht einmal pro Woche verlassen werden, damit der Schüler in dieser Zeit motiviert an einem eigenständigen Projekt arbeiten kann. Es eignen sich z. B. **Übungsphasen am Ende** des Unterrichts (z. B. die letzten 25 Minuten). Eine Rückkehr des Schülers innerhalb der Unterrichtsstunde, in der er den Klassenraum verlassen hat, ist nicht sinnvoll. Im Prinzip eignen sich aber alle Phasen des Unterrichts, die für begabte Schüler unnötige Redundanzen beinhalten, zur Teilnahme an Drehtürprojekten.
Zunächst sucht sich der Schüler einen zuständigen Koordinator, der einen Mentor zuweist. Der Koordinator entscheidet im Vorfeld, in welchem Fach es sinnvoll ist, den Schüler vom Regelunterricht zu entbinden. Dann erst wendet er sich an den Mentor (s. u.), der ihm Themen für eine Projektarbeit vorschlägt. Der Mentor sollte den Schüler gut kennen, um einschätzen zu können, welche Projekte für den Schüler tatsächlich auch interessant sind. Mit dem Mentor bespricht der Schüler die Zeitplanung für das Projekt. Auch wird das zu erstellende Lernprodukt festgelegt. Die Ergebnisse der Projektarbeit können beispielsweise Referate sein, die in der Klasse, in AGs oder in Oberstufenkursen gehalten werden (Präsentation des Drehtürprojektes).

C Varianten:

Aktivierung aller Schüler bei Drehtürprojekten
Es sollten im Idealfall vom Schüler solche Projektergebnisse erarbeitet werden, die sich zur Aktivierung anderer Schüler im Rahmen der Präsentation eignen, z. B. Ausstellungen, in denen etwas ertastet oder ausprobiert wird (z. B. in den Naturwissenschaften), die Erstellung von Simulationen (z. B. für das Fach Physik), interaktive Internetseiten oder Medienprojekte im Rahmen der Fächer Deutsch oder Geschichte oder ein Quiz zu einem Lerngegenstand (z. B. für den Lateinunterricht).

Nutzung eines vorhandenen Selbstlernzentrums
Für Drehtürprojekte kann ein in der Schule vorhandenes Selbstlernzentrum (s. u.) genutzt werden, wenn es sich nicht um eine Einrichtung außerhalb der Unterrichtszeit handelt.

D Rolle des Lehrers:

Der **Mentor** kann der Fachlehrer sein, dies ist aber nicht zwingend erforderlich. Mit dem Mentor sollte vorab besprochen werden, ob dieser bereit ist, ein solches Projekt auch zu betreuen. Findet sich niemand, kann der Koordinator (s. u.) weiterhelfen. Ein wichtige Aufgabe des Mentors besteht darin, sicherzustellen, dass es sich bei Drehtürprojekten gerade nicht um regulären Unterrichtsstoff handelt, den der begabte Schüler dann erneut im Unterricht mit den anderen Schülern gemeinsam erarbeiten wird.
Neben Mentoren als permanente Ansprechpartner und Berater der Schüler macht es Sinn, einen Lehrer als übergeordneten **Koordinator** einzusetzen. Dieser Lehrer könnte z. B. der erste Ansprechpartner sein, der Schüler bezüglich der Möglichkeiten zur Begabungsförderung berät und der Hinweise gibt, welche Mentoren sich besonders für ein Drehtürprojekt eignen. Ein solcher Koordinator sollte auch den Überblick über die Bereitschaft des Lehrerkollegiums zur Mitwirkung bei diesem Projekt haben und Kenntnisse über vorhandene Zusatzqualifikationen der Lehrkräfte besitzen.

E Organisatorisches/Schulformen:

Das Drehtürmodell kann in allen Schulformen erfolgreich eingesetzt werden. Ratsam ist seine Einrichtung dort, wo sehr leistungsheterogene Gruppen unterrichtet werden.

F Tipps und Tricks:

Alle Schüler sollten über die Existenz eines Drehtürmodells an der Schule informiert sein, damit die Beteiligten nicht in den Verdacht kommen, Unterricht zu „schwänzen". Es muss deutlich werden, dass auch Schüler, die am Modell teilnehmen, nach einer bestimmten Zeit zu einem Ziel gekommen sein müssen.

Links:

▷ http://www.cfg.wtal.de/fset_hauptframe.php3?site=/03/foer/drehtuer.php3
(Beschreibung des Drehtürmodells am Carl-Fuhlrott-Gymnasium in Wuppertal aus der Sicht einer Schülerin)

INFO-BOX: Einsatz von Selbstlernumgebungen/Einrichtung eines Selbstlernzentrums

Selbstständiges Lernen gehört in vielen Schulen bereits zum Alltag. Schüler werden dazu angehalten, selbst aktiv zu werden und ihre Lernprozesse eigenständig voranzubringen. Verbreitet sind Stationenlernen, Wochenplanarbeit und Werkstattarbeit. Häufig kommen hierbei schriftliche Arbeitsmaterialien und Selbstkorrekturbögen bzw. Lösungsblätter zum Einsatz. Die Schüler arbeiten also auf der Basis fotokopierter Arbeitsmaterialien.

In vielen Schulen stehen mittlerweile **Medien- und Computerräume** zur Verfügung, in denen die Schüler noch individuellere Lernwege gehen können. Oftmals setzen Lehrer die Methode der Internetrecherche ein, um den Schülern die Möglichkeit zur Beschaffung von Informationen zu einer vorgegebenen Thematik zu ermöglichen. Dies ist allerdings nur praktikabel, wenn ein Internetanschluss und die erforderliche Anzahl an Schüler-PCs auch zur Verfügung stehen. Nicht immer gelingt es den Schülern hierbei, brauchbare und sachlich fundierte Informationen im Internet zu finden. Problematisch ist auch, wenn Schüler über längere Zeiträume erkrankt waren und keine Möglichkeit dazu hatten, die Recherchen zu Hause nachzuholen. Mittlerweile richten Schulen häufig Selbstlernzentren ein und installieren Lernplattformen auf ihren Schulservern, um den Schülern ein besser organisiertes Lernen zu ermöglichen.

Selbstlernzentrum
Ein Selbstlernzentrum wird zu bestimmten Zeiten für die Schüler außerhalb der Unterrichtszeit zugänglich gemacht. In der Regel werden Sozialpädagogen oder Erzieher damit beauftragt, die Schüler in einem PC-Raum zu beaufsichtigen. Diese **Beaufsichtigung** ist zwingend erforderlich, sonst finden dort wohlmöglich Chat-Orgien statt und das beliebte Forum SchülerVZ wird zur häufigsten besuchten Internetseite, die vom Schulserver aus angesteuert wird.

Ein Selbstlernzentrum kann den Schülern die Vorbereitung von Referaten durch eigene Recherche ermöglichen. Wollen sich Schüler außerhalb ihrer Unterrichtszeit zur Ausarbeitung von Referaten verabreden, so ist dies in einem Selbstlernzentrum möglich und auch praktisch, wenn die Schüler z. B. nicht aus der gleichen Stadt kommen oder innerhalb eines Ortes zu weit voneinander entfernt wohnen.

Denkbare **Nutzungsmöglichkeiten** sind Internetrecherchen, das Schreiben von Praktikumsberichten, die Erarbeitung von Hausaufgaben oder die Nutzung von Selbstlernumgebungen auf dem Schulserver.

Eine gute Ergänzung zu den Schüler-PCs stellt eine gute Ausstattung mit Lexika und Wörterbüchern oder ein direkter Zugang zur Schülerbibliothek dar.

Wissensmemory im Selbstlernzentrum
Schüler, die sich ein neues Lerngebiet erschließen, können dies selbstständig und individuell an ihren eigenen Fragestellungen orientiert am PC tun. Im Unterricht behandelte Texte werden hierbei von Schülern in ein sogenanntes Wissensmemory überführt. Bekannt ist, dass man Fragen und Antworten oder Begriffe und Definitionen jeweils auf die Vorder- oder Rückseite von Karteikarten schreiben kann, um später damit zu lernen. Ähnlich funktioniert auch ein Wissensmemory am PC. Hier wird das Wissen jeweils immer auf zwei zueinander gehörende Memorykarten übertragen. Eine Karte trägt den Begriff, eine weitere die zugehörige Definition (auch Frage- und Antwortpaare sind möglich). Somit kann durch Aufdecken der zuvor selbst geschriebenen Memorykarten spielerisch und am individuellen Lernbedarf orientiert gelernt werden:

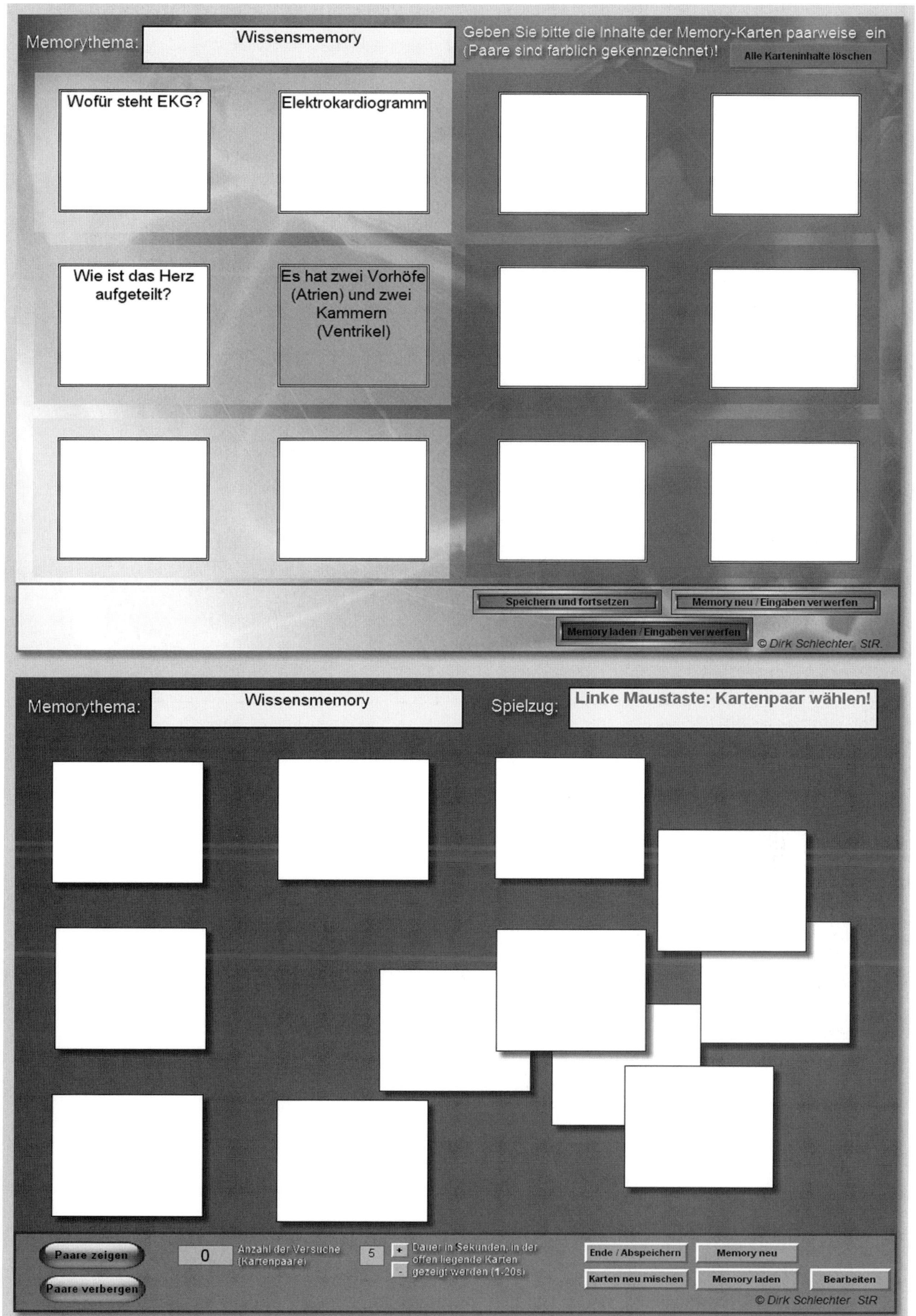

Wissensmemory im Selbstlernzentrum (erzeugt mit Matchware Mediator 9), Konzeption/Programmierung: Dirk Schlechter, StR

eLearning mit Moodle im Selbstlernzentrum und von zu Hause aus

Möglich ist auch eine Verwendung von Lernplattformen wie z. B. *Moodle*, das kostenfrei über das Internet bezogen und auf dem Schulserver installiert werden kann. Bei Moodle werden z. B. Aufgaben und Lernmaterialien miteinander kombiniert. Die Auswertung von Aufgaben kann unmittelbar durch den PC erfolgen und im Unterricht erarbeitete Materialien (z. B. Powerpoint-Präsentationen, Tafelbilder o. Ä.) können allen Schülern zum Download zur Verfügung gestellt werden. Es ist hier zusätzlich möglich, ein Nachrichtenforum und einen Chat zu installieren, in denen Schüler individuell betreut werden. Der Zugang wird aus urheberrechtlichen Gründen wie vorgeschrieben über jeweils zu vergebende Passwörter sichergestellt. Mit solchen Lernplattformen eröffnet sich für die Binnendifferenzierung im Bereich individueller Förderung eine völlig neue Dimension:

Die Arbeitsergebnisse und Zugriffe jedes einzelnen Schülers können vom Lehrer auch von zu Hause in ausgewerteter Form eingesehen werden. Im Übrigen können Schüler nicht nur vom Selbstlernzentrum der Schule, sondern auch von ihrem Heim-PC aus per Internet auf die Materialien und Aufgaben zugreifen.

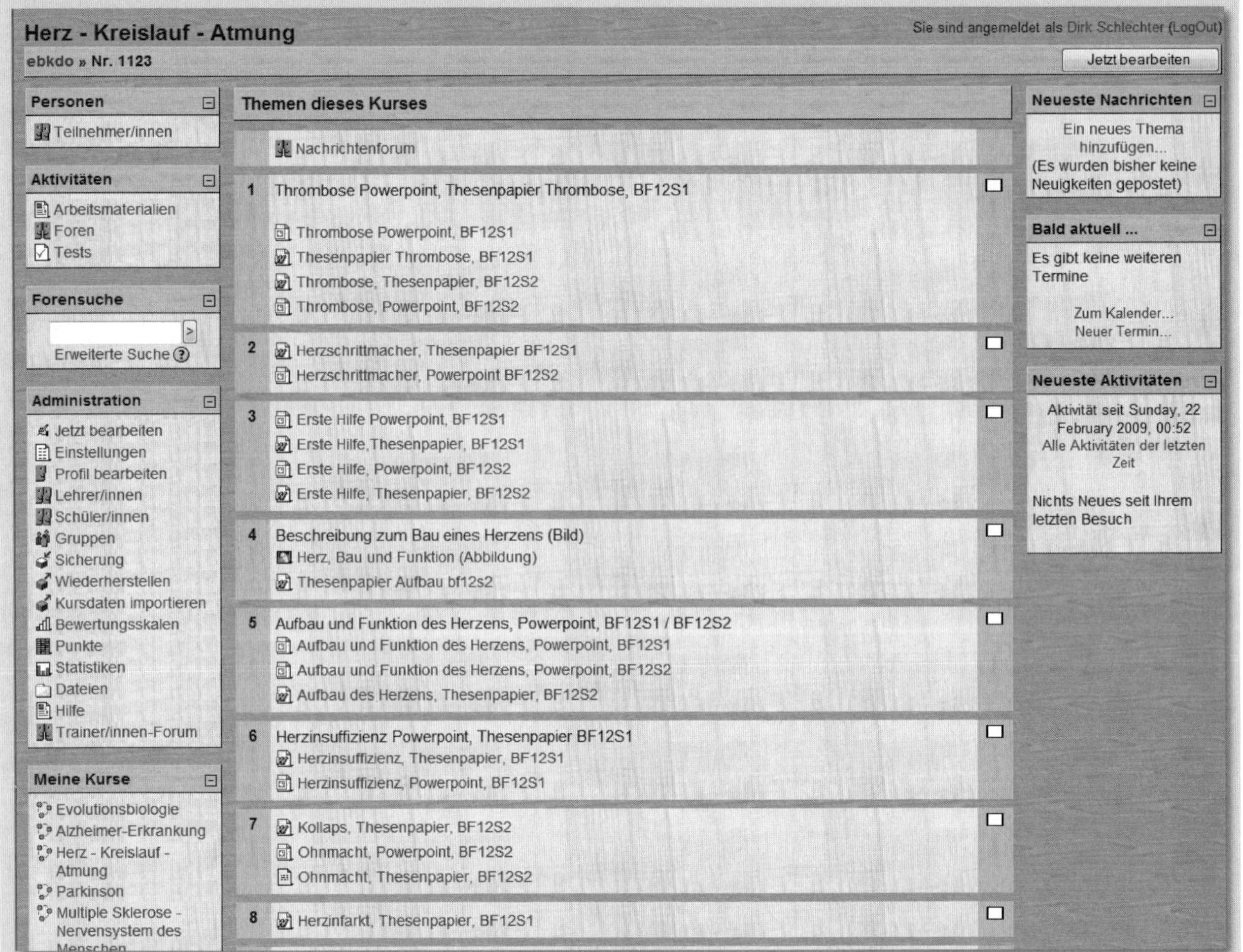

eLearning mit der Lernplattform Moodle (http://www.moodle.de/), Konzeption zum Thema „Herz-Kreislauf-Atmung“ (Dirk Schlechter, StR)

METHODEN DER SCHÜLERAKTIVIERUNG IM UNTERRICHT

Bildung einer Meinungslinie

A Infos:

Diese Methode ist grundsätzlich sehr vielseitig einsetzbar. Sie kann einerseits eine offene Fehlerkultur unterstützen, indem Schüler im ganz wörtlichen Sinne deutlich erkennbar im Raum einen Standpunkt dazu beziehen, ob sie etwas für richtig oder falsch halten. Andererseits eignet sich die Methode ausgezeichnet, um die Verteilung unterschiedlicher Meinungen zu einem strittigen Thema im Klassenraum zu visualisieren und dabei zugleich alle Schüler zu aktivieren.

B Ablauf:

Die Schüler positionieren sich zu einer kontroversen Frage (z. B. Politikunterricht: „Soll Deutschland Militäreinsätze im Ausland durchführen?"/„Sollen Sportlergehälter begrenzt werden?") entlang einer „Meinungslinie" quer durch den Klassenraum. Rechts stehen Schüler, die völlig zustimmen, weiter zur Mitte solche mit teilweiser Zustimmung. In der Mitte stehen Unentschlossene, weiter nach links stellen sich eher dagegen eingestellte Schüler auf und ganz links stehen diejenigen, die eine völlig ablehnende Haltung haben. Die Aufstellung erfolgt, ohne zu sprechen. Erst anschließend tauschen sich die Teilnehmenden über die Gründe für ihren Standort aus. Es entsteht ein quantitatives Meinungsbild im Klassenraum, das gemeinsam ausgewertet wird und Ausgangspunkt für eine weitere vertiefte Beschäftigung mit der Thematik ist. **Individuell gefördert** werden die Schüler hier dadurch, dass sie ihre eigene Meinung zum Ausdruck bringen und sich mit ihrer Haltung im Klassenverband auch ganz konkret visuell verorten können. Jeder Schüler wird sich als aktives Mitglied der Klasse fühlen, weil er seine Meinung aktiv zum Ausdruck bringen kann.

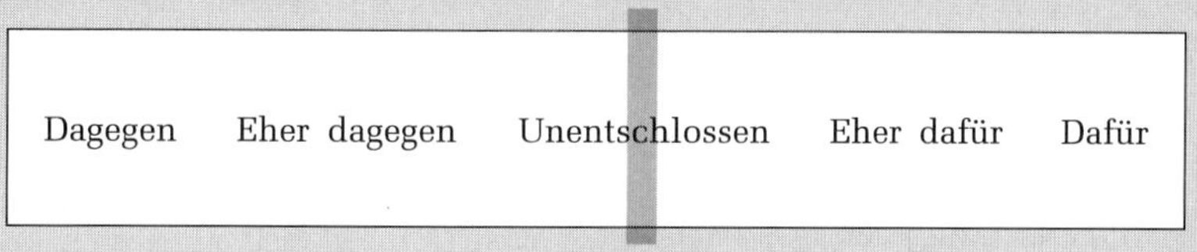

Meinungslinie im Klassenraum in der Sek I und Sek II

C Varianten:

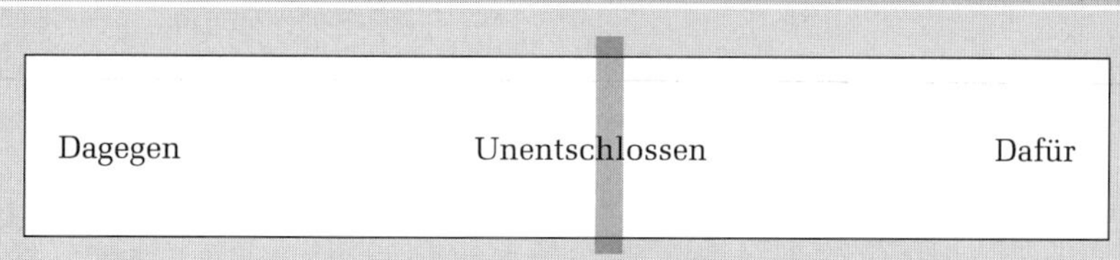

Meinungslinie im Klassenraum im Primarbereich (siehe E: Organisatorisches/Schulformen)

D Rolle des Lehrers:

Der Lehrer weist die Schüler an, sich zu einem Thema auf oder neben der Meinungslinie zu positionieren. Er wählt vorher einen geeigneten Ort aus, an dem die Meinungslinie unproblematisch durchgeführt werden kann. Möbel im Klassenraum stören dabei unter Umständen.

Vor allem bei der Variante der Positionierung zu objektivierbar bewertbaren Sachverhalten könnten schwächere Schüler durch häufigere Fehlentscheidungen, die von ihnen getroffen werden, stigmatisiert erscheinen oder gar demotiviert werden. Hier ist natürlich die pädagogische Verantwortung des Lehrers gefragt, diesen Schülern auch Gelegenheiten anzubieten, sich ebenfalls einmal im „richtigen" Bereich wiederfinden zu können, weil beispielsweise der geringere Schwierigkeitsgrad einer Fragestellung dies erwarten lässt.

E Organisatorisches / Schulformen:

Die Bildung einer Meinungslinie kann schon ab dem 1. Schuljahr unter Anleitung im Unterricht spielerisch eingesetzt werden. Um im Primarbereich Verwirrung zu vermeiden, sollte man Grauzonen wie *Eher dagegen* und *Eher dafür* vermeiden und eine Dreiteilung der Meinungsverteilung in *Dagegen – Unentschlossen – Dafür* einsetzen, um den Schülern das Verständnis der Methode zu erleichtern.

F Tipps und Tricks:

Ist der Klassenraum zu klein und zu überfüllt, kann der Unterricht für das Meinungsbild kurz auf den Flur oder in die Pausenhalle verlegt werden. Auch schlauchartige Gänge können dafür gut genutzt werden. Lassen die Platzverhältnisse nichts anderes zu, können die Schüler auch ihre Initialen links oder rechts von einer aufgezeichneten Meinungslinie an der Tafel einzeichnen.

Links:

▷ http://www.member.uni-oldenburg.de/hilbert.meyer/download/Meinungslinie2.pdf (Meinungslinie)

Verschiedene Aufgabenangebote auf Tischen auslegen

A **Infos:**

Die Idee zu dieser Methode kommt ursprünglich aus dem Bereich der Binnendifferenzierung, die für die individuelle Förderung von großer Bedeutung ist. Man erreicht bereits zu Beginn einer Unterrichtsstunde durch **Interessendifferenzierung**, dass Schüler ihren Neigungen und Fähigkeiten entsprechend Aufgaben auswählen. Möglich und sehr sinnvoll sind auch verschiedene Aufgabenniveaus beim Auslegen der Aufgaben (siehe Varianten). Entscheidend ist, dass die Aufgaben von Anfang an auf den Tischen liegen und durch einen Rundgang vom Schüler unmittelbar als Einstieg eine Aufgabe ausgewählt wird.

B **Ablauf:**

Auf den Tischen liegen bereits zu Unterrichtsbeginn verschiedene Angebote zur Erarbeitung des Themas (Bsp. Mathematikunterricht: „Flächenberechnung bei unterschiedlichen Körpern, z. B. Kugel, Quader, Säule"). Die Schüler wählen eine Möglichkeit aus und bearbeiten diese dann anschließend in Gruppen mit denen, die das Gleiche gewählt haben.

C **Varianten:**

Aufgaben können im folgenden Sinne verschieden sein:
- ▷ verschiedene Schwierigkeitsgrade der Aufgabenstellungen
- ▷ unterschiedlicher Umfang der Aufgabenstellung
- ▷ unterschiedliche Herangehensweise/verschiedene Lerntypen werden angesprochen (visuell, auditiv, haptisch, kognitiv usw.)
- ▷ unterschiedliche Lernprodukte werden den Schülern abverlangt: Erstellung eines Hörspiels (Deutschunterricht), Anfertigung eines Plakates, Erstellung eines Videofilms, Erstellung eines Tafelbildes, Erstellung einer Powerpoint-Präsentation oder Excel-Tabelle, Schreiben eines Computerprogramms, Schreiben eines Aufsatzes, Erstellung einer Zeichnung, Aufstellung eines Rechenweges, Dokumentieren einer Prozessdurchführung z. B. durch Anfertigung eines Schaubildes oder Ablaufschemas etc.

D **Rolle des Lehrers:**

Der Lehrer hat bei dieser Methode die Aufgabe, geeignete Aufgaben im Vorfeld auszuwählen und bereitzustellen. Bei der Aufgabenwahl kann und soll der Lehrer einzelne Schüler beraten und darauf achten, dass möglichst Aufgaben ausgewählt werden, die die Schüler ihrem Niveau gemäß auch fordern.

E **Organisatorisches / Schulformen:**

Sind die Aufgaben unterschiedlich schwierig, können die Schüler sich einer Aufgabe zuwenden, die sie für selbstständig lösbar halten. Grundsätzlich ist diese Methode für alle Schulformen geeignet. Im Primarbereich sollte sie allerdings nur bei intensiver Beratung durch den Lehrer schon in den ersten beiden Klassen eingesetzt werden.

F **Tipps und Tricks:**

Unterschiedliche Aufgaben inklusive der Informationsmaterialien können in laminierter Form an die Schüler ausgegeben werden und später wiederverwendet werden. Dies macht besonders bei umfangreichen Aufgabenstellungen Sinn. Die verschiedenen Materialien kann man auch in der Form von Internetseiten bereitstellen.

Links:

- ▷ http://www.lehrer-online.de/661609.php?sid=575257071907796387235426842
  (Binnendifferenzierung im Englischunterricht: Der WebQuest The Handmaid's Tale)
- ▷ http://www.lehrer-online.de/213039.php
  (Neue Medien und Innere Differenzierung im Lateinunterricht)

Partnerinterview

A Infos:

Beim Partnerinterview werden **kommunikative Kompetenzen** und **soziale Kompetenzen** der Schüler individuell gefördert. Das Partnerinterview stellt eine Form des kooperativen Lernens dar, die durch ihre einfache Organisationsform sehr gut zur Aktivierung von Schülern zu Beginn des Unterrichts geeignet ist.

B Ablauf:

Zwei Schüler interviewen sich gegenseitig zu einer Streitfrage in Partnerarbeit. Im Anschluss kann man einen mündlichen Bericht der Schüler einfordern, der dann im Plenum vorgestellt wird. In diesem Bericht soll jeder Schüler die Meinung seines Interviewpartners vorstellen.
Gefördert werden bei dieser Methode vor allem das genaue Zuhören und die Empathie für den Interviewpartner. Durch das Erklären und Erläutern von Sachverhalten aus der Perspektive einer anderen Person können auch auf der Sachebene völlig neue Einsichten beim Interview gewonnen werden.

C Varianten:

Der Lehrer hat die Möglichkeit, den Ablauf des Interviews zu beeinflussen, indem er die Interviewfragen abhängig von den Improvisationsfähigkeiten der Schüler individuell mehr oder weniger stark durch einen Fragebogen vorgibt. Selbstständige Schüler können völlig ohne diese Hilfe arbeiten oder es kann durch Wiederholung solcher Interviews mit abnehmender Hilfestellung auf mehr Selbstständigkeit hingearbeitet werden.

D Rolle des Lehrers:

Das Thema bzw. die Streitfrage zum Thema sollten ergiebig genug sein, damit ein lohnendes, möglichst differenziertes Gespräch zwischen den Schülern geführt wird. Ein Anhaltspunkt dafür kann z. B. sein, ob von den Schülern ausreichend Pro- und Kontra-Argumente zur Streitfrage gefunden werden. Auch sollten sich die Schüler spontan mit der Streitfrage auseinandersetzen. Diese Voraussetzungen müssen vorher genau berücksichtigt werden. Diese Methode sollte man möglichst nur bei einer Lerngruppe einsetzen, deren Fähigkeiten man gut einschätzen kann.

E Organisatorisches/Schulformen:

Das Partnerinterview setzt bestimmte soziale Fähigkeiten voraus und sollte frühestens am Ende der 3. Klasse im Unterricht eingesetzt werden. Es kann aber grundsätzlich in allen Schulformen verwendet werden und eignet sich in den Fächern Deutsch, in den Fremdsprachen und Gesellschaftswissenschaften.

F Tipps und Tricks:

Idealerweise setzen sich die Schüler einander gegenüber, um das Streitgespräch zu führen. Die Schülerpaare sollten sich dabei im Klassenraum gleichmäßig verteilen.

Links:

▷ http://www.nthuleen.com/teach/activities/interviewfahrrad.html
(Partnerinterview zum Fahrradfahren)

5-Minuten-Vorabförderung

A **Infos:**

Die Methode „5-Minuten-Vorabförderung" kann für kurze Förderphasen eingesetzt werden, die keinen oder kaum Vorlauf zur Vorbereitung benötigen – ein wesentlicher Unterschied zur „klassischen" Vorabförderung. Wenn Schüler vor dem Einstieg in eine Unterrichtsphase die Gelegenheit erhalten, sich über ein Thema kurz miteinander auszutauschen bzw. die Chance dazu bekommen, ihre Gedanken, ihr Vorwissen und ihre Einstellung vorab zu überdenken, kann eine Beschäftigung mit einer neuen Thematik ergiebiger sein. Ähnlich positive Effekte werden bei Methoden wie dem Brainstorming oder der Erstellung einer MindMap genutzt, bei denen Schüler ihre Gedanken eingangs spontan äußern oder vorstrukturieren sollen. Bei einer „5-Minuten-Vorabförderung" ist der **Zeitbedarf** allerdings viel **geringer**! Die Lehrerimpulstechnik bei der Vorabförderung (s. u.) ähnelt sehr den Techniken, die beim kooperativen Lernen zur Anwendung kommen. Synergieeffekte sind insofern erzielbar, als Schüler gegenseitig ihre Kenntnisse und Lernstrategien vor der Bearbeitung einer Problemstellung nutzen und abgleichen können.

B **Ablauf:**

Die Methode „5-Minuten-Vorabförderung" kann im Unterricht im Rahmen der Eröffnungsphase eingesetzt werden, nachdem z. B. eine Frage- oder Problemstellung aus dem Unterrichtsgespräch oder beispielsweise durch einen Demonstrationsversuch im naturwissenschaftlichen Unterricht aufgeworfen worden ist. Schüler bringen unterschiedliche Voraussetzungen mit, sich mit einer neuen Problemstellung auseinandersetzen zu können. Um sie nicht zu überfordern und unterschiedliche Lernvoraussetzungen anzugleichen, kann nun in der Form eines steuernden Impulses vom Lehrer die „5-Minuten-Vorabförderung" beginnen. Denkbare Lehrerimpulse sind beispielsweise „*Schätzt gemeinsam ein, über welche Fähigkeiten und Kenntnisse ihr zur Lösung der Problemstellung bereits verfügt! Bespreche dies in den folgenden 5 Minuten kurz mit eurem Nachbarn!*" oder „*Tauscht euch zunächst über bereits von uns besprochene Lösungswege aus und bearbeitet dann erst die Aufgabenstellung!*".

C **Varianten:**

Auch am Schluss einer Unterrichtsstunde kann die „5-Minuten-Vorabförderung" vor eine Reflexionsphase gesetzt werden, um deren Effizienz noch weiter zu steigern. Impulse hierfür z. B.: „*Fühlt ihr euch gut vorbereitet auf die nächste Klassenarbeit? Beurteilt dies zunächst gemeinsam, indem ihr in fünf Minuten darüber sprecht!*" oder „*Überlegt zunächst fünf Minuten gemeinsam, ob sich das heute Gelernte auf andere euch bekannte Zusammenhänge übertragen lässt!*". Insbesondere im Rahmen der Qualitätsanalyse und Schulinspektion wird in vielen Bundesländern intensiv darauf geachtet, ob Schüler einen Unterrichtsgegenstand auf andere neue Situationen übertragen können und über die Grenzen der Übertragbarkeit und Qualität eigener Lernprozesse reflektieren können.

D **Rolle des Lehrers:**

Der Lehrer kann durch kurze verständliche Impulse eine Vorabförderung einleiten. Er sollte diese Vorabförderung aber immer mit einer weiterführenden Aufgabenstellung oder einem Plenumsgespräch kombinieren.

E **Organisatorisches / Schulformen:**

Diese Variante der Vorabförderung eignet sich für alle Schulformen. Sie kann am Anfang oder am Ende einer Stunde sinnvoll eingesetzt werden.

F **Tipps und Tricks:**

Nahezu in jedem Fach lassen sich durch die „5-Minuten-Vorabförderung" bessere Ergebnisse im Bereich der Anwendung von bereits gelernten Methoden sowie im Bereich der Arbeitsorganisation erzielen.
Auch im Englischunterricht können Varianten dieser Vorabförderung hilfreich sein (*five-minute-talks*).

Links:

▷ http://helmut-richter.de/didaktik/impuls.htm (Impulstechniken)

Aktuelle-10-Minuten

A **Infos:**

Bei dieser Methode werden Kenntnisse der Schüler über **aktuelle Nachrichten** und das **Tagesgeschehen** in den Unterricht geholt. Die Schüler bringen das in die Diskussion ein, was sie persönlich aus dem Mediengeschehen verinnerlicht haben, und so werden gezielt Stärken gefördert.
Nicht verstandene Zusammenhänge können schnell aufgearbeitet werden, da die Schüler ihre Fragen viel stärker in den Unterricht einbringen. Die Schwelle, sich im Unterricht zu äußern, wird deutlich herabgesetzt. Das motiviert auch schwächere Schüler. Bei dieser Methode werden viele Schüler gleich zu Unterrichtsbeginn aktiviert.

B **Ablauf:**

Zu Beginn werden Vorschläge für maximal drei aktuelle Themen, die im Moment die Nachrichten dominieren, von den Schülern eingeholt. Möglichst viele Schüler sollten kurz Stellung zu den drei Themen nehmen, die dann anschließend der Reihe nach diskutiert werden. Erfolgt dies zunächst fünf Minuten in Kleingruppen und dann erst fünf Minuten im Plenum, so wird die Wirkung der Schüleraktivierung enorm gesteigert.
Es kann für die aktuellen zehn Minuten ein **Moderator** aus der Klasse bestimmt werden, der die Diskussion leitet. Man kann auch mit einem Rotationsprinzip arbeiten, das jeden Schüler mindestens einmal als Moderator im Verlauf des Schuljahres aktiviert. Die „Aktuellen-10-Minuten“ sind Schülern ein Ansporn, sich über das Tagesgeschehen anhand von Nachrichtensendungen oder Zeitungen zu informieren.

C **Varianten:**

Abhängig vom Interesse der Schüler an einem Thema, kann die Dauer der Phase auch verdoppelt werden. Wird sie regelmäßig eingesetzt, so kann ein anfänglich großer Diskussionsbedarf auch schrittweise in einen gemäßigten Zeitumfang überführt werden. Im Sinne einer effizienten Nutzung der Unterrichtszeit sollte der Lehrer vorher klar den Zeitrahmen vorgeben, damit die Enttäuschung beim Abbrechen der aktuellen Runde bei besonders interessanten Themen etwas abgemildert wird. Auch eine Vertagung der Diskussion auf die nächsten „Aktuellen-10-Minuten“ ist bei großem Interesse der Schüler an einem Thema denkbar.

D **Rolle des Lehrers:**

Der Lehrer sollte natürlich sehr gut vorbereitet sein, um im Plenum offengebliebene Fragen klären zu können. Prinzipiell kann er sich aber, so weit es möglich ist, bei der Diskussion der Nachrichten zurücknehmen und die Diskussion der Schüler verfolgen.

E **Organisatorisches/Schulformen:**

Besonders zur Eröffnung von Doppelstunden (z. B. 90-Minuten-Einheiten) ist diese Methode gut geeignet, da anschließend für den weiteren Unterrichtsablauf ausreichend Zeit zur Verfügung steht. Die „Aktuellen-10-Minuten“ können in allen Jahrgangsstufen und Schulformen eingesetzt werden, weil sie unmittelbar von den Schülern und ihrem Kenntnisstand ausgehen.

F **Tipps und Tricks:**

Aus offengebliebenen Fragen können Impulse für die Weiterarbeit im Unterricht entstehen, zusätzlich eine Motivation für die Vertiefung.
Obwohl das Verfahren relativ bekannt ist, wird es im Unterricht nur in wenigen Fächern häufiger eingesetzt (Politikunterricht, Sozialwissenschaftsunterricht, Religions- und Ethikunterricht). Legitimierbar ist die Methode „Aktuelle-10-Minuten“ auf jeden Fall im Bereich der Vermittlung **kommunikativer und methodischer Kompetenzen**, falls eine inhaltliche Verbindung zum Lehrplan bei aktuellen Themen nicht hergestellt werden kann. Auch im Matheunterricht kann man, wenn aktuelle Zusammenhänge mit Zahlen und Fakten verknüpft werden, die Methode einsetzen.

Unsichtbares Theater

A **Infos:**

Mit einigen Schülern vereinbart man vor der Stunde insgeheim ein „unsichtbares Theater“ (Augusto Boal), das dann als Provokation und Bluff während des Stundenanfanges spielt. Alle anderen wissen von dem Theater nichts und ihre Neugier wird somit geweckt. Die beteiligten Schüler können hierbei individuell in Bezug auf ihre **schauspielerischen, gestischen und mimischen Fähigkeiten** gefördert werden, alle anderen im Hinblick auf ihre analytischen Fähigkeiten.

B **Ablauf:**

Unsichtbares Theater ist immer dann am wirkungsvollsten, wenn es provozierend auf die unfreiwilligen Zuschauer wirkt. Beispielsweise kann ein Konflikt zwischen zwei Schülern vorgetäuscht werden, der in der letzten Pause aufgekommen ist. In dem vorbereitenden Gespräch sollte der Lehrer die Grenzen gegenüber den Schülern deutlich machen, die Wortwahl und Handlungen der Akteure klar einschränken. Der Konflikt wird die Aufmerksamkeit aller Schüler erregen, wenn er besonders dramatisch und unüberhörbar von beiden Schülern vorgetragen wird. Im Anschluss an das unsichtbare Theater der Schüler muss der Lehrer die Situation auflösen und darauf hinweisen, dass es sich um einen gespielten Konflikt handelt. Durch die besonders große Aufmerksamkeit, die die beiden Akteure bekommen, wird eine besonders intensive Auseinandersetzung der Zuhörer mit dem Thema erreicht.

C **Varianten:**

Alle Schüler bilden (reale) Paare und befragen sich über einen imaginären Freund, den der Befragte spontan erfindet. Leitfragen können sein: Wie sieht er aus? Was macht ihn zu einem besonderen Menschen? Was kann er? (Variante: Es kann auch die ganze Klasse einen einzigen Spieler interviewen.) Die Schüler sollten einerseits spannende und konkrete Fragen stellen und andererseits einen Menschen erfinden, den es nicht gibt, der also nur in ihrer Fantasie lebt. Die Schüler spielen eine „Zweierszene“ mit ihrem unsichtbaren Freund nach und reden mit ihm. Sie sollen sich die möglichen Antworten vorstellen und dann reagieren. Zuerst versucht das die ganze Klasse gleichzeitig als Übung. Dann zeigen einzelne Spieler ihre Szenen. Es ist von großer Bedeutung, dass sich die Schüler Zeit lassen (Pausen) und darüber nachdenken, was der andere jetzt gerade zu ihnen sagt. Die Schüler merken schnell, dass auch das Zusehen allein hier sehr spannend sein kann bzw. wenn man einen Dialogpartner von beiden weder zu hören noch zu sehen bekommt.

D **Rolle des Lehrers:**

Der Lehrer wählt geeignete Akteure aus und setzt dem „unsichtbaren Theater“ im Vorfeld die notwendigen Grenzen durch das Treffen von Vereinbarungen mit den beteiligten Schülern, damit es nicht zu unerwünschten Überraschungen kommt.

E **Organisatorisches / Schulformen:**

Das „unsichtbare Theater“ kann bereits im Grundschulalter eingesetzt werden und ist in allen Schulformen durchführbar.

F **Tipps und Tricks:**

Wichtig ist, dass die Schüler aus ihren Rollen entlassen werden und ein für alle deutlicher Übergang erfolgt. Anschließend können der Konflikt und seine Entfaltung mit allen Schülern im Plenum diskutiert und daraus dann z. B. Verhaltensregeln oder andere Lerninhalte im Unterricht entwickelt werden.

Beispiele für unsichtbare Theater sind:
Biologieunterricht (Sexualkunde):
Jugendschwangerschaft wird vorgetäuscht, ein Gespräch zwischen zwei Schülern entfaltet sich. Ein Schüler sollte den Betroffenen spielen. Der andere Schüler könnte die Rolle eines Freundes übernehmen. Anschließend erfolgt nach Auflösung des unsichtbaren Theaters eine Plenumsdiskussion zum Thema.

Politik/Sozialwissenschaften/Religion (Jugendgewalt):
Eine heftige Auseinandersetzung zwischen zwei Schülern wird vorgespielt. Dabei kann es eventuell zu kontrolliertem Schubsen, einem kontrollierten Gerangel oder einem energischen verbalen Schlagabtausch kommen. Im Anschluss können Möglichkeiten zur Gewaltprävention oder Handlungsalternativen im Plenum diskutiert werden.

Musikunterricht:
Zwei Schüler stellen sich vorne im Klassenraum auf und spielen pantomimisch auf unterschiedlichen Instrumenten zu einem Musikstück, das vom Lehrer über einen CD-Player oder iPod abgespielt wird. Nach dem unsichtbaren Theater kann thematisiert werden, welche Instrumente von den Schülern gespielt wurden und um was für ein Stück es sich genau handelt. Entscheidend ist hierbei, dass die Schüler vorher geübt haben und ihren Einsatz genau kennen. Idealerweise wird die Pantomime mithilfe von Schülern organisiert, die das Instrument tatsächlich spielen. Es geht aber oft auch ohne diese Fähigkeit, wenn die Schüler zuvor einen Tipp bekommen, wie das Instrument aussieht und gespielt wird.

Links:

▷ http://www.tdj.at/ThPaed/Material.html (Material zum unsichtbaren Theater)

Sammeln und Sortieren

A **Infos:**

Am Anfang einer Unterrichtsstunde können bei dieser Methode z. B. in Form einer MindMap oder mittels einer Kartenabfrage die wichtigsten Aspekte eines Themas gesammelt und sortiert werden.
Während beim Sortieren die Fähigkeit der Schüler, Kategorien zu bilden und anzuwenden, gefördert wird, geht es beim Sammeln um die Assoziationsfähigkeit. Schüler, die bei solchen Übungen bekanntermaßen schwächer abschneiden, können unterschiedlich anspruchsvolle Sortier- und Sammelaufgaben erhalten. Die Ergebnisse der aktiven Phase sollten im Anschluss die Grundlage für das weitere Unterrichtsgeschehen bilden oder wenigstens einen Anstoß zum Weiterdenken bieten.

B **Ablauf:**

Zu einem Oberthema oder -begriff sammeln die Schüler Ideen und Gedanken, die dann im Anschluss nach selbst erarbeiteten oder vorgegebenen Kategorien sortiert werden.

C **Varianten:**

Das organisierte Sammeln und Sortieren von Aspekten zu einem Thema lässt sich beispielsweise durch folgende Verfahren realisieren:

- ▷ **Kartenabfrage:** Sammeln von Ideen und Gedanken auf Pappkarten, die dann vor dem Plenum nach Oberbegriffen strukturiert und sortiert werden; Doppelungen können hierbei aussortiert werden.
- ▷ **Mindmap:** Um einen zentralen Begriff herum werden sternförmig andere Unterbegriffe angeordnet, zu denen wiederum neue Unterbegriffe gesucht werden können.

D **Rolle des Lehrers:**

Beim Sammeln bedarf es häufig einiger Impulse des Lehrers, beim Sortieren arbeiten die Schüler entsprechend einer konkreten Arbeitsanweisung sehr selbstständig.

E **Organisatorisches / Schulformen:**

Die Methode ist in allen Schulformen anwendbar. Notwendige Materialien müssen vorhanden sein: Stifte, Pappkarten, eine Präsentationsfläche (z. B. Flipchart, Stellfläche o. Ä.).

F **Tipps und Tricks:**

Sollen verschiedene Aspekte eines Themas in Gruppen gesammelt und sortiert werden, verwendet man am besten unterschiedlich gefärbte Pappkarten, damit später eine gute optische Trennung unterschiedlicher Bereiche erzielt werden kann.

5.3 INSTRUMENTE ZUR BINNENDIFFERENZIERUNG (*Karin Kress*)

▶ **„Was ist das überhaupt? Machen wir das nicht sowieso jeden Tag?"**

Binnendifferenzierung oder innere Differenzierung steht zunächst für alle Maßnahmen, die es möglich machen, innerhalb einer Lerngruppe mit den vielfältigen Unterschieden der Schüler umzugehen. Ihr Gegenteil, die äußere Differenzierung, betrifft Maßnahmen, bei denen Gruppen, z. B. bezogen auf den Leistungsstand, neu zusammengesetzt werden.

Insofern findet Binnendifferenzierung tatsächlich im Unterricht immer schon statt, wenn Sie Gruppen an unterschiedlichen Aspekten eines Themas arbeiten lassen, ihnen unterschiedliche Zugangsmedien anbieten (einen Text, die Internetrecherche, das Durchführen eines Interviews) oder die Gruppen zwischen verschiedenen Präsentationsformen ihrer Arbeitsergebnisse wählen können (ein Plakat gestalten, einen Vortrag halten, einen Text schreiben, eine Szene nachspielen).

Sie können bei der Planung Ihres Unterrichts nach allen Merkmalen differenzieren, in denen sich Ihre Schüler unterscheiden. Jede Arbeitsform, die Sie wählen, kommt immer schon unterschiedlichen Talenten von Schülern entgegen. Das fragend-entwickelnde Unterrichtsgespräch z. B. ist eine Arbeitsform, in der Schüler ihre verbal-kognitiven Stärken einbringen können. Wer dagegen viel Bewegung braucht, kann sich in längeren Klassengesprächen schlechter konzentrieren. In Projektarbeiten können sich diejenigen gut einbringen, die besser lernen, wenn sie ein Problem ganzheitlich angehen können, Schüler denen planvolles Handeln schwerfällt, verzetteln sich dagegen schnell. Es gibt keine Methode, die allen Schülern gleichermaßen gerecht wird. Binnendifferenzierung heißt, solche verdeckten Nachteile durch unterschiedliche Arbeitsformen auszugleichen.

▶ **„Wie soll ich das auch noch schaffen? Ich komme ja so schon kaum hinterher." – gelenkte und natürliche Differenzierung**

Das heißt aber nicht, dass Sie ab jetzt 24 verschiedene Arbeitsformen im Unterricht im Griff behalten müssen. **Hilfe zur Selbsthilfe** heißt, dass die Schüler mehr Verantwortung für ihren eigenen Lernprozess übernehmen sollen. So können Sie als Lehrer flexibler Ihrer Rolle als Unterstützer der Schüler gerecht werden. Selbstständigkeit muss aber zuerst gelernt werden. Was tun, wenn die Schüler diese wichtige Voraussetzung einfach noch nicht mitbringen? Viele der im Folgenden vorgestellten Methoden sind so ausgerichtet, dass sie aus ihrer inneren Struktur den Schülern **Orientierung** bei zunächst begrenzten Wahlmöglichkeiten geben. Dadurch erhalten Sie als Lehrer Freiräume, um individuell auf einzelne Schüler einzugehen.

Es gibt zwei Varianten der Binnendifferenzierung, die Ihnen dabei behilflich sein können: die **gelenkte Differenzierung** und die **natürliche Differenzierung**. Dahinter verbergen sich zwei unterschiedliche Formen von Aufgabenstellungen. Erkennt der Lehrer, dass ein Kind noch Schwierigkeiten in einem Bereich hat und gibt ihm ein Arbeitsblatt an die Hand, um dieses Problem gezielt anzugehen, spricht man von gelenkter Differenzierung. Ihr liegen **zwei Prämissen** zugrunde:

1. Der Lehrer weiß, wo beim Schüler die Verständnislücke liegt (Diagnostik), und
2. der Lehrer hat genau für dieses Problem die richtige Aufgabe.

Ein Arbeitsauftrag nach dem Prinzip der natürlichen Differenzierung ist dagegen so ausgerichtet, dass er verschiedene **Varianten der Bearbeitung** zulässt und Schüler diejenige wählen, die ihnen die nächstliegende erscheint. Solche **offenen Aufgaben** (s. Infokasten „Mini-Varianten für offene Aufgabenstellung") heißen nicht, dass der Schüler über seinen Leistungsstand besser Bescheid weiß als der Lehrer. Es wird sogar eher umgekehrt ein Schuh draus: An der **Wahl und Gestaltung des Lösungswegs** zeigt sich häufig erst, wo genau das Problem eines Schülers oder einer Schülerin liegt:

- ▷ Welche Lernstrategien kommen zur Anwendung?
- ▷ Welche Regeln werden befolgt?
- ▷ Welche (vielleicht irreführenden) Assoziationen zu früheren Lerninhalten hat der Schüler?

Diese Informationen kommen bei einer geschlossenen Aufgabenstellung, bei der die Schrittfolge in der Bearbeitung festgelegt ist, meist nicht zustande. Im schlimmsten Fall unterfordern sie den Schüler sogar, worauf auch leistungsschwache Schüler frustriert reagieren, weil ihre Annahme bestätigt wird, dass man ihnen so gar nichts zutraut. Die Kunst der Binnendifferenzierung besteht darin, gelenkte und natürliche Differenzierung sinnvoll zu kombinieren. Gelenktes und didaktisch-geplantes Vorgehen bilden dabei die notwendige Klammer, damit die Wahl der Schüler nicht in Beliebigkeit und Unproduktivität ausartet. Die Varianten der natürlichen Differenzierung erleichtern Ihnen aber die Arbeit, weil Sie nicht für jeden Schüler zunächst aufwendige Diagnoseverfahren durchführen müssen.

MINI-VARIANTEN FÜR OFFENE AUFGABENSTELLUNG

Vor allem im Mathematikunterricht gibt es Lehrwerke und Materialien, die sehr aufwendige Aufgabenstellungen bereithalten, um das problemlösende Denken zu fördern. Offenen Aufgaben ist gemeinsam, dass sie *nicht* einen Lösungs- oder Bearbeitungsweg festschreiben und deswegen verschiedene Lerntempi und Niveaustufen zulassen. Hier ein paar Beispiele für Mini-Anweisungen zur natürlichen Differenzierung:

▷ Arbeitet 10 Minuten lang mit der Vokabelkartei/Rechtschreibkartei.
▷ Rechnet 8 Minuten lang Aufgaben auf Seite 52.
▷ Schreibt in den nächsten vier Minuten alle Stichworte auf, die ihr zur DNA kennt.
▷ Beschriftet das folgende Schaubild (Arbeitsblatt ohne Linien oder Pfeile) mit den Begriffen, die ihr kennt.
▷ Sucht in der nächsten viertel Stunde zuerst die 20 wichtigsten Begriffe aus dem Text, reduziert diese auf zehn und wählt, wenn noch Zeit ist, schließlich die wichtigsten drei Begriffe.
▷ Erfinde selbst Aufgaben wie in Beispiel 6.
▷ Stellt fünf Kriterien auf, die ihr bei eurem Vortrag berücksichtigen wollt.
▷ Entwerft einen Notizzettel, worauf eure Zuhörer während eures Vortrags besonders achten sollen. Wozu möchtet ihr gerne eine Rückmeldung haben?
▷ Erfindet eine Geschichte, wie es zu folgender Situation gekommen sein kann …
▷ Schau dir die Aufgabe genau an. Welche Fehler können beim Rechnen passieren? Worauf musst du aufpassen?

▶ **„Nach welchen Kriterien ist eine Differenzierung sinnvoll?"**

Für die individuelle Förderung drängen sich besonders zwei Kriterien in den Vordergrund: eine Differenzierung nach dem **Leistungsstand** der Schüler und ihrem individuellen **Lerntempo**. Letzteres heißt nichts anderes, als dass alle Schüler unter gleicher Anstrengung arbeiten, also nicht die leistungsschwächeren Schüler deutlich mehr belastet werden, weil sie bei höherer Anstrengung für eine Aufgabe auch noch länger brauchen, während die leistungsstärkeren Schüler sich schneller ausruhen können und dabei hinter ihren Möglichkeiten zurückbleiben (s. Tipp „Konstruktive Lernatmosphäre").

Diese zwei zentralen Kriterien werden flankiert von drei weiteren, sodass insgesamt fünf Kriterien der Binnendifferenzierung für die individuelle Förderung relevant werden:

▷ **Neigungs- oder Interessendifferenzierung**
▷ **Leistungsstand** (inkl. Vorwissen und Fähigkeiten)
▷ **Lerntempo**
▷ **Lernkanäle**
▷ **Rollendifferenzierung**

Interessen haben häufig mit dem zu tun, womit ich mich sicher fühle, aber auch, was mich besonders motiviert. Kombiniert mit offenen Aufgabenstellungen ist die Neigungsdifferenzierung also ein wichtiges Instrument, um auf der Basis bereits vorhandener Stärken an der Behebung von Defiziten zu arbeiten.

Die Differenzierung nach Lernkanälen bezieht sich auf verschiedene Zugangsmedien des Lernens, also ob ich mehr behalte, wenn ich etwas sehe, höre, selbst tue oder anderen erkläre, nachmache oder mir selbst erarbeite. Die meisten Schüler sind Mischtypen, eine eindeutige Zuordnung lässt sich meist nicht zweifelsfrei feststellen. Das Ansprechen unterschiedlicher Lernkanäle ist aber auch für das ganzheitliche Lernen wichtig (vgl. Stationenslauf) und erhöht für alle Schüler die Behaltensleistung. Bei offenen Arrangements wählen die Schüler häufig von sich aus diejenigen, die für Sie besonders ansprechend und damit auch passend sind.

Die Rollendifferenzierung bezieht sich vor allem auf eine feste Aufgabenvergabe z. B. während der Gruppenarbeitsphasen (vgl. Kap. 5.5 Kooperative Lernformen nutzen), dazu gehören aber auch Klassenämter, die das soziale Miteinander stärken, oder die Vereinbarungen von Helfersystemen.

KONSTRUKTIVE LERNATMOSPHÄRE DURCH BINNENDIFFERENZIERUNG

Gerade in Übungs- und Wiederholungssequenzen, die für die individuelle Förderung so wichtig sind, wirkt sich die Binnendifferenzierung nach oben positiv auf eine gesamte Lerngruppe aus. Bestimmt kennen Sie auch Situationen, in denen sich auch leistungsschwächere Schüler dem Unmut der anderen angeschlossen haben, wie langweilig es ist, „immer das Gleiche" zu machen. Vor allem leistungsschwache Schüler lassen sich davon in ihrer Arbeitshaltung schnell runterziehen und erledigen ihre Übungen nur pro forma. Arbeiten die leistungsstärkeren Schüler jedoch produktiv an „ihren" Aufgaben, erhöht das die Konzentration für die ganze Klasse und auch für Sie als Lehrer.

- **„Sollten die Schüler durch die Differenzierung an ihren starken Seiten arbeiten können oder Anlässe erhalten, ihre Schwächen anzugehen?" – Stärken nutzen, um Schwächen abzubauen**

Als Orientierung bei dieser Frage kann man sich an die Regel halten: **Stärken nutzen, um Schwächen abzubauen.** Stärken oder Schwächen sollten also nicht isoliert angesprochen werden.

Fähigkeiten und Stärken sind auch den Schülern selbst meist nicht bewusst genug (vgl. Kap. 5.4 Lernreflexion), weil Stärken im Schulalltag keine Probleme bereiten und die Schüler deswegen auch selten auf sie hingewiesen werden. Die Folge ist oft allgemeine Ratlosigkeit bei Schülern und Lehrern, weil man sich so die Chance nimmt, herauszufinden, womit Schwächen und Defizite aufgeholt werden können. Nehmen wir an, ein Schüler erhält die Aufgabe, wegen seiner musisch-künstlerischen Stärken ein Plakat als Ergebnispräsentation zu erstellen. Weiß man, dass der Schüler große Schwierigkeiten in der Rechtschreibung hat, neigt man dazu, einem anderen Schüler die Rechtschreibprüfung zu übergeben. So funktioniert im Übrigen auch die Gruppendynamik, wenn Sie nicht eingreifen: Wahrscheinlich wird ein anderer Schüler sagen: „Lass, ich mach das schnell." Der rechtschreibschwache Schüler wird dadurch nicht nur einer Chance beraubt, Strategien zur Rechtschreibprüfung anzuwenden, die er vielleicht kennt, aber selten trainiert, er wird auch in der Verantwortung für seine eigentliche Aufgabe zurückgesetzt. Er erfährt einmal mehr: Was ich kann, zählt nicht so viel wie das, was ich nicht kann. Sie werden im Einzelfall gute Gründe haben, wie Sie Aufgaben und Rollen im Schulalltag verteilen, ob Sie Gruppen heterogen oder homogen zusammensetzen. Wenn es um die individuelle Förderung geht, sollten Sie dies gezielt tun und nicht Stoff- und Zeitdruck die Regie überlassen. Auch die Schüler müssen erst lernen und immer wieder trainieren, dass Unterstützung nicht heißt, sich gegenseitig Probleme abzunehmen, sondern sich sinnvoll zu ergänzen, Einzelziele und Gruppenziele jeweils neu auszuhandeln. Im Vordergrund steht dabei der Lernanlass – nicht die Perfektion des Ergebnisses. Gerade deswegen ist es wichtig, den Fokus durch gezielte Reflexionsanlässe umzustellen. Die Frage „Was haben wir geschafft?" wird wesentlich ergänzt durch die Frage „Wie sind wir vorgegangen?".

- **„Werden schwache Schüler nicht zusätzlich stigmatisiert, wenn sie bezogen auf ihre Schwächen Aufgaben und Rollen zugewiesen bekommen?" – solidarische Lernkultur pflegen**

Spätestens mit dieser Frage sind wir beim Stichwort **Lernkultur** angekommen. Das Problem der Stigmatisierung wird in Fortbildungen zur individuellen Förderung heiß diskutiert und bleibt wahrscheinlich ein Dauerbrenner. Dahinter steckt eine Annahme, die in vielen Schulen traurige Realität ist: Über Schwächen und Fehler kann man nicht offen reden. Die Schüler versuchen, sich mit Tricks durchzuschlagen, auch wenn die eigentliche Arbeit viel einfacher wäre, als das oft abenteuerliche Kaschieren ihrer Defizite.

Auf dieser Grundlage können Schüler keine Strategien entwickeln, um mit Schwächen umzugehen. Sie lernen nicht, dass man nicht perfekt sein muss, um Wertschätzung und Anerkennung zu erfahren, dass jeder tut, was er kann und wenn möglich bekommt, was er braucht. Die Schüler erfahren sich dadurch auch selten in ihrer **Problemlösekompetenz** und können nicht gezielt daran arbeiten.

Sie werden immer Schüler in Ihrer Klasse haben, die es gemein finden, wenn sie Schwächen offen ansprechen. Bleiben Sie gelassen bei diesen Reaktionen. Die Schüler werden schnell merken, dass Sie Ihr Unterstützungsangebot ernst meinen und sie nicht bloßstellen wollen. Für gute wie schwache Schüler gilt die Devise: Du kannst schon viel, und bei dem, was als Nächstes kommt, unterstützen wir dich.

Gerade das Image des klugen Alleskönners ist auch für gute Schüler ein Hemmschuh. Sie leisten zwar viel, haben aber trotzdem das Gefühl, immer noch nicht gut genug zu sein. Da ist es nur ein kleiner Schritt, in die Verweigerungshaltung zu verfallen, wenn mal etwas nicht auf Anhieb klappt.

„Geht die Schere durch die Binnendifferenzierung nicht noch weiter auseinander? Am Ende sollen doch alle wieder die gleiche Prüfung ablegen.“ – Binnendifferenzierung und zentrale Prüfungen

Wahrscheinlich müssen wir uns von der Idee verabschieden, dass Lernen – wenn es auch als Fortschritt gedacht wird – linear verläuft. Differenzierung heißt nicht, nur auf das Lerntempo zu achten, schnelle Schüler also noch schneller zu machen, während ohnehin langsame Lerner durch die Arbeit an früheren Defiziten beim Lernen des neuen Stoffes noch langsamer werden.

Es ist für Schulen oft schwer, zu entscheiden, ob ihr schulinternes Förderkonzept darauf ausgerichtet sein soll, dass die Schüler frühere Lerninhalte „doch noch“ lernen oder auf die nächste Klassenarbeit so vorbereitet werden, dass ihr Abschluss nicht gefährdet wird. Im besten Fall sind die Fördermaßnahmen eine Kombination von beidem, aber meistens reichen die knappen Ressourcen immer nur für die Minimalvarianten.

Im Unterricht kann ihnen niemand diese Entscheidung abnehmen. **Förderung muss zielgerichtet sein** – und das heißt aus Sicht der Schüler, dass sie ihre Note verbessern wollen. Wenn Sie der Meinung sind, Schüler sollten vor allem „fürs Leben“ lernen, brauchen Sie sich um das Auseinandergehen der Schere keine Sorgen zu machen, Schüler verlassen schließlich auch ohne individuelle Fördermaßnahmen die Schule mit sehr unterschiedlichen Wissensinhalten. Wenn Ihnen der Notendruck trotzdem im Nacken sitzt, können Sie sich damit trösten, dass unser Schulsystem sehr wohl eine Differenzierung bei Prüfungen vorsieht, nämlich darin, ob jemand eine Prüfung mit sehr gut, gut, befriedigend oder mangelhaft ablegt. (Das dreigliedrige Schulsystem bietet – wenn auch eine sehr kontrovers diskutierte – weitere Variante der Differenzierung bei den Abschlussleistungen.) Es müssen also nicht alle am Schluss über die gleiche Hürde springen.

Man kann einen Test zur Französischen Revolution mit viel oder wenig Detailwissen schreiben, eine Mathearbeit mit längeren oder kürzeren Rechenwegen lösen, von fünf Aufgabentypen drei beherrschen, eine Englischarbeit mit abwechslungsreichen oder beschränkten sprachlichen Mitteln bewältigen usw.

Binnendifferenzierung arbeitet also immer mit Maßstäben, die ohnehin im Schulsystem verankert sind. Erfolge können daher ganz unterschiedlich aussehen (vgl. **Abb. 8** Treppe):

- Ein Schüler, der mit Mathematik eigentlich abgeschlossen hat, schaut sich die Aufgaben zuerst an, rechnet eine richtig, fünf falsch und bekommt eine Fünf statt einer Sechs, wenn er das Blatt leer abgegeben hätte.
- Eine Schülerin verbessert ihren Fehlerquotienten, indem sie sich auf die Vokabeln konzentriert, deren Bildung sie sicher beherrscht, statt wirr ihre Gedanken vom Deutschen ins Englische zu übersetzen.
- Ein Schüler entscheidet sich, angebotene Hilfsmittel in der Arbeit zu verwenden. Dadurch wird seine Note zwar runtergesetzt, aber er erreicht immerhin eine Drei statt einer Fünf.
- Eine Schülerin hat das Prinzip bei der Bildung der indirekten Rede verstanden. Weil ihr die Zeit zur Übung fehlte (stattdessen brauchte sie Zeit für eine weitere Erklärung), macht sie noch zu viele Fehler in der Grammatikarbeit, dafür wird sie aber die Regel nicht nur kurzfristig schematisch anwenden (und dadurch immer noch eine nur mittelmäßige Grammatikarbeit geschrieben haben), sondern beim Thema „Erörterung“ den Unterschied zwischen einer Paraphrase und einem Zitat verstehen.

Bei der Binnendifferenzierung geht es also sehr wohl darum, die Schüler jeweils auf ihrem Leistungsniveau weiterzubringen – im Mindesten aber geht es darum, dass die Schere nicht noch weiter auseinandergeht.

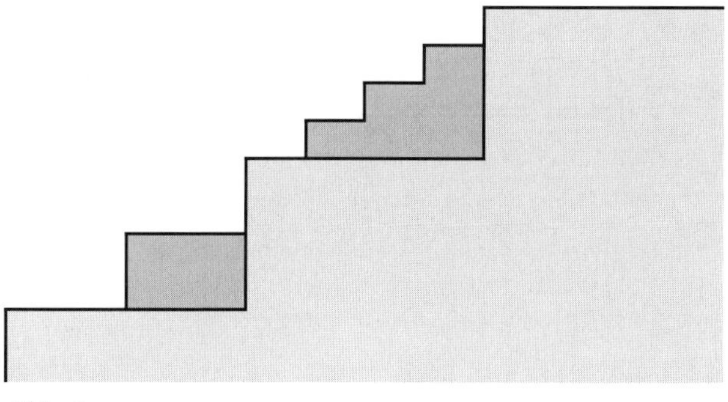

Abb. 8

Arbeitserleichterung – **Lernen an Stationen**

A Idee zur IF:

Lehrern fällt zur Methode „Lernen an Stationen“ vor allem aufwendige Unterrichtsvorbereitung ein, weil Stationen zu mehreren **Lernkanälen** aufgebaut werden oder die Stationen nur aus einer Abfolge von kopierintensiven Arbeitsblättern bestehen. Die Vorteile werden meist nicht bestritten: Der Mehraufwand in der Vorbereitung wird durch eine **effektivere** und oft auch **entspanntere Arbeitsweise** im Unterricht belohnt. Wenn durch den Stationenlauf nicht zu viele Effekte auf einmal angestrebt werden, lässt sich jedoch auch der Arbeitsaufwand im Vorhinein vergleichsweise gering halten (vgl. Varianten). Das „Lernen an Stationen“ ist dabei ein gutes Instrument, um natürliche und gelenkte Differenzierung zu kombinieren. Schnellere Schüler erhalten durch Wahlaufgaben **sinnvolle Anregungen zur Weiterarbeit**, wenn sie die Pflichtaufgaben fertig haben. Der Wahlbereich lässt sich jedoch auch nutzen, um **Übungsaufgaben** zu integrieren, die nur noch ein Teil der Schüler braucht.
Der große Vorteil des Stationenlaufs ist die ganz selbstverständliche Integration von **Einzelgesprächen** zwischen Lehrern und Schülern. In Einzelarbeitsphasen würden solche Nebengespräche die anderen ruhig arbeitenden Schüler neugierig machen und ablenken, in Gruppenarbeitsphasen sprechen Sie immer zur ganzen Kleingruppe oder müssten den einzelnen Schüler gezielt aus dem Arbeitsprozess herausnehmen. Insofern wirkt die Nutzung des Stationenlaufs vor allem auch einer Stigmatisierung der leistungsschwächeren Schüler entgegen.

B Ablauf:

Wie beim Zirkeltraining im Sportunterricht werden verschiedene Stationen im Klassenraum verteilt, die die Schüler i. d. R. in **selbstgewählter Reihenfolge** abarbeiten (vgl. Variante feste Reihenfolge). Anhand eines **Laufplans** (vgl. **KV 43** im Anhang S. 172 und auf der CD) haken die Schüler diejenigen Stationen ab, die sie bearbeitet haben. Gleichzeitig haben sie so eine Übersicht an der Hand, aus welchen Stationen der Stationenlauf besteht. Mithilfe des Laufplans können auch Arbeitsaufträge integriert werden, die sich z. B. auf das Schulbuch beziehen und also nicht als sichtbare Station ausgestellt sind.
Die Ergebnisse können anhand von **Selbstkontrollen** verbessert werden (s. hierzu auch Infokasten „Varianten der Selbstkorrektur“). In Einzelfällen kann als Ergebnis auch eine Mappe stehen, die vom Lehrer korrigiert wird.

C Varianten:

1. Übungsstationenlauf:
Nutzen Sie den Laufzettel des Stationenlaufs z. B., um eine binnendifferenzierte Übungssequenz in einer Doppelstunde anzuleiten. Zur Auswahl stehen z. B. sieben verschiedene Themenbereiche, die vor der Klassenarbeit noch geübt werden können, die Schüler sollen davon wenigstens fünf bearbeiten (vgl. **Abb. 9** Wortarten-Würfel S. 75 und **KV 44** im Anhang S. 173 und auf der CD).

2. Feste Reihenfolge vorgeben:
Wenn die Inhalte aufeinander aufbauen, müssen die Stationen nummeriert sein (wenn nicht, ist eine Nummerierung sogar eher hinderlich) und in der vorgegebenen Reihenfolge abgearbeitet werden. Diese Variante kollidiert allerdings mit der Differenzierung nach Lerntempo, wenn die Schüler – damit kein „Stau“ entsteht – gleichzeitig die Stationen wechseln müssen. Abhilfe schafft in diesen Fällen, wenn Sie die Stationen in zweifacher Ausfertigung aufstellen.

3. Schüler selbst Stationen ausdenken lassen:
Eine gute vertiefende Übung ist der Auftrag, sich selbst Stationen auszudenken zu einem übergeordneten Thema. Die Schüler durchschauen so nicht nur den Sinn und Zweck der Methode, sie haben auch einen natürlichen Anlass, um über ihre Lerntechniken nachzudenken.

4. Der Lehrer als „Station“:
Der Stationenlauf eignet sich auch, um Stationen zu schaffen, in denen Sie jeweils wenigen Schülern auf einmal ein neues Thema erklären. Sie bilden an einem der Tische sozusagen selbst eine Station. Den Schülern, die zu Ihnen kommen, erklären Sie die neuen Inhalte oder können sich Lernaspekte noch einmal zusammenfassen lassen, um zu sehen, ob die Schüler alles verstanden haben. Die Schüler können so direkt Rückfragen stellen, Missverständnisse verfestigen sich gar nicht erst. Auch Lese- oder Aussprachetrainings lassen sich auf diese Weise gut durchführen. Diese Vorteile müssen allerdings gegen Ihre sonstige Rolle bei der Unterstützung im Arbeitsprozess der Schüler abgewogen werden.

5. Schwierigkeitsgrade der Stationen mit ausweisen:
In manchen Lerngruppen kann es hilfreich sein, unterschiedliche Schwierigkeitsgrade bereits zu kennzeichnen (schwer, mittelschwer, leicht). Interessanterweise ist dies aber eher mit schon geübten Lernern zu empfehlen, da die gelenkte Niveaueinstufung in erster Linie das Selbstverständnis der Schüler anspricht. Schüler mit schlechtem Selbstbewusstsein werden also eher die leichteren Aufgaben wählen, andere immer die schwierigeren, weil sie ihre Schwächen nicht zugeben wollen. Formulieren Sie zusätzliche Niveauunterscheidungen daher besser als **gestufte Hilfen**. Die Schüler beginnen mit den „mittelschweren Aufgaben“, wenn sie nicht zurechtkommen, können sie auf diese Hilfen zurückgreifen, letztlich also zuerst die leichteren Aufgaben bearbeiten. Zusatzaufgaben für besonders pfiffige Schüler geben Sie stattdessen besser in den Wahlbereich.

D Rolle des Lehrers:

Materialauswahl und -anordnung; Hilfe bei der Bearbeitung während des Stationenlaufs; Lernberatung; gemeinsame Reflexion des Vorgehens am Ende

E Organisatorisches / Schulformen:

Auf- und Abbaupläne für die Schüler können helfen, wenn die Materialien nicht in der Klasse aufgebaut stehen gelassen werden können.
Ein wichtiger **organisatorischer Vorteil** der Methode ist, dass die Schüler nacheinander an Materialien arbeiten können, die nicht (oder nicht mehr) im Klassensatz zur Verfügung stehen. So reicht es bspw. wenn Sie ein PC-Lernprogramm nur auf einem für diese Unterrichtssequenz zur Verfügung stehenden Laptop als Station einrichten.

F Tipps und Tricks:

1. Nutzen Sie bereits vorhandene Materialien. So wie Sie angebotene Stationsmaterialien von den Schulbuchverlagen als „normale" Arbeitsblätter einsetzen können, lassen sich Hinweise zu Aufgaben im **Schulbuch** nutzen, Besteck und Geschirr im Fremdsprachenunterricht als Impuls, um Sätze und freie Texte zu formulieren, Kataloge zum Anfertigen einer Collage bei der Einführung neuer Wortfelder, Arbeitsaufträge zum Vokabellernen in Partnerarbeit usw.

2. Der Stationenlauf hat sein großes Plus in der **Nutzung einer räumlichen Aufteilung**. So lässt sich die Konzentration in einer Partnerarbeit steigern, wenn zwei Stühle als Station schon mit „Blick" zur Wand bereitstehen. Um gleichzeitig Kommunikation zu fördern und die Lautstärke zu senken, stellen Sie die Stühle so, dass die Schüler die Knie nicht voreinander, sondern seitlich aneinander vorbeistellen (s. **Abb. 10**). Durch den verkürzten Abstand sprechen die Schüler automatisch leiser.

Abb. 10

Links:

▷ http://www.learnline.nrw.de/angebote/gemeinsamerunterricht/unterricht/stationen.html (GS Einführung von Qu/qu)
▷ http://www.th.schule.de/gth/rswhsn/mathe.htm (Mathematik)
▷ http://home2.vr-web.de/~kroll.schiebel/beisplz.htm (Biologie)
▷ http://www.physik.uni-wuerzburg.de/~wilhelm/klausur/Beispiel%20Stationenlernen.pdf (Physik)

Laufzettel
Doppelstunde – Übungsstationen Wortarten

Name: ______________________ Datum: ____________

Station	Wahl/ Pflicht	Sozial-form	Korrektur?	✔	Wie bist du zurecht-gekommen?
Strichliste: Schau Deine Hausaufgaben und Übungsblätter durch. Trage ein, welche Wortarten du gut erkennst und bei welchen du häufig Fehler gemacht hast.	W	EA	–		
Wortarten-Würfel: Bilde 10 Sätze mit dem Wortarten-Würfel. Markiere die gewürfelten Wortarten in deinen Sätzen.	P	EA/ PA	Vergleich mit der Beispiel-liste; Partner-kontrolle		
Klammerkarten: Ordne die Wortarten zu. Schreibe auf, welche Wortarten du sicher beherrscht und welche du noch üben musst.	P	EA	Selbst-kontrolle		
Wiederholung im Tandem: Erkläre einem Partner den Unterschied zwischen zwei Wortarten, die du häufig verwechselst. Kommt zu mir, wenn ihr unsicher seid.	P	PA	Partner		
Arbeitsblatt Aufgaben 1–2	P	EA	Lösungsblatt		
Arbeitsblatt Aufgaben 3–5	W	EA oder PA	Lösungsblatt		
Lernprogramm am PC: Ordne die Wortarten am PC zu.	W	EA	PC		
Lehrer-Schüler-Gespräch: Komm mit zwei anderen Schülern zu mir an den Tisch zur Besprechung. Bring deine Unterlagen mit. Jede Gruppe hat 10 Minuten.	P		–		

Stationenlauf Wortarten

Abb. 9

Beispiele zum Einsatz des Wochenplans in der Sekundarstufe:

(Methode vgl. S. 78–79)

Hausaufgaben-Wochenplan **Lehrwerk: Green Line 2 (Klett)**

Wochenplan von: 16.03. bis 20.03.2009 Name: N.N.

Fach/Fächer: Englisch Sprechzeiten für Rückfragen: Di/Do 3. Std.

Aufgaben:	**Wahl/ Pflicht?**	**Mit wem?**	**Wann? Wie oft?**	✔
Read p. 40 *The Green Village snack bar.* Learn the vocabulary (p. 171 f.).[1] Write 10 long sentences with these new words/ expressions. p. 40 ex. 8, p. 41 ex. 9 (*some, any* and their compounds)	Pflicht Pflicht Pflicht	EA EA EA	mehrfach 1× 1×	
Write a polite dialogue in a café (customers and waiter/waitress) Use the USEFUL PHRASES from the yellow box (p. 41)	Pflicht	EA	1×	
Rewrite your dialogue for a role play. *Do not forget to write down what the customer/ waiter does while talking!*	Pflicht	EA	1×	
The Green Village snack bar menu (What's on the menu?)[2]	Wahl	EA	1×	
Prepare to act the café dialogue with your partner. Take turns to play the waiter/waitress und customers. *Your presentation: on Tuesday next week*	Wahl	PA	mehrfach lesen/ spielen	
Individuelle Aufgabe: revision: vocabulary: laying the table (Unit 1) Make a shopping list for next weekend [3]	Pflicht	EA	1×	

1) Vokabeln lernen: auf Karteikarten oder ins Vokabelheft schreiben, lernen, Selbstkontrolle wie vereinbart, Wiederholung wie vereinbart
2) Menu für das Portfolio
2) Shopping list für das Portfolio

Hausaufgabenwochenplan

Wochenplan zur Vorbereitung der 1. Mathematik-Klausur in der 11.2

Wochenplan von: Mo, 16.03.2009 bis So, 22.03.2009 Name:

Fach/Fächer: Sprechzeiten für Rückfragen:

Hinweise – Klausurinhalte:

⇒ Kurvendiskussion bei ganzrationalen Funktionen (u. a. Nullstellen, Symmetrie, Verhalten gegen ∞)
⇒ Polynomdivision
⇒ Differenzenquotienten; Grenzwerte
⇒ Berechnung der Ableitung für einen beliebigen x-Wert x_0

Aufgaben:	**Wahl/ Pflicht?**	**Mit wem?**	**Wann? Wie oft?**	✔
1) S. 103 Nr. 6 Führe die Untersuchung an den Graphen durch. Beachte Nullstellen, Symmetrie und Ähnliches.	Pflicht	EA	*Montag*	✔
2) S. 110 Nr. 3 Berechne die Grenzwerte mithilfe der Tabellen.	Pflicht	EA	*Dienstag*	✔
3) S. 112 Nr. 2 + 3 Untersuche die Funktionen an der Stelle x_0 auf Differenzierbarkeit.	Pflicht	PA	*Donnerstag*	✔
4) Definitionen (nach Heft)	Wahl	EA	Mo, Di, Do	✔
Individuelle Aufgabe: Übe Polynomdivision.	Pflicht	EA	Mo, Di, Do	✔

Kommentiere bitte deine Arbeit an den Aufgaben:

	Aufgabe 1	**Aufgabe 2**	**Aufgabe 3**	**Aufgabe 4**	**Indiv. Aufgabe**
Ich habe die Aufgabenstellung gut/ nicht so gut verstanden.	*Gut verstanden*	*Ansatz gut gefunden, Fortführung nur mit Hilfe*	*Zunächst Aufgabenstellung nicht verstanden, doch mit Hilfe schon.*	*Gut verstanden*	*Gut verstanden*
Ich bin mit meiner Arbeitsweise zufrieden/unzufrieden, weil …	*Zufrieden*	*Zufrieden, denn trotz anfänglicher Schwierigkeiten fortgeführt*	*Zufrieden*		*Nach Erklärungen von Klassenkameraden besser*
Ich brauche noch Übung./Ich fühle mich in dem Thema sicher.	*Sicher*	*Relativ sicher, etwas Übung wäre noch gut*	*Brauche Übung, um Aufgabenstellungen zu verstehen.*	*Früher bereits gelernt, daher sicher.*	*Sicher*

Wochenplan zur Klausurvorbereitung

VARIANTEN DER SELBSTKONTROLLE

- **Lösungsblätter:** Viele Aufgaben können die Schüler durch Vergleich mit Lösungsblättern, die in einem Umschlag unter der Station oder am Pult liegen, selbst kontrollieren. Die Wahrscheinlichkeit, dass die Schüler dabei wenig sorgfältig vorgehen, ist ungefähr die gleiche, wie wenn Sie die richtigen Ergebnisse im Klassenverband vorlesen lassen. Findige Schüler werden vielleicht zu Beginn noch versuchen, die Lösungen abzuschreiben, bevor sie die Aufgaben wirklich gelöst haben. Es gehört zum Lerneffekt dazu, dass ihnen mit der Zeit klar wird, dass es nicht auf das einzelne richtige Ergebnis, sondern den Lernweg ankommt. Die Chance auf diese Erkenntnis ist bei der Selbstkontrolle höher, als wenn die Kontrolle in der Hand des Lehrers liegt.
- **Kreuzworträtsel:** Die Lösungen werden in die Felder eingetragen, sodass sich ein Lösungswort ergibt, wenn die Antworten richtig sind. Wie bei allen Kreuzworträtseln, lässt sich das Lösungswort aber meist auch erschließen, ohne dass alle Aufgaben gelöst worden sein müssen.
- **Klammerkarten:** Die Aufgaben stehen auf laminierten Karten. Die Schüler setzen im Multiple-Choice-Verfahren eine kleine Wäscheklammer an das richtige Ergebnis. Auf der Rückseite können sie kontrollieren, ob sie richtig liegen.
- **Wasserflaschenverschlüsse:** Die Verschlüsse sind oben mit Papier beklebt, auf denen die Aufgabe steht. In die Innenseite des Verschlusses ist das richtige Ergebnis eingeklebt.
- **Karteikarten:** Weniger aufwendig in der Herstellung ist die Nutzung von A6-Karteikarten. Das richtige Ergebnis oder eine Musterlösung stehen auf der Rückseite der Aufgabe. Die Variante hat Ähnlichkeit mit einem Quiz und wird von den Schülern sehr positiv aufgenommen. Vokabelkarteikarten sind ja letztlich auch nichts anderes als eine Variante der Selbstkontrolle.
- **PC-Programme:** Direkte Rückmeldungen und Kontrollen werden durch fachbezogene Lernprogramme gewährleistet. Nachteil ist, dass vor allem in weiterführenden Schulen oft keine Computerarbeitsplätze im Klassenraum vorhanden sind. Über Laptops lassen sich die Lernprogramme jedoch zumindest im Stationenlauf sinnvoll integrieren.
- **Checklisten und Fragebögen:** Zu freieren Inhalten, zu denen es keine Richtig-falsch-Antworten gibt, können zum Abschluss Fragebögen oder Checklisten eingesetzt werden, mit deren Hilfe die Schüler, ähnlich wie bei einem Test, noch einmal eintragen müssen, was sie gelernt haben. Wenn Sie diese Fragebögen nicht einsammeln und korrigieren wollen, beschränkt sich der Vorteil hierbei darauf, dass die Schüler merken, wenn sie Fragen nicht beantworten können; falsche Antworten, die den Schülern nicht bewusst sind, fallen über diese Variante dagegen nicht auf.
- **Musterlösungen:** Die Schüler bekommen eine exemplarische Kopie vom Lehrer, mit der sie ihr eigenes Ergebnis vergleichen können. Der Motivationsaspekt ist allerdings eher gering, da die Schüler das Gefühl haben, sich immer nur an das „perfekte" Ergebnis anzunähern. Was sie aus dem Vergleich ziehen, bleibt wiederum ihnen überlassen.
- **Die Anwendung funktioniert:** Eine bessere Selbstkontrolle als das erfolgreiche Ausprobieren eines Versuchs können Sie unter Motivationsaspekten kaum finden. Selbst wenn die Schüler das gewünschte Ergebnis nicht erzielen, gibt es einen direkten Anlass, um sich mit den anderen darüber auszutauschen.
- **Partnerkontrolle:** Die Schüler korrigieren ihre Arbeitsergebnisse gegenseitig. Je nachdem, wie gut die Schüler sind, werden dabei Fehler übersehen. Die Partnerkontrolle ist aber bei der Arbeitsbelastung der Lehrer und verglichen mit dem Ausbleiben einer Korrektur oft das kleinere Übel und lässt sich noch einigermaßen einfach anleiten.
- **Vergleich mit anderen:** Effektiver, wenn auch weniger auf die Fehlersuche konzentriert, ist der Vergleich eigener Arbeitsergebnisse mit denen von anderen Schülern. Dieser sollte jedoch auch nicht für sich stehen, sondern münden in einen …
- **Vergleich mit Übersichtsdarstellungen:** Ergebnisse der eigenen Arbeit können auch mit Übersichtsdarstellung, Tabellen, Formeln, Mindmaps, Schaubildern oder Grammatikkapiteln etc. verglichen werden. Die Schüler lernen auf diese Weise nicht zuletzt, solche Übersichtsdarstellungen für ihren Lernprozess zu nutzen.
- **Gemeinsame Sammlung und Reflexion:** Zum Abschluss eines Stationenlaufs aber auch anderer freier Arbeitsformen sollten Sie im gemeinsamen Gespräch die Beobachtungen der Schüler sammeln. Die Schüler werden ihre Beobachtungen los und können Rückfragen zu den Aufgaben stellen. Eingeleitet werden kann diese Reflexion durch eine Spalte im Laufplan. (Vgl. auch 5.4 Lernreflexion)

Weil Schüler mit zu viel Wahlfreiheit überfordert sind … – **Wochenplan/Planarbeit**

A Idee zur IF:

Der WP ist in erster Linie ein Steuerinstrument, um durch einen einmal ausgeteilten Arbeitsbogen Schüler mit unterschiedlichen Problemfeldern und Leistungsniveaus in der zur Verfügung stehenden Zeit anzuleiten. Sie können im WP Aufgaben zum Aufholen **kurzfristiger Schwierigkeiten** der Schüler und solche zur Förderung **besonderer Begabungen** kombinieren. Schnellere Schüler werden durch offene Aufgabenstellung und weiterführende Aufträge berücksichtigt. Der WP lässt sich also zur gelenkten und natürlichen Differenzierung einsetzen. Vor allem werden die Schüler aber durch **wohldosierte Wahlmöglichkeiten** schrittweise in die Verantwortung für ihren eigenen Lernprozess begleitet (vgl. **KV 46–47** im Anhang S. 175–176 und auf der CD).

B Ablauf:

Der WP hat Ähnlichkeit mit dem Stationenlauf. Auch hier erhalten die Schüler einen Laufplan, auf dem verschiedene Arbeitsaufträge kombiniert sind. Durch den vorgegebenen Zeitraum (eine Woche ist dabei nur ein Beispiel) erhalten sie einen fixen Orientierungsrahmen, in dem sie sich ihre Arbeit einteilen können. Den Schülern sollten also gleiche feste Arbeitszeiten zur Verfügung stehen, damit alle auch wirklich unter gleicher Belastung arbeiten, wenn auch an unterschiedlichen Mengen und Niveaustufen. Es gibt **Wahl- und Pflichtaufgaben**, eine freie oder gelenkte Wahl der Sozialform. Am ehesten bietet sich der WP als Instrument für Übungs- und Trainings- oder Festigungsaufgaben an, oder auch für weiterführende Transferaufgaben für bessere Schüler.

C Varianten:

1. Monatsplan
Außer über eine Woche können Sie einen Arbeitsplan auch als Monatsplan nutzen, wenn Sie wenige Stunden in einer Klasse unterrichten. Diese Form eignet sich vor allem, um **besseren** bzw. **schnelleren Schülern** sinnvoll Aufgaben an die Hand zu geben, ohne in jeder Stunde wieder neu kreative Ideen aus dem Hut zaubern zu müssen. Er lässt sich einsetzen …

… wenn Schüler mit den Arbeiten der Klasse schneller fertig sind,

… wenn Helfertätigkeiten nicht zu einer Vertiefung oder Schulung sozialer Kompetenzen führen

… oder sogar, um Aufgaben, mit denen einzelne Schüler klar unterfordert wären, zu ersetzen.

Und sollten einmal Aufgaben aus einem Monat übrig bleiben, brauchen Sie auch im nächsten Monat keine Klimmzüge zu veranstalten, um die Schüler sinnvoll zu beschäftigen.

2. Tagesplan
Der Tagesplan (z. B. für eine Doppelstunde) eignet sich besonders für **binnendifferenzierte Übungsstunden**. Sie stellen Übungen zu verschiedenen Niveaustufen und Übungsbereichen in einer Tabelle zusammen. Die Schüler wählen dann z. B. vier von sechs Arbeitsaufträgen, an denen sie mit Blick auf die Klassenarbeit arbeiten wollen.

3. Hausaufgabenwochenplan
Die positiven Effekte des Wochenplans lassen sich auch durch einen Hausaufgabenwochenplan (vgl. Abb. auf S. 76) erzielen. Die Schüler erhalten zu Beginn der Woche alle Aufgaben, die sie sonst von Stunde zu Stunde erhalten hätten. Auch bei dieser Variante sollten Sie vereinbaren, wie lange die Schüler insgesamt an den Aufgaben arbeiten sollen, damit auch für lernschwache Schüler die Arbeit überschaubar und damit machbar bleibt. Die gemeinsame **Besprechung der Hausaufgaben** kann in der letzten Stunde der Woche über den Einstieg einer Feedbackzielscheibe (vgl. **KV 45** im Anhang S. 174 und auf der CD) eingeleitet reflektiert werden. Sie verlieren also weniger Zeit, als wenn Sie die Hausaufgaben jeden Tag besprechen müssen.

4. Wochenplan zur Klausurvorbereitung
Hierbei werden Übungsaufgaben unterschiedlicher Niveaustufen zur Verfügung gestellt, aber auch **regelmäßige Trainingseinheiten**, um vor der Arbeit Inhalte im Langzeitgedächtnis zu verankern (vgl. Abb auf S. 76).

D Rolle des Lehrers:

Berater, Helfer, Auswahl von Materialien, Formulierung von Arbeitsaufträgen, Kontrolle, evtl. auch Disziplinierung, Ergebnissicherung, Feedback etc. Vielleicht ist Ihr **schrittweiser Rollenwechsel**, mit dem Sie die Schüler in die Selbstverantwortung entlassen, sogar der Aspekt an der Wochenplanarbeit, der die Methode besonders geeignet macht für die individuelle Förderung. Je nachdem, wie gut ein Schüler schon darin ist, den eigenen Arbeitsprozess zu koordinieren, öffnen Sie schrittweise Ihre Kontrollfunktion (s. **F „Tipps und Tricks 1“**).

E **Organisatorisches / Schulformen:**

Die Planarbeit gehört an Grundschulen bereits zum festen Bestandteil der Unterrichtsführung. Manche Kollegen arbeiten sogar mit **individuellen WP** für jedes Kind, was die Methode aber nicht fordert. Im Gegenteil ist der WP gerade ein Instrument, um mit möglichst wenig zeitraubender Anleitung Schülern ihre individuellen Arbeitsbereiche zur Verfügung zu stellen. Für die weiterführenden Schulen bieten sich vor allem die Varianten Hausaufgaben-WP und WP zur Klausurvorbereitung an. Schulen mit problematischem Einzugsbereich gehen inzwischen dazu über, jeden Tag eine **fachübergreifende WP-Arbeitsstunde** einzurichten. **Statt Hausaufgaben** geben die Lehrer aller Fächer ihre Übungs- und Trainingsaufgaben in diesen WP, an dem die Schüler betreut jeden Tag weiterarbeiten können. So wird gewährleistet, dass nicht ein Problem (z.B. Wortschatz in Englisch) durch ein anderes Problem (mangelnde Disziplin bei den Hausaufgaben) behoben werden soll. Eine solche WP-Arbeitsstunde dient also auch als Nachteilsausgleich bei unterschiedlicher sozialer Herkunft der Schüler.

F **Tipps und Tricks:**

1. Wenn Sie Ihren Schülern bei der Einführung der Methode noch nicht zutrauen, dass sie sich die Arbeit selbst sinnvoll einteilen, können Sie mit einer **gelenkteren Variante** anfangen und Zeitpunkte festlegen, zu denen die Schüler die einzelnen Pflichtaufgaben erledigt haben sollen. Die nächste Stufe wäre, dass Sie einzelne Schüler von einem auf den anderen Tag fragen, wie weit sie schon gekommen sind. Vereinbaren Sie aber solche **zusätzliche Unterstützung** immer gemeinsam mit den Schülern. Manche Schüler neigen unbewusst dazu, Lehrer stärker in die Kontrollfunktion zu drängen, da sie so in gewohnte Lernvermeidungsstrategien schlüpfen können. Solche Hilfestellung von Ihrer Seite sollte daher immer nur zeitlich begrenzt angeboten werden. Evtl. können zwischenzeitlich auch Mitschüler diese Aufgabe übernehmen (vgl. Lerntandem).

2. Oft befürchten Kollegen, dass sie den Schülern zu viel verraten, wenn sie ihnen die Aufgaben für eine ganze Woche bereits zu Beginn offenlegen. Probieren Sie die Variante einfach einmal aus. Sie werden überrascht sein, wie die Motivation der Schüler steigt, gerade weil sich die **Transparenz des Unterrichts** erhöht.

3. **Nach oben offene Aufgaben** (z.B. das freie Schreiben von Texten oder Rechercheaufträge) sollten Sie möglichst nicht nur im Wahlbereich angeben. Bessere Schüler arbeiten sonst („schnell – schnell") die Pflichtaufgaben ab und sind wenig motiviert, zusätzliche Kreativaufgaben anzugehen. Offene Aufgaben im Pflichtbereich haben dagegen den gewünschten Effekt, dass die Schüler lernen, mit denjenigen Aufgaben anzufangen, deren Bearbeitungszeit wenig beeinflussbar ist, um durch die übrig bleibende Zeit ein Korrektiv zu finden, wie intensiv sie sich mit den offeneren Aufgaben beschäftigen können.

Links:

▷ http://www.medienwerkstatt-online.de/reload.html?/products/wochenplan_info/wochenplan.html (Beispiele für den Wochenplan in der GS)
▷ http://www.learn-line.nrw.de/angebote/gemeinsamerunterricht/unterricht/wochenplan.html (Integrativer GS-Unterricht)

ZEITEN FÜR DIE WOCHENPLANARBEIT

▷ Feste Wochenplanarbeitsstunde jeden Tag oder mehrmals die Woche (Organisation auf Schulebene)
▷ Eine Woche lang im Fachunterricht (geeignet bei offeneren Inhalten oder wenn das Einüben von Lern- und Arbeitstechniken im Vordergrund steht)
▷ 15–20 Minuten am Ende mehrerer Doppelstunden
▷ Zu Hause (möglichst auch hier Zeitvereinbarungen für die Aufgaben insgesamt angeben)

Von Kindern und Brunnen – **Vorabförderung**

A **Idee zur IF:**

Vorabförderung kann sehr unterschiedlich aussehen. In erster Linie geht es darum, Maßnahmen zu ergreifen, bevor schwache Schüler in der anstehenden Lerneinheit neue Lücken aufbauen. Mit Blick auf die nächste Lerneinheit erhält der Schüler Aufgaben oder Material an die Hand, um **Voraussetzungen aufzuholen**, die andere Schüler von sich aus mitbringen.

B **Ablauf:**

Sie überlegen zunächst, welche Voraussetzungen (inhaltlich wie arbeitstechnisch) alle Schüler mitbringen müssen, um von Anfang an in der nächsten Unterrichtseinheit gut mitzukommen.
Die Schüler können die Aufgaben zu Hause, in Förderstunden oder in der Betreuung bearbeiten. Sie können aber auch eine Gruppe, z. B. im Jigsaw (vgl. S. 103) während der Einstiegsphase ins neue Thema, mit der Wiederholung von früheren Inhalten beauftragen, die sie dann den anderen Schülern noch einmal erklären müssen.
Wenn die Schüler in der Klasse einen kurzen Vortrag (z. B. 5-Minuten-Vortrag oder One-Minute-Talk) halten, wird dadurch auch für die anderen Schüler das Wissen noch einmal wachgerufen.

C **Varianten:**

1. Nachteilsausgleich bei unterschiedlicher sozialer Herkunft
Schüler aus bildungsfernen Schichten entwickeln Lernschwierigkeiten häufig nicht zuletzt aufgrund einer **anregungsarmen Biografie**. Da sie kaum schulrelevante individuelle Interessen einbringen, erleben sie nur selten das Gefühl, den anderen im Unterricht auch mal einen Schritt voraus zu sein. Durch Vorabmaterial zum Thema führen Sie zwar künstlich eine Situation herbei, die für andere Schüler selbstverständlich ist, können aber sehr effektiv bei diesen Schülern einen neuen Lerneifer anstacheln. Wenn Sie Sorge haben, dass die besseren Schüler dadurch „benachteiligt" werden, wählen Sie Materialien, die quer zum eigentlichen Lernziel liegen. Bearbeiten Sie z. B. ein Grammatikthema an einem bestimmten Inhalt, dann verschafft es den schwächeren Schülern schon einen Wiedererkennungseffekt, wenn sie zuvor **themennahe Beispieltexte** lesen. In anderen Fällen erstellen die Schüler z. B. eine **Frageliste** oder **recherchieren im Internet**.

2. Mini-Vorabförderung
Für manche Schüler ist es schon eine Hilfe, wenn Sie vorher ankündigen, dass er oder sie am nächsten Tag bei der Besprechung der Hausaufgaben auf jeden Fall drankommen wird. Durch das Ritual, dass die Schüler zuerst berichten, wie sie vorgegangen und zurechtgekommen sind, bevor die Ergebnisse verglichen werden, sinkt auch die Hemmschwelle, sich vor den anderen über die eigenen Aufgaben zu äußern.

D **Rolle des Lehrers:**

Auswahl geeigneter Maßnahmen und Materialien, ggf. Kontrolle oder Berichtigung

E **Organisatorisches / Schulformen:**

Gerade in Grundschulen kann der Nachteilsausgleich (Variante 1) nachhaltig zur Persönlichkeitsentwicklung der Schüler beitragen und Lernstörungen vorbeugen.

F **Tipps und Tricks:**

1. Denken Sie bei der Materialsuche auch an Lernprogramme für den PC. Die Methode eignet sich außerdem sehr gut für eine Kombination mit dem Lerntandem.
2. Ist es Ihnen zu unheimlich, weitergehendes Material gezielt nur an die schwächeren Schüler zu verteilen, stellen Sie das Material allen Schülern zur Wahl. Für die betroffenen Schüler machen Sie die Aufgaben aber zur Pflichtaufgabe oder ersetzen andere Arbeitsaufträge, die ihnen weniger nützen würden.

Links:

▷ http://www.klschule.fr.schule-bw.de/ (Hinweise zum Nachteilsausgleich bei kranken Schülern von der Klinikschule Freiburg)

Spickzettel

A Idee zur IF:

Die Spickzettelmethode greift auf gleich zwei Ebenen der individuellen Förderung: Sie bietet Anlass zur **Lernreflexion**, denn wie bei einem „echten" Spickzettel ist die Idee, dass die Schüler den Spickzettel später meist nicht mehr brauchen, weil sich die Inhalte durch Auswahl und Umformulieren schon ausreichend ins Gedächtnis einprägen. Die Schüler erfahren, dass neue Lerninhalte für einen langen Zeitraum relevant bleiben. Da jeder Schüler den Spickzettel so anlegt, dass er sich das Gelernte gut merken kann, ist die Methode ein typisches Beispiel für die **offene Aufgabenstellung**. Zum anderen können Sie die Ergebnisse als **diagnostisches Instrument** nutzen: Bevor sich Missverständnisse und Halbwissen erst in Klassenarbeiten offenbaren, können Sie so ggf. Maßnahmen zur Förderung wählen. Aussagen wie „Bruchrechnung hat was mit Pizza zu tun", zeigen Ihnen zudem, welche Anteile des Themas die Schüler verstanden haben, und nicht nur, dass sie die Aufgaben noch nicht lösen können.

B Ablauf:

Jeder Schüler erhält am Ende einer Unterrichtseinheit eine **A5-Karteikarte**, die je nach Umfang des Stoffes einseitig oder beidseitig mit einer Zusammenfassung der wichtigsten Ergebnisse beschrieben wird.
Es ist hilfreich, verschiedene **Notationssysteme als Beispiele** zu besprechen und zu vergleichen, sodass die Schüler herausfinden, was zu ihrem Lerntyp passt. Manche Schüler wählen dann eher grafische Elemente, kleine Zeichnungen oder Mind Maps, andere merken sich die Inhalte besser in der Reihenfolge, in welcher der Stoff im Unterricht behandelt wurde, wieder andere hangeln sich an der inhaltlichen Logik entlang.
Im Anschluss vergleichen die Schüler ihre Spickzettel und überarbeiten sie ggf. Vielleicht stellen auch einzelne ihren Spickzettel in der Klasse vor und begründen die Auswahl ihrer Stichpunkte oder erläutern ihre Zeichnungen.

C Varianten:

Klassenkartei:
In der GS und Unterstufe können Sie zum Abschluss einer Unterrichtseinheit (z. B. Planeten, Tiere des Waldes, Dinosaurier, hilfreiche Formulierungen auf Englisch, der menschliche Körper) auch einen **alphabetisch sortierten Klassenkarteikasten** zusammenstellen lassen. Die Schüler schreiben dann nach einem vorgefertigten Schema (auf **A6-Karteikarten**) die wichtigsten Stichpunkte zu den einzelnen Unterpunkten des Themas auf.

D Rolle des Lehrers:

Wahrscheinlich ist die Idee naheliegend, dass Sie sich auch für die **Richtigkeit der Zusammenfassungen** verantwortlich fühlen. Hier sollten Sie aber keine größeren Energien investieren als bei Arbeitsheften sonst auch. Wenn Sie gemeinsam die Hausaufgaben besprechen, setzen Sie ja auch darauf, dass die Schüler an vorne vorgestellten Beispielen ihre eigenen Ergebnisse überarbeiten. Reservieren Sie also die zeitaufwendige Kontrolle für diejenigen Kinder, die Sie beim Lernen besonders unterstützen müssen.

E Organisatorisches/Schulformen:

–

F Tipps und Tricks:

„Spicken" ist bei dieser Methode ausdrücklich erlaubt. Wenn es Schüler gibt, die, statt ihre eigenen vielleicht nur spärlichen Notizen durchzugehen, bei ihren Mitschülern abschreiben, hat das zwar den Nachteil, dass Sie weniger darüber erfahren, was diese Schüler schon von sich aus verstanden haben, der Effekt, dass sich die Schüler das Abgeschriebene besser merken, bleibt aber erhalten.

Links:

▷ http://www.lehrer-online.de/mindmap-grundschule.php (Mind Maps in der GS)
▷ http://www.learn-line.nrw.de/angebote/selma/foyer/projekte/hammproj4/index.html (Mathematik)
▷ http://www.spiegel.de/unispiegel/studium/0,1518,491431,00.html (N. Lücke: „Ich spicke, also lerne ich.")

Förderung mithilfe von **Arbeitsblättern**

A **Idee zur IF:**

Schülern gezielt Arbeitsblätter zu **unterschiedlichen Niveaus** zur Verfügung zu stellen (bzw. die Arbeit mit differenzierten Arbeitsblättern), bedeutet in den meisten Fällen eine stark **gelenkte Differenzierung**. Wenn Sie wissen, wo die Schwierigkeiten der Schüler genau liegen, welche Missverständnisse und Lücken vorliegen, können Sie mit darauf abgestimmten Arbeitsblättern Erfolge erzielen. Die Förderung ist – zumal wenn Sie die Arbeitsblätter selbst erstellen – in hohem Maße planbar, setzt aber voraus, dass das Problem des Schülers auch durch mehr Übung bzw. schlichtes Training behoben werden kann und genügend Zeit zur Rücksprache zur Verfügung steht.

B **Ablauf:**

Am Anfang steht eine **aussagekräftige Diagnostik**, die Missverständnisse und Lücken der Schüler über eine **Fehleranalyse** identifiziert, auf die die Arbeitsblätter abgestimmt werden können. Die Schüler bearbeiten die Aufgaben in der dafür vorgesehenen Unterrichtszeit bzw. in den Förderstunden. Wenn sie alleine nicht weiterkommen, helfen Mitschüler, Fach- oder Förderlehrer mit ergänzenden Erklärungen. Arbeitsblätter können also auch als eine Art **Stichwortgeber** gesehen werden für eine intensivere Einzelbetreuung. Die Korrektur erfolgt ebenfalls meistens durch den Betreuer. Gerade das **Durchsprechen der Arbeitsergebnisse** macht den eigentlichen Förderprozess aus, da das Material als solches den Schülern kaum konkrete Rückmeldung gibt.

C **Varianten:**

1. Differenzierte Arbeitsblätter
Die Schüler wählen zu jedem Aufgabentypus, zu welchem **Schwierigkeitsgrad** sie die nebeneinander abgedruckten Aufgaben lösen wollen. Wenn die Aufgaben schrittweise schwerer werden, erhalten die Schüler durch die Bearbeitung Rückmeldung, an welchen Stellen Sie nacharbeiten müssen.

2. Kombination Online-Diagnostik und Fördermaterial
Schulbuchverlage bieten inzwischen Fördermaterialien als **pdf-Dateien** in Kombination mit Online-Diagnostik an. Dieser Service ist natürlich nicht kostenlos. Er kann aber Kollegen entlasten und die Effizienz steigern, wenngleich die **individuelle Betreuung** dadurch nicht ersetzt werden kann.

D **Rolle des Lehrers:**

In diesem Fall liegt die Verantwortung für den Erfolg der Förderung zu einem hohen Maß bei Ihnen. Der Schüler verlässt sich sozusagen darauf, dass Sie das geeignete Material für ihn bereitstellen. Eine Reflexion seines Lernprozesses wird ihm nicht abverlangt. Er kann selbst oft nicht einschätzen, was ihm die Arbeit gebracht hat, was er jetzt besser kann, zu welchen Kontexten das Gelernte gehört. Alles das wird durch das **persönliche Gespräch** flankiert.

E **Organisatorisches/Schulformen:**

Eine **Erhebung und Systematisierung** von **Fördermaterialien** an der Schule kann gerade für diesen Bereich enorm hilfreich sein. Schreiben Sie zu den Kopiervorlagen auch, von wem das Material eingestellt wurde und wer ggf. noch eine **Sicherungskopie** zu Hause hat.

F **Tipps und Tricks:**

1. Arbeitsblätter können ohne viel Zusatzaufwand mit **Varianten der Planarbeit** kombiniert werden. Durch die Überlegung „Was mache ich als Nächstes?" erfolgt – auch wenn die Schüler nicht immer richtigliegen – bereits eine Auseinandersetzung mit dem eigenen Lernen. Die Erkenntnis „Das war noch zu schwer" ist dann eine Erkenntnis des Schülers und nicht ein Fehler in Ihrer Planung.
2. Vorsicht, wenn Schüler **auffällig viele Fehler** bei einem Arbeitsblatt machen. Ein schlecht abgestimmtes Arbeitsblatt bestätigt den Schüler in seiner **fachbezogenen Misserfolgserwartung**.
3. Werfen Sie auch einmal einen Blick in **Unterrichtswerke**, die in der **Gesamtschule** verwendet werden. Hier finden Sie häufig auf einer Seite direkt niveaudifferenzierte Aufgaben zu einem Typus.

Links:

▷ http://www.mathearbeit.de (Arbeitsblätter erstellen für den Mathematikunterricht in der GS)

Differenzierte Hausaufgaben – ungenutzte Ressourcen aufmöbeln

A

Idee zur IF:

Wenn Ihre Schüler regelmäßig Hausaufgaben machen, ist die Abstimmung auf den jeweiligen Lernstand eines Schülers ein gutes Instrument, um gezielt akute Schwierigkeiten anzugehen. Wenn Sie Schüler haben, die häufig ohne Hausaufgaben in die Schule kommen, kann bei diesen durch differenzierte HA die **Motivation** steigen, weil ihre Arbeit bei der Besprechung der HA nicht in der Menge untergeht. Vielleicht sieht der Schüler die Notwendigkeit der Aufgaben auch eher ein, weil der **Zusammenhang zu seinem Lernstand** unmittelbar erkennbar wird.

B

Ablauf:

Jedem Schüler individuelle HA aufzugeben, hat viele Vorteile. Echte Zeitfresser stecken aber nicht nur in der gemeinsamen Besprechung der Ergebnisse. Auch die Vergabe der differenzierten HA muss organisiert werden. Im Folgenden ein paar Möglichkeiten:

C

Varianten:

1. Differenzierung in Gruppen
Gruppen von Schülern bekommen die gleiche Aufgabe, z. B. auf unterschiedlichen Niveaustufen. Statt im Unterrichtsgespräch vergleichen die Schüler ihre Ergebnisse anhand von **Lösungsblättern**. Gemeinsam werden dann nur noch die offenen Fragen geklärt.

2. Gezielte Reduzierung/Pointierung im Umfang
Einzelne Schüler bekommen den Auftrag, sich intensiver mit einem Bestandteil der HA zu beschäftigen. Während bessere Schüler eine komplette Inhaltsangabe schreiben, konzentriert sich ein Schüler nur auf den Inhaltssatz. In der Stunde stellt dieser Schüler verschiedene Formulierungsvarianten zur Diskussion und bekommt so auch garantiert ein Feedback zu seiner Arbeit.

3. Pflicht- und Erweiterungsteil
Pflicht- und Erweiterungsteile oder **Zusatzaufgaben** sollten Sie auf jeden Fall mit einer **Zeitangabe** versehen (wie lange soll insgesamt gearbeitet werden), da sonst statt einer Differenzierung nach **Lerntempo** auch bessere Schüler kaum freiwillig zusätzliche Aufgaben annehmen werden.

4. Differenzierte HA einmal in der Woche
Alle Schüler erhalten an einem Tag individuelle Aufgaben bzw. können aus einem **Aufgaben-Pool** auswählen. Dieses Verfahren gewöhnt die Schüler an ein selbstständiges Arbeiten. Sie können gezielt Fördermaßnahmen an einzelne Schüler vergeben und Ihr **Planungsaufwand** bleibt überschaubar.

5. „Herzchenhausaufgaben"
Wechselnde Schüler dürfen die regulären Hausaufgaben durch eigene (sinnvolle) Vorschläge ersetzen. Vorbereiten können Sie diese Variante, indem Sie **Alternativaufgaben** gemeinsam in einer Kartei sammeln. Dies können weiterführende kleinere Projekte sein oder auch Aufgaben zu Übungsbereichen, die die Schüler in der **Reflexionsphase** für sich identifiziert haben.

D

Rolle des Lehrers:

Auch hier geben Sie den Schülern sehr gezielt Aufgaben, die ihnen bei ihren Problemen helfen sollen. Wenn Sie die Kontrolle des richtigen Ergebnisses auslagern können (z. B. durch Formen der Selbst- oder Partnerkontrolle), können Sie sich bei der Besprechung der HA auf eine **gemeinsame Prozessreflexion** konzentrieren.

E

Organisatorisches / Schulformen:

Auch hier profitieren Sie von einer Sammlung im Kollegium, welche Hausaufgaben sich für ein Thema eignen.

F

Tipps und Tricks:

Hausaufgabengutscheine (die Schüler dürfen z. B. drei Mal im Halbjahr die Gutscheine einlösen und keine HA machen) haben in der Unterstufe interessanterweise den Effekt, dass die Zahl der gemachten HA insgesamt steigt, da die Schüler bei jedem Mal überlegen, ob es nicht später noch einen wichtigeren Anlass geben könnte, die Gutscheine einzutauschen.

Binnendifferenzierung und dann? – **Differenzierte Klassenarbeiten**

A **Idee zur IF:**

Auch wenn Sie auf den ersten Blick vielleicht denken: Darf man das überhaupt? Die Überprüfung von Leistungen zu differenzieren, macht nicht nur an Gesamtschulen Sinn, in denen Schüler, die unterschiedliche Abschlüsse anstreben, gemeinsam unterrichtet werden. So dürfen sich Schüler im Abitur auch aus **verschiedenen Angeboten** diejenigen Aufgaben auswählen, bei denen sie ihre **Stärken** besonders zur Geltung bringen können.
Der Grundsatz, dass für die gleiche Note auch gleiche oder vergleichbare Leistungen erbracht werden müssen, darf natürlich nicht verletzt werden. Sie werden überrascht sein, welche Spielräume in den verschiedenen Bundesländern von rechtlicher Seite aus bestehen.

B **Ablauf:**

Die Klassenarbeit ist so aufgebaut, dass Schüler zwischen verschiedenen gleichwertigen Arbeitsaufträgen oder, bei entsprechender Anpassung der erreichbaren Note, zwischen verschiedenen Niveaustufen wählen können. Dies kann durch **unterschiedlich bepunktete Aufgaben** geschehen oder durch die Hinzunahme von **zusätzlichen Hilfen**. In einer Übersicht am Pult wird eingetragen, welche Hilfen in Anspruch genommen wurden, ein entsprechender zweiter Zettel liegt der Arbeit bei.
Noch bekannter ist die Variante, über einen **Basis- und Erweiterungsteil** zu arbeiten. Auch hier ist die Transparenz für die Schüler wichtig, welche Konsequenz ihre Wahl auf die Notengebung hat.

C **Varianten:**

1. **Alternativaufgaben** auf gleichem Niveau (Neigungsdifferenzierung)
2. **Basis- + Erweiterungsteil** (Bonusvariante, um ggf. Schwächen auszugleichen oder zur zusätzlichen Förderung begabter Schüler)
3. Wahl zwischen **zwei Niveaustufen** zu jeder Aufgabe mit unterschiedlich erreichbaren Punkten (Leistungsdifferenzierung)
4. **Gestufte Hilfen** (Leistungsdifferenzierung oder Differenzierung nach Lerntempo)
5. **Offene Aufgabenstellung** und Neigungsdifferenzierung

Auch in Klassenarbeiten oder Tests können offene Aufgabenstellungen genutzt werden. Vor allem in Nebenfächern hat sich dies bewährt, da sich Schüler vielleicht jeweils anderes Wissen angeeignet haben, aber letztlich auf gleichem Niveau stehen. (Beispiel: Beschreibt das künstlerische Konzept eines Künstlers eurer Wahl! Vergleicht das Skelett von zwei der Tiere, die wir im Unterricht behandelt haben! …)

D **Rolle des Lehrers:**

Klassenarbeiten wie diese erfordern sicherlich mehr Aufwand bei ihrer Erstellung.
Sie sollten zudem schon überzeugt davon sein, dass die Differenzierung Ihren Schülern hilft, und sich Argumente zurechtlegen, wie Sie auf Nachfragen der Eltern reagieren können. Auch hierfür ist die Arbeit mit einem **klaren Erwartungshorizont** und ein **transparentes Punktesystem** notwendig.

E **Organisatorisches / Schulformen:**

Stimmen Sie sich entsprechend mit der Schulleitung ab und lassen Sie das Verfahren ggf. von der Elternpflegschaftssitzung oder der Schulkonferenz absegnen.

5.4 LERNREFLEXION (*Karin Kress*)

Wenn die Schüler ihr **Lernen als Prozess** erfahren sollen, brauchen sie Anlässe und Übungen, um sich schrittweise an eine **realistische Selbsteinschätzung** anzunähern (vgl. Infokasten). Sie lernen so, selbst Einfluss auf ihren Lernprozess zu nehmen, und werden zusätzliche Förderangebote weniger als Stigmatisierung oder Gängelung missverstehen.

Eine realistische Selbsteinschätzung muss geübt werden. Sie ist kein Abfallprodukt der inhaltlichen Stoffvermittlung und keine Fähigkeit, die man ein für alle Mal lernt. Auch Erwachsene erfahren oft, dass sie sich zu viel zumuten oder aber auch Herausforderungen besser meistern als gedacht.

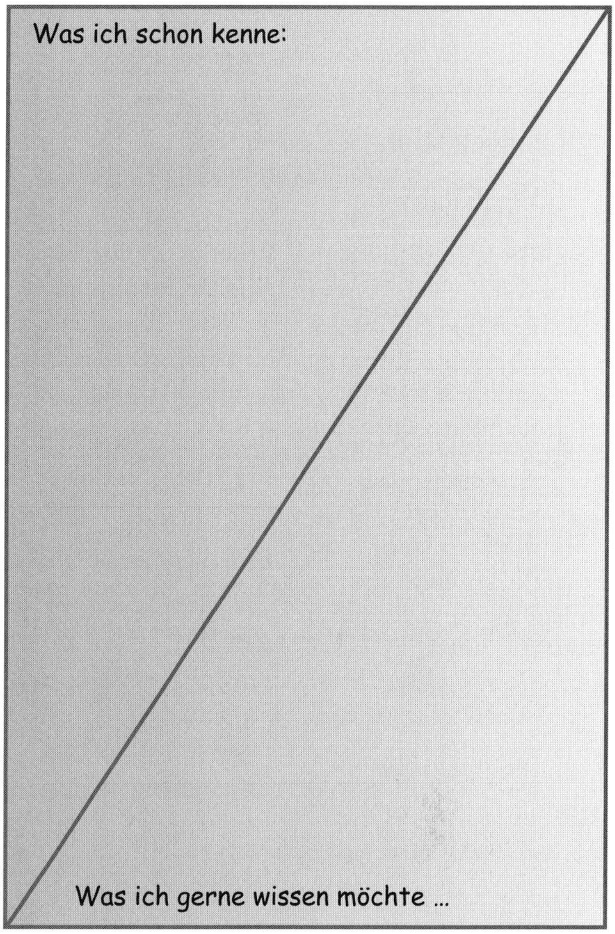

Abb. 11 Wandzeichnung A0-Plakat zur Gruppenarbeit

WAS MACHE ICH MIT SCHÜLERN, DIE DIE SELBSTREFLEXION NICHT ERNST NEHMEN?

Wenn Schüler alberne Antworten geben, ist dies erst einmal ein Zeichen dafür, dass sie es nicht gewöhnt sind, über sich selbst und ihr Lernen nachzudenken. Vielleicht können sie auch nicht so richtig glauben, dass sich ein Lehrer überhaupt für ihre Meinung interessiert. Normalerweise ist es ja Aufgabe der Lehrer (z. B. durch Kommentare unter Klassenarbeiten oder bei Gesprächen zum Elternsprechtag) einzuschätzen, was der Schüler kann oder nicht. Oberste Regel ist, die Schüler bei ihrer Selbstreflexion ernst zu nehmen. Auf keinen Fall sollten Sie aus albernen Antworten schließen, dass Sie „so etwas" mit Ihrer Klasse nicht machen können. Zum Einstieg eignen sich Varianten, in denen die Schüler gemeinsam an den Fragen arbeiten. So können sich die Schüler eine selbstkritische Haltung bei anderen abgucken und lernen, dass es hier nicht darum geht, besonders gut dazustehen, sondern dass auch andere ehrlich mit ihren Stärken und Schwächen umgehen.

Augenfällig ist die Lernreflexion sicherlich bei **Selbsteinschätzungsbögen**, **Checklisten** oder dem **Lerntagebuch**, Anlässen also, bei denen die Schüler direkt über die Frage nachdenken: „Wie habe ich gelernt?" Diese Varianten sind aber durch ihre Abhängigkeit von den verbal-kognitiven Fähigkeiten der Schüler auch die anspruchsvollsten Reflexionsanlässe.

Lernreflexion findet jedoch immer auch bei konkreten **Wahlentscheidungen** der Schüler statt. Es kann sinnvoll sein, diese Entscheidungen zusätzlich ins Bewusstsein zu heben, z. B. indem die Schüler begründen müssen, warum sie eine bestimmte Reihenfolge der Aufgaben im Wochenplan gewählt haben. Bei anderen Methoden macht schon die Entscheidung der Auswahl selbst die Lernreflexion aus. Beim Spickzettel wählen die Schüler die für sie relevanten Lerninhalte aus. Im Portfolio (vgl. bei der Methode „Kompetenzportfolio – Stärkenportfolio" > Zehn Kostbarkeiten) entscheiden die Schüler durch die Zusammenstellung ihrer Arbeitsproben, welche Beispiele ihren Lernfortschritt besonders veranschaulichen. Oft wird den Schülern dabei selbst erst klar, dass überhaupt ein Fortschritt stattgefunden hat.

Schließlich können Anlässe zur Selbsteinschätzung auch als **Selbstmotivation** funktionieren. Wenn ich meinen Arbeitsprozess fortschreitend einschätze und ggf. auch belohne, werde ich unabhängiger von den Rückmeldungen anderer – auch von der ständigen Ermunterung durch den Lehrer.

Auf dem Weg dorthin brauchen die Schüler **Feedback** aus ihrer Umwelt, mit dem sie die eigene Einschätzung vergleichen können. Dieses

Feedback kann durch Mitschüler oder den Lehrer erfolgen – vor allem aber durch die Lerninhalte selbst.

Handlungsorientierung des Unterrichts gehört wesentlich zur Ausbildung einer realistischen Selbsteinschätzung dazu: Wenn dem Lehrer vorne ein Experiment gelingt, mag das spannend sein, ich erfahre vom Zugucken aber nichts über meine Fähigkeiten als Lerner. Die Frage: „Woran merke ich, dass ich etwas kann", muss also bei den Anlässen zur Lernreflexion immer mit berücksichtigt sein.

Auch bei der Lernreflexion gibt es Methoden zur Einzel-, Partner- und Gruppenarbeit und der gemeinsamen Arbeit im Klassenverband. Dadurch entstehen unterschiedliche Grade von **Öffentlichkeit**. Manche Methoden, wie z. B. das Lerntagebuch, sind eher eine „private" Variante. Der Lehrer nimmt nur gelegentlich Einblick, ansonsten dient das Tagebuch sozusagen dem eigenen Zwiegespräch über die Lerninhalte. Ähnlich sieht es bei Checklisten aus (vgl. Infokasten). Da die Schüler i.d.R. mit ihren Antworten allein bleiben, müssen sie so aufgebaut sein, dass die Schüler durch ihren Aufbau eine Rückmeldung zu den Lerninhalten bekommen, z. B. indem die wichtigsten Aspekte eines Themas transparent gemacht werden.

KRITERIEN FÜR DIE ERSTELLUNG VON CHECKLISTEN ZUR LERNREFLEXION

1. Auf welches Ziel führen die Kriterien hin? Beschränkt sich die Liste auf die notwendigen Unterrichtsinhalte, die im weiteren Unterrichtsverlauf auch eine Rolle spielen?

2. Wählen Sie eine gerade Anzahl von Ankreuzvarianten, damit die Schüler nicht reflexartig die wenig aussagekräftige mittlere Spalte wählen.

	Immer	Oft	Selten	Nie

3. Machen alle Ankreuzvarianten wirklich Sinn?

	Immer	Oft	Selten	Nie
Ich erkenne das Prädikat in einem Satz.				
Ich weiß, was ein Prädikat ist.				

4. Positiv belegte Zeichen motivieren vor allem jüngere Schüler, sich auf die Einschätzung ihres Lernstandes zu konzentrieren. (Wer will schon gerne eine Null ankreuzen?) Defizite können Sie zudem als „Unterstützungsbereiche" mit einem Ausrufezeichen kennzeichnen.

	+ + + +	+ + +	+ +	+

☺				!

5. Sind die Kriterien bei einer Skala (1–2–3–4) alle richtig sortiert? Heißt „1" z. B. immer „nicht so gut" und „4" heißt „Anforderungen voll erfüllt"?

	1	2	3	4
Ich verwende Fachbegriffe richtig.				
Ich benutze noch häufig Wiederholungen.				

6. Sind Formulierungen als Aktivsätze und positiv formuliert? Doppelte Verneinungen verwirren die Schüler und bestätigen ggf. deren Misserfolgserwartungen:

„Es fiel mir leicht, die Regeln einzuhalten." *statt* „Ich hielt oft die Regeln nicht ein." oder „Ich habe es nicht geschafft, die Gruppenarbeit nicht zu behindern."
„Ich bin langsam gelaufen." *statt* „Ich bin nicht gerannt."

7. Sind die Kriterien eindeutig zu beurteilen oder verlangen sie von den Schülern schwammige Spekulationen oder sich selbst aus der Sicht der Lehrer zu sehen?

„Der Lehrer hat mich häufig ermahnt." *statt* „Ich habe den Unterricht häufig gestört."
„Ich habe die Aufgaben rechtzeitig fertig bekommen." *statt* „Ich brauchte lange, um mit den Aufgaben anzufangen."

8. Wird immer nur ein Kriterium auf einmal abgefragt?

Die größten Probleme bei allen Formen der Selbsteinschätzung im Unterricht liegen in der Frage, ob die Schüler **ehrlich** sein können; zu anderen, aber auch zu sich selbst. Wer sich selbst nichts zu sagen hat, wird auch eher alberne Kommentare ins Lerntagebuch schreiben. Wer Sorge hat, sich vor der Klasse zu blamieren, wird im öffentlichen Klassengespräch seine Fehler nicht zugeben wollen und eher in die Verteidigungshaltung gehen und die Schuld (also die Verantwortung) bei anderen suchen.

Wenn ich also eine Atmosphäre zum **offenen Umgang mit Stärken und Schwächen** in meiner Klasse schaffen will, die Schüler also an die Ernsthaftigkeit ihrer Selbstreflexion gewöhnt werden sollen, eignen sich am besten teilöffentliche Methoden, z. B. Selbsteinschätzungsbögen mit offenen Frageanlässen, die als A3-Bögen (vgl. **Abb. 12** auf dieser Seite) in der Klasse ausliegen oder als Plakat (vgl. **Abb. 11**, S. 85) an der Wand hängen, an denen die Schüler also in kleinen Gruppen ihre Antworten sammeln und sich darüber austauschen können. Auf diese Weise erfahren die Schüler, dass jeder mit Bereichen seines Lernens zufrieden oder unzufrieden ist. Schüler, die Schwierigkeiten im verbal-kognitiven Bereich haben, können sich außerdem Formulierungen bei anderen abgucken.

Die Selbstreflexion sollte immer in den **Unterrichtskontext eingebunden** sein. Aus den Antworten müssen nächste Schritte, wie z. B. differenzierte Hausaufgaben oder Übungsstunden abgeleitet werden, damit die Schüler ihre Lernreflexion auch beim nächsten Mal wieder ernst nehmen. Auch hier haben die teilöffentlichen Einschätzungsbögen in Kleingruppen Vorteile, da sich die Ergebnisse schneller gemeinsam auswerten lassen.

Wenn Sie also überlegen, welche Methoden Sie zur Lernreflexion einsetzen wollen, können jeweils wechselnde Kombinationen der folgenden Fragen im Mittelpunkt stehen:

- Bekommen die Schüler einen Anlass, um über ihr Verhältnis zum gelernten Stoff und ihre Arbeitsweise nachzudenken?
- Werden den Schülern eigene Stärken deutlich, die ihnen helfen, an ihren Schwächen zu arbeiten?
- Festigt sich erworbenes Wissen, auf das die Schüler später aufbauen können?
- Wird den Schülern evtl. transparent, welche Inhalte besonders wichtig oder auch prüfungsrelevant sind?
- Bekommen die Schüler konkrete Hinweise dazu, woran sie merken, dass sie etwas gelernt haben?
- Können die Schüler sich in Sachen „Selbstkritik" evtl. an anderen orientieren, wird das Modelllernen gefördert?
- Wird eine offene Fehlerkultur gefördert und einer Stigmatisierung entgegengewirkt?
- Müssen sich die Schüler schützen oder können sie ehrlich sein?

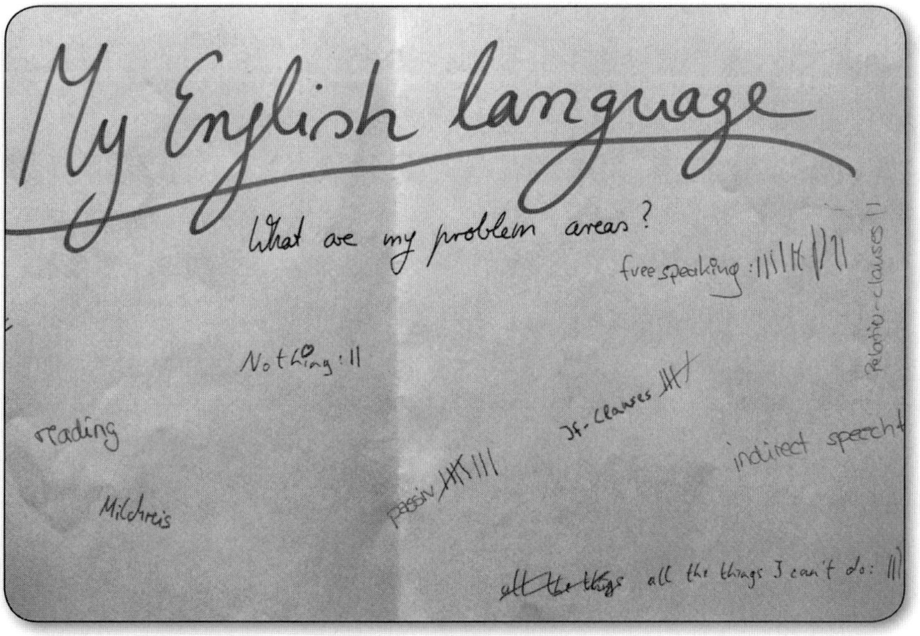

Abb. 12 A3-Bogen in der Klasse als Rundgang auslegen

Einzelarbeit – Gruppenarbeit: **Checklisten und Selbsteinschätzungsbögen**

A **Idee zur IF:**

Inzwischen arbeiten viele Schulbücher – vor allem in den Fremdsprachen – mit **Checklisten** zur Lernreflexion nach beendeten Unterrichtseinheiten oder zur Vorbereitung auf die Klassenarbeit. Mit Hilfe dieser Listen, bei denen die Schüler nach **vorgegebenen Kriterien** ankreuzen, wie gut sie einen Inhalt verstanden haben, erfahren die Schüler, was sie gelernt haben könnten und was sie ggf. noch üben müssen. Alternativ zu vorgegebenen Kriterien haben **offene Reflexionsfragen**, wie „Was kann ich schon – was will ich noch üben?"(vgl. Abb. auf S. 85), z.B. als Schreibkonferenz auf A3-Bögen den Vorteil, dass Sie den Schülern nicht schon Antworten in den Mund legen und die Schüler an der weiteren Planung des Unterrichts, aber ggf. auch von weiteren Fördermaßnahmen beteiligt werden können.

B **Ablauf:**

Checklisten füllen die Schüler zunächst alleine aus. Diese werden dann mit einem Partner verglichen, von den Lehrern eingesammelt oder im Klassengespräch allgemein besprochen. Wenn Sie die **Gruppenvariante** wählen, legen Sie A3-Bögen als Schreibkonferenz mit offenen Fragen im Klassenraum aus oder hängen vorstrukturiertes Tonpapier oder Flipchartseiten an verschiedenen Wänden der Klasse auf, an denen die Schüler ihre Antworten sammeln. Selbsteinschätzungsbögen (vgl. nachfolgenden Infokasten „Das mache ich doch alles mündlich mit den Schülern") können in **ganz unterschiedlichen Unterrichtszusammenhängen** sinnvoll sein:

– Basisfähigkeiten z. B. einmal im Halbjahr:
Beim Übergang zum nächsten Halbjahr oder wenn Sie etwas Leerlauf zwischen zwei Klassenarbeiten haben, kann es hilfreich sein, den Schülern Anlass für eine Reflexion ihrer Basisfähigkeiten zu geben. Die Schüler machen sich dabei nicht nur ihren eigenen Lernstand bewusst, ihnen wird so auch ein Überblick darüber gegeben, welche Lerninhalte weitergehend von besonderer Bedeutung sind. Hier eignet sich besonders die Vorbereitung einer gemeinsamen Sammlung in Kleingruppen.

– Einen Einstieg finden – Vorwissen aktivieren:
Eine gezielte Lernreflexion zu Beginn einer Unterrichtsreihe z. B. unter der Frage „Was haben wir schon – was brauchen wir noch, um das neue Thema angehen zu können?" verknüpft alte und neue Lerninhalte. Nicht das fertige (Vor-)Wissen steht bei dieser Art des Einstiegs im Vordergrund, sondern der schrittweise Aneignungsprozess.

– Zwischenreflexion mit Blick auf die Klassenarbeit:
Mit Blick auf die Klassenarbeit macht eine Reflexionsphase besonders Sinn, wenn daraus Schritte für eine Übungssequenz (vgl. Variante Tagesplan) oder die Vorbereitung zu Hause abgeleitet werden. Hier ist der Anwendungsbezug also schon durch die Klassenarbeit gegeben. Sie machen transparent, was für die Klassenarbeit besonders relevant ist, und die Schüler können gezielt ihre Übungsbereiche auswählen und ggf. die gegenseitige Hilfe organisieren (vgl. Lerntandem oder Partnerinterview).

– Schlussreflexion am Ende einer Unterrichtsreihe:
Wenn die Schüler nicht nur für die Klassenarbeit lernen (sollen), macht eine Schlussreflexion am Ende der Unterrichtsreihe Sinn. Hier können Sie auch diagnostische Tests einsetzen. Im Vordergrund steht: *„Was habe ich gelernt?", „Wie bin ich mit den Arbeitsformen zurechtgekommen?", „Was war mir besonders wichtig?", „Was will ich noch aufholen?"* Gerade in diesem Unterrichtskontext ist die Gefahr besonders groß, dass die Ergebnisse unter den Tisch fallen. Eine schöne Variante, um den Anwendungsbezug einer solchen Schlussreflexion herzustellen, ist die Kombination mit dem Lernarchiv als Bestandteil des Kompetenzportfolios.

– Sammlung der Einzelreflexionen und nächste Schritte anleiten:
Um die Ergebnisse der Reflexion weiter in den Unterricht einzubinden, ist es wichtig, von den Einzelreflexionen zu gemeinsamen nächsten Schritten zu gelangen. Wenn Sie die Plakatvariante wählen, bitten Sie z. B. die Schüler in den verschiedenen Grüppchen, nach ihrer eigenen Diskussion herumzugehen und die Ergebnisse der anderen mit den eigenen Ergebnissen zu vergleichen. In der anschließenden gemeinsamen Sammlungsphase können die Schüler dann schon erste Häufungen nennen, und Sie notieren die Stichpunkte inklusive Strichliste an der Tafel. Gemeinsam wird dann festgelegt, zu welchen Aspekten sich die Schüler weitere Übungsaufgaben oder auch Erklärungen wünschen. (vgl. Infokasten „Fragen für die Lernreflexionssammlung"). Die Phase der gemeinsamen Sammlung dient auch der Manöverkritik, wie die Schüler mit der Lernreflexion zurechtgekommen sind, welche Diskussionen sich ergeben haben, wo es Parallelen und Unterschiede gab.

C

Varianten:

1. Checklisten zu Lerninhalten (vgl. **KV 48–49** im Anhang S. 177–178 und auf der CD)

2. Selbsteinschätzung zum eigenen Arbeitsverhalten:
Nach Gruppenarbeitsphasen, Projektarbeit, Stationen- oder Wochenplanarbeit ist eine Reflexionsphase hilfreich, um Arbeitsformen nachhaltig einzuüben. Die Schüler können sich so bewusst machen, was gut geklappt hat und sie beibehalten oder beim nächsten Mal anders oder besser machen wollen.

3. Reiseberichterstatter:
Während einer Gruppenarbeit übernimmt ein Schüler (oder auch zwei oder drei) die Aufgabe, zwischen den Gruppen zu wechseln und die Mitglieder über ihre Arbeitsfortschritte und -planungen zu interviewen (vgl. **KV 50**, Anhang S. 179 und auf der CD). Beim Erzählen können auch Schüler in die Reflexion eingebunden werden, die mit der schriftlichen Form alleine überfordert wären. Gleichzeitig fördern Sie begabte Schüler, die mit der gleichen Aufgabe vielleicht unterfordert wären, in ihren sozialen Kompetenzen. Es spricht aber nichts dagegen, auch schwächere Schüler als Berichterstatter einzusetzen. Diese erfahren so, dass auch bei anderen die Arbeit im Unterricht ein schrittweiser Prozess ist.

4. Reflexionsfragen auf A3-Bögen oder Plakaten in Kleingruppen (vgl. Abb. auf S. 85 und 87)

5. Selbsteinschätzung zum Sozialverhalten (vgl. **KV 51**, Anhang S. 180 und auf der CD)
Selbsteinschätzungsbögen können (vor allem in der GS) eingesetzt werden, um mit Schülern die Regeln des sozialen Miteinanders zu festigen. In diesen Fällen wirken die Bögen als Verstärkersystem.

D

Rolle des Lehrers:

Feedback zur Selbsteinschätzung, Moderation bei der gemeinsamen Sammlung, Bereitstellen von anschließendem Übungsmaterial, Formulierung aktivierender Fragen und Zusammenstellen der Kriterienlisten.

E

Organisatorisches/Schulformen:

Bei lernschwachen Schülern ist weniger die realistische Selbsteinschätzung ein Problem – meistens wissen die Schüler ganz gut, was sie von der Welt zu erwarten haben – sondern die daraus resultierende **Mutlosigkeit**. Gerade Maßnahmen zur Lernreflexion können hier helfen, die unüberschaubaren Herausforderungen gemeinsam mit den Schülern zu sortieren und in kleinere Häppchen zu teilen, die einzeln zu bewältigen sind.

F

Tipps und Tricks:

1. Da Sie als Lehrer wissen, was für die weitere Unterrichtsführung wichtig ist, sollten Sie in der anschließenden Sammlungsphase auch **eigene Aspekte** einbringen oder Interessen von Schülern unterstützen, die sonst in der Gruppe untergehen.
2. Teilen Sie die Schüler an den Plakaten zufällig ein oder weisen Sie konkret darauf hin, dass Schüler gemeinsam arbeiten sollen, die sich nicht so gut kennen. Wichtig ist, dass die Schüler in den Kleingruppen nicht ihr eingespieltes Rollenverhalten aus der gewohnten Peergroup reproduzieren können. So können sich auch die „Rabauken" von den anderen einen konstruktiven Umgang mit der Lernreflexion abgucken.
3. Sie müssen nicht im Einzelnen „herausfinden", wer welche Antworten auf die Plakate oder die A3-Bögen geschrieben hat. Sie nutzen die Methode ja nicht, um den tatsächlichen Lernstand der Schüler zu ermitteln. Die gewisse Anonymität ist bei dieser teilöffentlichen Variante sogar von Vorteil, da sich die Schüler in der neuen Rolle zunächst ausprobieren können und trotzdem eine Rückmeldung dazu bekommen, wie eine produktive Arbeitshaltung aussehen kann.

Lit. und Links:

▷ Zahlreiche Selbsteinschätzungsbögen: http://www.chancen-nrw.de/test/cms/front_content.php?idcat=129
▷ Ausführliches GS-Beispiel: GS Harmonie, Eitorf: http://www.grundschule-harmonie.de
▷ Bildungsserver Hessen: http://download.bildung.hessen.de/unterricht/lernarchiv/dia_foe/ifp/lernplan.pdf

„DAS MACHE ICH DOCH ALLES MÜNDLICH MIT DEN SCHÜLERN."

Bestimmt kommen Phasen zur Reflexion des gemeinsamen Arbeitsprozesses auch in Ihren Unterrichtsgesprächen vor. Gerade weil das Unterrichtsgespräch auf Stichproben aus der Klasse angewiesen ist, findet hier Lernreflexion aber immer nur stellvertretend statt und zementiert dadurch eher die bereits vorhandenen Rollenmuster der einzelnen Schüler. Jeder einzelne Schüler sollte in Reflexionsphasen gefordert sein und Raum finden, die eigenen Überlegungen zu artikulieren, um in der Weiterarbeit daran anknüpfen zu können.

FRAGEN FÜR DIE SAMMLUNGSPHASE ZUR LERNREFLEXION

1. Was ist euch auf den anderen Plakaten aufgefallen?
- ▷ Welche von euren eigenen Antworten habt ihr wiedergefunden?
- ▷ Wart ihr euch eher einig oder habt ihr in den Gruppen mehr über Unterschiede diskutiert?
- ▷ Was hat euch überrascht?
- ▷ Könnt ihr die Antworten in bestimmte Gruppen einteilen?

2. Welche Stichworte soll ich an die Tafel schreiben?
- ▷ Was ist euch besonders wichtig?
- ▷ Was habt ihr häufig gelesen?
- ▷ Gab es unterschiedliche Formulierungen für das Gleiche?
- ▷ Schaut noch einmal auf euer eigenes Plakat, fehlt uns an der Tafel noch etwas?
- ▷ Was sollen wir auf der Liste ganz nach oben setzen? Was meint ihr, können wir evtl. aussortieren?
- ▷ Ich vermisse auf unserer Liste noch den Punkt ... Habt ihr darüber gar nicht gesprochen?
- ▷ Mir ist noch wichtig, dass wir ... aufnehmen. Das brauchen wir für ...

3. Wie machen wir jetzt weiter?
- ▷ Zu welchen Stichworten braucht ihr noch Übungsaufgaben für zu Hause?
- ▷ Wer kümmert sich um Punkt 5? Marcel, schaust du das noch einmal nach und erklärst es nächste Woche für alle?
- ▷ Wir haben in der Übungsstunde vor der Klassenarbeit leider nur 40 Minuten Zeit. Wer möchte die Zeit für zusätzliche Übungen nutzen? Wer braucht noch weitere Erklärungen? Tim, von wem wünschst du dir die Erklärung? Soll ich das machen? Michel, kannst du das übernehmen, dann setzt ihr zwei euch zusammen, und wenn ihr nicht weiterwisst, könnt ihr mich fragen, ansonsten gehe ich rum und helfe bei den Übungen.

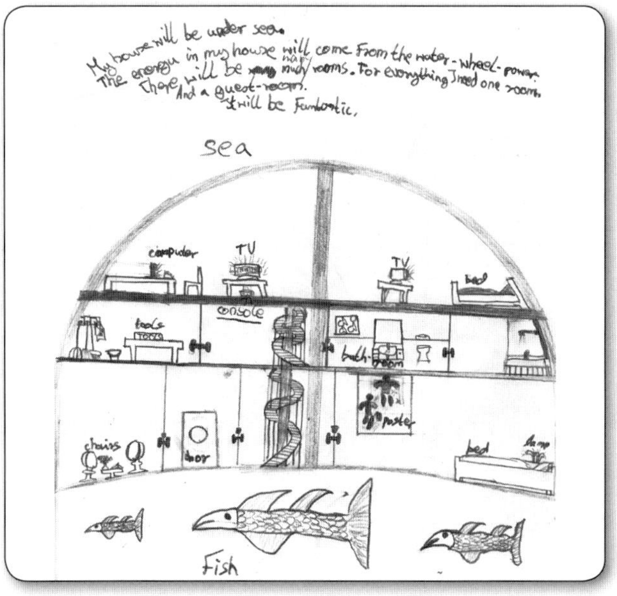

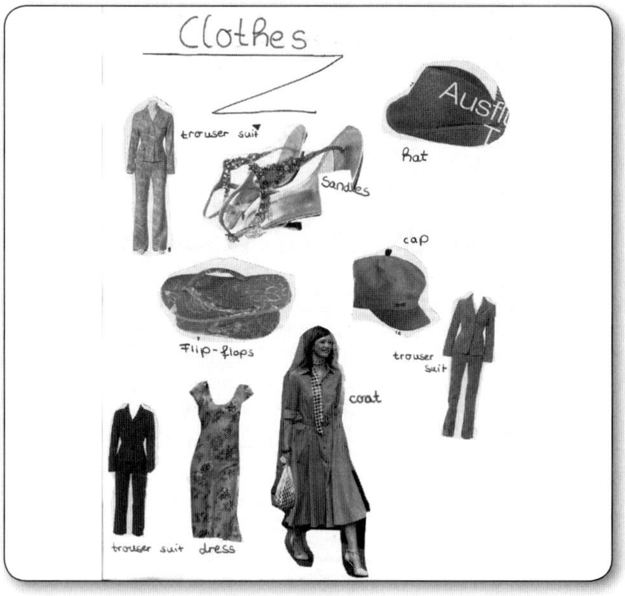

Abb. 13 Beispiele „Schnipselhefte" (siehe Lerntagebuch, S. 94)

Kompetenzportfolio – Stärkenportfolio

A Idee zur IF:

Ein wesentliches Ziel bei der individuellen Förderung ist, dass Schüler sich **abrufbare Kompetenzen** erarbeiten. Es hilft ihnen nicht, wenn sie zwar über Wissen verfügen, auf Fragen in Klassenarbeiten aber nicht antworten können, weil ihnen die Verknüpfung zum Gelernten fehlt. Erlebt sich ein Schüler nicht regelmäßig als kompetent in schulisch relevanten Bereichen, kann es zu einer Misserfolgsorientierung kommen. Der Schüler befürchtet den Misserfolg schon präventiv und geht das Risiko lieber nicht ein, sich „umsonst" anzustrengen (vgl. Kap. 6.2 „Motivation der Machbarkeit"). Das Kompetenzportfolio (vgl. Infokasten „Portfoliodefinition") begleitet den Schüler durch ein Fach oder sogar seine Schullaufbahn beim Erwerb neuer Kompetenzen. Der Schüler erfährt so, dass Wissen und Fähigkeiten nicht eine einmal festgefügte Charaktereigenschaft, sondern eine beeinflussbare Entwicklung darstellen.
Das Kompetenzportfolio gibt Anlass, auch **außerschulische Lerninhalte** im schulischen Kontext wertzuschätzen, und mündet an weiterführenden Schulen zum Beispiel in die **Bewerbung** auf eine Lehrstelle oder hilft bei der Entscheidung für eine Studienrichtung.
Das Stärkenportfolio ist nicht auf eine verbal-kognitive Lernreflexion angewiesen. Vielmehr stellt die **Auswahl der repräsentativen Arbeitsproben** durch die Schüler selbst die Reflexion dar.

B Ablauf:

Das Kompetenzportfolio hat mehrere Abteilungen (z. B. Ringordner mit Registern):

1. Die Schüler beschreiben sich selbst, ihre Vorlieben und Hobbys, evtl. gestalten die Eltern oder auch Mitschüler eine Seite, auf der sie die **Stärken** des Schülers beschreiben.
2. In einer zweiten Abteilung können Schüler nach einem wiederkehrenden Schema **neu erworbene Kompetenzen** beschreiben.
3. Ggf. kann eine dritte Abteilung für **Zertifikate**, Urkunden o. Ä. reserviert werden, die als Kopie abgeheftet sind.
4. Schließlich dient eine Abteilung (z. B. mit Klarsichtfolien) der Aufbewahrung besonders gelungener Arbeitsergebnisse oder Arbeitsproben. Diesen **„Lernbeweisen"** wird so eine dauerhafte Bedeutung beigemessen, die nicht zuletzt langfristigere Lernerfolge verspricht.

Sie können das KP neben dem Unterricht her laufen lassen. Die Schüler machen ihre Eintragungen zu Hause oder wenn sich freie Zeiten ergeben. Sie weisen lediglich beratend darauf hin, wenn ein Ergebnis abgeheftet oder ein Fortschritt kommentiert werden soll.
Gerade in der Anfangsphase ist es jedoch wichtig, auch während des Unterrichts Zeiten einzuräumen. Sie geben den Schülern Zeit im Unterricht, z. B. wenn eine Lerneinheit abgeschlossen ist.

C Varianten:

1. Schulportfolio
Sehr wirkungsvoll ist die Verankerung des Kompetenzportfolios auf Schulebene. Manche Schulen gehen sogar so weit, die Lerninhalte auf „Module" zu verteilen, an deren Ende die Schüler ein Zertifikat erwerben. Diese Module werden auf den laufenden Unterricht verteilt. Es muss dafür also nicht die Stundentafel umgestellt werden.

2. Zehn Kostbarkeiten
Diese Minimalversion des Kompetenzportfolios bietet einen hohen Grad an Reflexion für die Schüler, ohne dass sie sich verbal-kognitiv einschätzen müssten. In einer Mappe mit zehn Klarsichtfolien sammeln die Schüler ihre zehn (für sie!) **schönsten Lernergebnisse**. Gibt es ein neues Arbeitsergebnis, auf das sie stolz sind, müssen sie den Inhalt einer der Klarsichtfolien austauschen. (Der „alte Inhalt" wandert in den meisten Fällen dann zu Hause in einen anderen, dickeren Ordner.) Automatisch werden die Schüler auch Arbeitsproben aus früheren Jahrgängen behalten wollen. Ihre Fortschritte werden so sichtbar.

3. Lernarchiv (vgl. **KV 52–53** im Anhang S. 181–182 und auf der CD)
Lehrer beklagen häufig, dass die Schüler den Stoff aus vergangenen Jahrgangsstufen nicht mehr präsent haben. Ein Portfolio als Lernarchiv zu nutzen, hat den Vorteil, dass die Schüler eine gezielte Sammlung über die Jahrgangsgrenzen hinweg anlegen. Am Ende einer Unterrichtseinheit übertragen die Schüler die wichtigsten Regeln, Vorgehensweisen, Lerninhalte, Daten und Fakten, Fachbegriffe oder Vokabeln in ihr Lernarchiv. Darunter kann man sich schon einen breiten Aktenordner vorstellen, in dem entweder fachbezogen (Register sortieren die verschiedenen Themen) oder jahrgangsbezogen (Register sortieren die Fächer) die wichtigsten Lernergebnisse zu einer Art **privatem Nachschlagewerk** zusammengestellt werden.

D Rolle des Lehrers:

Sie beraten die Schüler bei der Auswahl der Arbeitsproben und ermutigen sie, weitere Kompetenzen zu ergänzen. Manche Schüler müssen überhaupt erst daran gewöhnt werden, etwas Positives an ihren eigenen Lernergebnissen zu finden.
Sie lassen sich das Portfolio in regelmäßigen Abständen zeigen und geben den Schülern Feedback. Sie schaffen Anlässe und geben Zeiten zur Weiterarbeit.

E **Organisatorisches / Schulformen:**

Je nach Elternklientel kann es sinnvoll sein, die Ordner an der Schule aufzubewahren. Auch wenn die Schüler durch diese Methode ihr eigenes Lernen mehr wertschätzen, muss dies nicht automatisch auch auf ihre Eltern zutreffen.
An weiterführenden Schulen kann es sinnvoll sein, das Portfolio während der Methodenwoche einzuführen bzw. den Grundstein zu legen und zumindest verteilt auf verschiedene Fächer und Jahrgangsstufen festzulegen, wann das Portfolio erweitert wird.

F **Tipps und Tricks:**

1. Portfolios lassen sich über Registerabteilungen fortschreitend erweitern. Fangen Sie mit kleineren Einheiten an, die für Sie überschaubar sind. Positive Effekte lassen sich oft auch ohne den „großen Wurf“ bei Minimierung der Reibungsverluste erzielen.

2. Um eine höhere Verbindlichkeit zu schaffen, können, zeitlich versetzt, die Schüler neue Kompetenzen vor der Gruppe vorstellen. Damit schaffen Sie eine **„Kann-Kultur“** im Klassenraum, die vor allem in der Mittelstufe ein Gegengewicht zu der um sich greifenden Null-Bock-Haltung bilden kann.

Lit. und Links:

▷ Kompetenzcurriculum im Freiherr-vom-Stein-Gymnasium, Bünde: http://www.fvsg-buende.de/schulprogramm/ueber-fachliche_ebene/445/?bild=Profil.jpg
▷ Methodenspirale Gesamtschule Eiserfeld, Siegen: http://www.gesamtschule-eiserfeld.de/Konzepte/Methodenspirale/index.htm
▷ Qualipass der Jugendstiftung Baden-Württemberg: http://www.qualipass.info

PORTFOLIODEFINITION

Im Schulbereich wird das Portfolio als **Sammelmappe** verstanden. Lat. Portare = tragen und folium = das Blatt. Der Begriff wird aber auch für E-Portfolios im Internet verwendet. Portfolios werden in Kanada und Skandinavien u. a. eingesetzt, um eine Alternative zu den flüchtigen und wenig aussagekräftigen Ziffernnoten zu bieten. Daraus entstanden ist der Aspekt der **„Lernbeweise“**, Arbeitsproben also, an denen die Fortschritte der Schüler besonders sichtbar werden. Außer der „Sammlung“ gibt es keine Merkmale, die auf jeden Fall erfüllt sein müssen, um vom Portfolio sprechen zu können. Für die individuelle Förderung ist die **Reflexion des Lernfortschritts** entscheidend.

Arbeitsproben für das Portfolio können sein:

▷ kopierte Arbeitsblätter, Texte,
▷ Zeichnungen,
▷ Fotos von Präsentationen oder Aufführungen, CDs,
▷ Testergebnisse.

Themenportfolio – Exemplarische Lernreflexion

A Idee zur IF:

Das Themenportfolio (vgl. **KV 54–55** im Anhang S. 183–184 und auf der CD) hat Überschneidungen mit der Projektarbeit. Die Schüler setzen sich selbst Ziele, schätzen ihre Zeit und Ressourcen ein, reflektieren regelmäßig ihre Fortschritte und passen ihre Ziele ggf. an die Gegebenheiten an. Im Themenportfolio findet eine exemplarische Lernreflexion statt, die den Aneignungsprozess des neuen Themas begleitet.

B Ablauf (vgl. **KV 55** im Anhang S. 184 und auf der CD):

Die Schüler arbeiten in der Schule – meistens auch zu Hause – an ihrem Portfolio. Am Anfang steht die Zielplanung und die Aktivierung des Vorwissens als Gegenüberstellung: *„Was weiß ich schon über das Thema?"* und *„Was möchte ich in der Arbeit klären?"*. Im nächsten Schritt erfolgt eine ressourcenorientierte Zeitplanung: *„Was brauche ich? Was davon steht mir schon zur Verfügung?"*, *„Wie will ich vorgehen?"*. Danach folgt eine erste Arbeitsphase mit fortschreitender Erfolgsreflexion mit der Anpassung der Ziele und schließlich, als letzter Schritt, eine Abschlussauswertung: *„Was war erfolgreich?"*, *„Wie hängen Zielformulierung und Ergebnis zusammen?"*, *„Was würde ich nächstes Mal anders machen?"*.

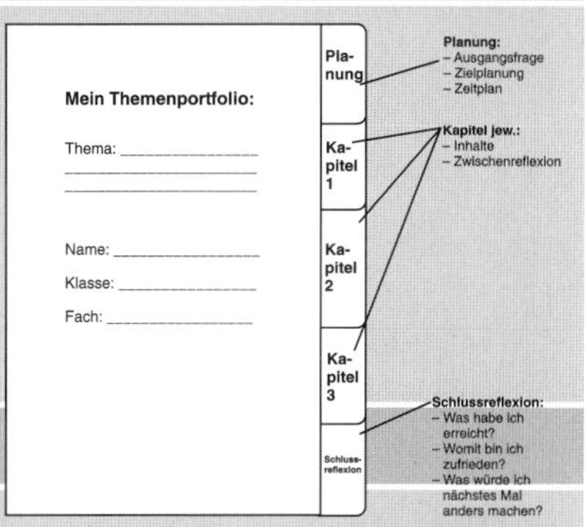

Abb. 14

C Varianten:

1. Arbeit in Gruppen
Gerade jüngere Schüler können gut gemeinsam am Themenportfolio arbeiten. Dann kommt die Aufteilung der Arbeit auf die Gruppenmitglieder hinzu und ggf. eine Reflexion der Teamarbeit.

2. Lernwegportfolio
Das Lernwegportfolio bezieht sich auf den gesamten Lernprozess eines Schülers und wird meistens ab der 5. Klasse angelegt. Die Schüler notieren hier, welche neuen Lerntechniken sie sich aneignen (Methodenspeicher), womit sie gut zurechtkommen und wie sich ihr Lernen verändert. (Vgl. nachfolgenden Infokasten „Weitere Portfoliovarianten".)

D Rolle des Lehrers:

Beratung und Ermutigung, wenn sich die Schüler zu viel vornehmen. Ggf. Feedback zu den Zwischenreflexionen, Kommentierung und/oder Korrektur

E Organisatorisches/Schulformen:

Das Themenportfolio kann auch als Vorbereitung für die **Facharbeit in der Oberstufe** dienen.
In der GS hat das Themenportfolio Überschneidungen zur **Werkstattarbeit** und kann als Klammer für ein Lernen an Stationen genutzt werden.

F Tipps und Tricks:

1. Um die **Benotung** des Themenportfolios kommen Sie – zumindest an weiterführenden Schulen – nicht herum. Die Lernreflexion als solche sollten Sie dabei nach Möglichkeit nicht in die Bewertung miteinbeziehen. Arbeiten Sie in jedem Fall mit einer **Kriterienliste**, die den Schülern die Gewichtung der verschiedenen Anteile des Portfolios transparent macht.
2. Gerade beim Themenportfolio entwickeln Schüler wahre Kunstwerke. Bei hohem gestalterischem Engagement fällt es den Schülern oft schwer, zu verstehen, weswegen ihre Note z. B. wegen inhaltlicher Ausführungen schlechter ausfällt. Um ein zusätzliches Engagement zu würdigen, können Sie mit einer **individuellen Bonuskategorie** bei der Benotung arbeiten.

Links:

▷ http://www.foerdern-individuell.de/userfiles/Persoenlichkeitstaerken/HSNeutr_Portfolioarbeit_Lehrerhinweise-1.doc (Hinweise vom Kultusministerium Bayern)
▷ http://www.portfolio-schule.de/

WEITERE PORTFOLIOVARIANTEN

Die Begrifflichkeiten rund ums Portfolio sind leider alles andere als eindeutig. Hier einige Annäherungen:

▷ **Präsentationsportfolio:** Hier steht die Präsentation der Lernergebnisse im Vordergrund. Die Lernreflexion hat allenfalls exemplarischen Charakter, um rückwirkend den Prozess zu beschreiben. Zum Themenportfolio besteht ein fließender Übergang.
▷ **Bewerbungs- oder Qualifikationsportfolio:** Die Schüler stellen repräsentative Arbeitsproben ihrer Kompetenzen zusammen, die sie ins Verhältnis zu ihrer Bewerbung setzen und entsprechend kommentieren.
▷ **Entwicklungsportfolio:** Erzieherinnen im Kindergarten stellen die Arbeitsproben der Kinder zusammen, um den Entwicklungsprozess zu dokumentieren. Das Entwicklungsportfolio findet sich aber als Sammlung von Diagnoseergebnissen und Förderplänen auch im Grundschulbereich.
▷ **Fach- oder Kursportfolio:** Die normalen Arbeitshefte oder -hefter werden vorstrukturiert und durch regelmäßige Lernreflexionen, einen Methodenspeicher oder das Lernarchiv erweitert.

Lerntagebuch

A **Idee zur IF:**

Das Lerntagebuch begleitet den aktiven Aneignungsprozess der Schüler und macht ihnen ihren eigenen Fortschritt sichtbar. Meistens wird das Lerntagebuch als Beispiel der **Begabtenförderung** angeführt, da leistungsstärkere Schüler Eintragungen machen, wenn sie mit anderen Aufgaben fertig sind. Wenn sich lernschwächere Schüler darauf einlassen, können jedoch auch bei ihnen Verständnislücken schnell erkannt und präziser aufgehoben werden. Gehen die Schwierigkeiten mit mangelnder Sprachkompetenz einher, kann das Lerntagebuch einen **Trainingseffekt** haben (vgl. unten Lesetagebuch), sollte dann aber nicht eingesetzt werden, um die Schüler in anderen Lernbereichen zu fördern. Schülern, die im sprachlichen Bereich ihre Stärken haben, kann das Lerntagebuch dagegen eine große Hilfe sein, um sich auch andere Inhalte, z. B. im mathematisch-naturwissenschaftlichen Unterricht, anzueignen.

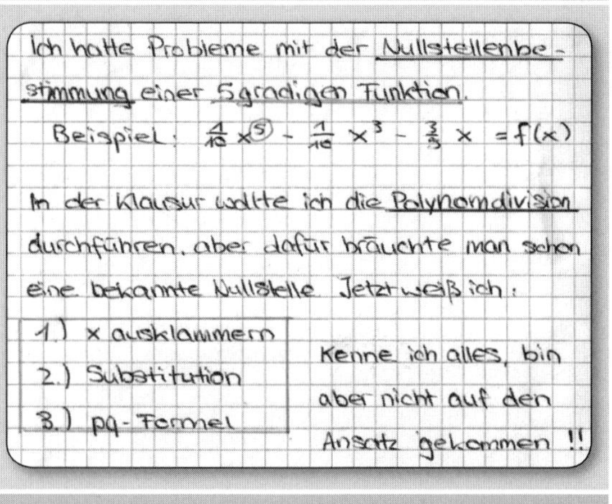

B **Ablauf:**

Alle Assoziationen, die Sie beim Stichwort „Tagebuch“ haben, sind eine gute Orientierung für die Einführung der Methode. Das Lerntagebuch ist eine Kladde, ein Heft oder Kalender. Die Schüler nehmen zu festen Zeiten im Unterricht und nach eigenem Interesse Eintragungen vor. Damit die positiven Effekte greifen können, ist es wichtig, das Tagebuch als ein eher **privates Instrument** zu verstehen. Es wird i.d.R. nicht benotet und nicht korrigiert. Die Schüler nehmen Eintragungen darin vor, wenn ihnen im Unterricht etwas wichtig ist oder wenn sie sich über ein Vorgehen klar werden wollen. Typischerweise wird es (z. B. in Mathematik) zur **Fehleranalyse** und **Reflexion der Vorgehensweise** eingesetzt. Hinweise zum Führen eines Lerntagebuches s. **KV 56** im Anhang S. 185 und auf der CD.

C **Varianten:**

1. Lesetagebuch:
Die Schüler begleiten eine Lektüre im Unterricht mit freien Eintragungen oder erhalten von Ihnen gezielte Arbeitsaufträge. Sie stellen die Protagonisten vor oder fassen die einzelnen Kapitel in kurzen Abschnitten zusammen. Für manche wird damit ein bewusstes Lesen überhaupt erst möglich, weil sie das Gelesene direkt übertragen müssen. Durch die Arbeitsaufträge können Sie auf die unterschiedlichen Lesekompetenzen eingehen und gezielt einzelne Schüler fördern. Da es von vornherein auf einen begrenzten Zeitraum angelegt ist, kann das Lesetagebuch gut zur Einführung der Methode genutzt werden.

2. Schnipselheft – Scrapbook (vgl. Bsp. **Abb. 13**, S. 90):
Es müssen nicht immer Texte sein. Schnipselhefte sind simple Blankohefte, deren Seiten die Schüler frei gestalten können. Sie können malen, Collagen kleben (z. B. zu Vokabeln), Broschüren oder Materialien einkleben und diese kommentieren oder auch schöne Lernergebnisse übertragen.

3. Klassentagebuch:
Wenn es Ihnen schwer zu bewältigen scheint, die Lerntagebücher von über 25 Schülern gebührend zu kommentieren oder in den Unterricht einzubinden, können Sie auch ein Klassentagebuch einführen. Wechselnde Schüler bekommen dann die Aufgabe, nacheinander eine Seite zu gestalten, wichtige Ereignisse der Klasse festzuhalten und Lernfortschritte zu kommentieren.

D **Rolle des Lehrers:**

Die Schüler sollten möglichst selbstständig über ihr Lerntagebuch verfügen. Manche Lehrer nutzen das Lerntagebuch, um den Schülern direkte Feedbackkommentare zu den Eintragungen zu schreiben. Im besten Fall beteiligen Sie die Schüler daran, zu entscheiden, wie oft und in welcher Form Sie auf das Lerntagebuch eingehen sollen.

E **Organisatorisches / Schulformen:**

„Schnipselhefte“ können in der ersten Klasse eine Vorbereitung auf ein späteres Lerntagebuch sein.

F **Tipps und Tricks:**

Ein Lerntagebuch müssen letztlich auch nicht alle Schüler einer Klasse führen. Sie können es auch erst einzelnen Schülern anbieten, die dann für sich entscheiden, ob es ihnen bei der Arbeit hilft.

Lerntandem – Wir ziehen uns gegenseitig vorwärts

A **Idee zur IF:**

Im Lerntandem vereinbaren zwei Schüler mithilfe eines **Planungsbogens**, sich gegenseitig inhaltlich oder „moralisch“ bei ihren jeweiligen Lernvorhaben zu unterstützen. Das Tandem fördert die inhaltliche Verbesserung der Schüler in einem Fach. In erster Linie ist es aber ein Instrument, um die Schüler an ein **selbstständiges Aufarbeiten** ihrer Defizite heranzuführen. Vgl. hierzu **KV 57–58** im Anhang S. 186–187 und auf der beiliegenden CD.

B **Ablauf:**

Sie schlagen zwei Schülern vor, das Lerntandem auszuprobieren, oder einem einzelnen Schüler, sich einen Tandempartner zu suchen. Die Tandempartner bereiten den Planungsbogen vor, suchen sich ihre Ziele aus und überlegen, wie sie diese erreichen können. Der Lehrer macht **Verbesserungsvorschläge**. Die Schüler suchen sich Zeiten und Räumlichkeiten selbstständig aus (zu Hause, wenn möglich im Schulgebäude). Für eine zuvor festgelegte Zeit (z. B. drei Wochen) wird das Tandem ausprobiert. Danach erfolgt ein weiteres **Beratungsgespräch**, in welchem zunächst reflektiert wird, wie verbindlich die beiden Tandempartner mit ihrer gemeinsamen Arbeit umgegangen sind und wo sich die Arbeit verbessern lässt. In diesem Gespräch wird festgelegt, wann die nächste Beratung stattfinden soll. Wenn das Tandem gut läuft, können die Phasen zwischen den Gesprächen jeweils verlängert werden und schließlich nur noch sporadisch erfolgen.

C **Varianten:**

1. Die beiden Schüler können leistungshomogen oder -heterogen zusammengesetzt sein.
2. Fachlehrer und Berater sind nicht die gleiche Person. Auch **ältere Schüler**, die in Beratungsgesprächen geschult sind, können die Betreuung übernehmen.

D **Rolle des Lehrers:**

Beratende Unterstützung, Materialien auf inhaltlich konkrete Anfrage ausgeben

E **Organisatorisches/Schulformen:**

Die Methode ist auf den ersten Blick für Schüler der weiterführenden Schule geeignet. Allerdings werden in der Grundschule **Helfersysteme** viel häufiger eingesetzt. Der Schritt von hier zum Lerntandem ist nur die schriftliche Vereinbarung der Schüler untereinander.

F **Tipps und Tricks:**

1. Fangen Sie in einer Klasse mit Schülern an, denen sie zutrauen, gute Erfahrungen mit dem Tandem zu machen. Die Methode kann sich dann als **„stille Post“** in der Klasse verbreiten.
2. Mithilfe einer **Schachuhr** können die Schüler jeweils messen, wie lange sie produktiv gearbeitet haben, wenn sie die produktiven Zeiten in eine Fieberkurve eintragen. Pausen und Abschweifungen gehören zu jedem Arbeitsprozess und müssen ausdrücklich zugelassen sein, damit sie im Rahmen bleiben.

5.5 KOOPERATIVE LERNFORMEN NUTZEN (*Dirk Schlechter*)

„Kinder, heute machen wir Gruppenarbeit!“, dieser vertraut klingende, aber etwas plumpe Impuls zur Ankündigung eines Arbeitsformwechsels ist weit von modernen Organisationsformen des kooperativen Lernens entfernt:

Im Allgemeinen versteht man unter kooperativem Lernen Lernarrangements wie Partner- und Gruppenarbeiten, die eine koordinierte und konstruktive Aktivität der Schüler verlangen, um eine gemeinsame Lösung eines Problems oder ein gemeinsames Verständnis einer Aufgabe zu entwickeln. Kooperatives Lernen und individuelle Förderung stehen in einem unmittelbaren Zusammenhang. So sind Formen des kooperativen Lernens auf die autonome Arbeit von Gruppen ausgerichtet, was dem Lehrer neue Handlungsspielräume zur Förderung einzelner Schüler im Unterricht eröffnet. Frontalunterricht kann zu einer Entdifferenzierung in Schulklassen führen, die den Schülern nicht gerecht wird. Unterschiedliche Schüler benötigen im Regelfall unterschiedliche Hilfestellungen, ein eigenes Tempo, Erklärungshilfen, Beispiele, einen Experten bzw. Helfer (s. S. 109–110) usw.

Wieso profitiert aber das Individuum von der Kooperation in der Gruppe?
Zunächst einmal begreifen Schüler wesentliche Teile des Gelernten erst dann, wenn sie es anderen selbst vermitteln. Gruppen können zudem schwierigere Aufgaben besser als Einzelne lösen. Wenn heterogene Gruppen zusammenarbeiten, z. B. Schüler unterschiedlicher Herkunft und Sprachen, schwächere und stärkere Schüler, Mädchen und Jungen, Schüler mit unterschiedlichen Lernstilen, mit unterschiedlichen Persönlichkeiten und Sozialkompetenzen, verstehen sie die Unterschiede besser und lernen schneller, wie sie ergebnisorientiert und konstruktiv agieren können. Die Fähigkeit zu kritischem Denken wird individuell gefördert durch kooperatives Lernen. Auch wird der Unterrichtsstoff von den Schülern in aller Regel nachhaltiger gelernt. Ein Vorteil, der sogar in einem später folgenden Hochschulstudium von Nutzen sein kein, wenn die Studierenden sich gegenüber dem autonomen Lernprozess für das Lernen in einer Lerngruppe entscheiden. Genauso zahlt sich dieses Wissen hinterher im Berufsleben aus, wo Lösungen und Verbesserungsmöglichkeiten in Kooperation schneller und effizienter gefunden werden können, als sie ein Einzelkämpfer jemals finden würde. Das kooperative Lernen ist also ein **Modelllernen** für die späteren Anforderungen an das Individuum im Berufsleben und für den weiteren Bildungsweg. Bereits in der Schule können wichtige Elemente wie Selbststeuerung, -kontrolle und -verantwortung vermittelt werden (s. folgendes Kap.).

Was in der Gruppe gelernt worden ist, kann man hinterher meist auch erfolgreich als Einzelner umsetzen. Lernende helfen sich gegenseitig und können so eine fördernde Gemeinschaft bilden, die das Leistungsniveau jedes Individuums deutlich ansteigen lässt. Grundsätzlich hat sich folgende Dreischrittigkeit beim kooperativen Lernen bewährt: Nachdenken (allein) – Ergebnisse vergleichen – Ergebnisse vor dem Plenum präsentieren (s. S. 101 Placemat-Methode).

In diesem Unterkapitel finden Sie Anregungen, wie Sie bewährte Methoden des kooperativen Lernens ohne großen Aufwand in Ihren Unterricht integrieren können und wie Sie es für die individuelle Förderung nutzbar machen können.

☐ ROLLENDIFFERENZIERUNG BEI GRUPPENARBEITEN: VERTEILUNG UNTERSCHIEDLICHER ROLLENFUNKTIONEN IN KOOPERATIVEN PHASEN

„Könnt ihr das nicht selbst unter euch in der Gruppe regeln?“,

„Seid ihr mit dieser Aufgabe immer noch nicht fertig?“ oder

„Immer muss man euch alles zehn Mal sagen!“

So oder so ähnlich klingt es, wenn Lehrer Schüler bei der Gruppenarbeit wie ein Sklaventreiber zum selbständigen Arbeiten animieren. Doch Selbstständigkeit im Rahmen kooperativer Arbeitsformen wie der Gruppenarbeit lässt sich nur schwer verordnen, wenn die Kontrolle letztlich doch vom Lehrer ausgeht.

Zunächst einmal besteht ja grundsätzlich bei fast jeder Gruppenarbeit die Möglichkeit, Schüler selbstständig bestimmen zu lassen, wer bei der Gruppenarbeit welche **individuelle Rolle/individuelle Funktion** übernimmt. Diese Variante führt bei der Bildung der Gruppen im Vorfeld der Gruppenarbeit deutlich seltener zu Konflikten mit dem Lehrer und stellt sich damit scheinbar als eine den Schülern gegenüber unbelastete und gerechte

Möglichkeit zur Vorstrukturierung der Gruppen dar.

Gibt der Lehrer allerdings von Anfang an vor, welche Aufgabe ein Schüler bei der Gruppenarbeit erledigen muss, so führt dies häufig zu Widerstand. Bestimmte Rollen, vor allem die Zuweisung der Funktion an einzelne Schüler, allein Ergebnisse vor der gesamten Klasse präsentieren zu müssen, stoßen häufiger auf Ablehnung bei den Schülern. Schnell werden dem Lehrer unbequeme Fragen gestellt wie *„Wieso muss die nichts machen und ich muss vor der Klasse allein das Gruppenergebnis präsentieren?“* oder es wird kommentiert *„Ich will das nicht, ich konnte das noch nie und mache das auch sonst niemals“*. Solche Konflikte kann man vermeiden, wenn die Schüler selbst ihre Funktion bei der Gruppenarbeit klären. Doch wie so häufig ist nicht immer das, was den Schülern angenehm erscheint, auch auf lange Sicht gut für ihre individuelle Weiterentwicklung.

Im Folgenden sollen die Vorzüge einer durch den Lehrer vorgenommenen Rollenverteilung im Vorfeld von Gruppenarbeit und ihre Bedeutung für die individuelle Förderung herausgestellt werden. Auch soll es um den großen Vorteil eines regelmäßigen Wechsels von Rollenfunktionen innerhalb länger bestehender Gruppen, also Rollendifferenzierung bei Gruppenarbeiten im **Rotationsprinzip**, gehen und dabei aufgezeigt werden, welche Chancen in der Abwandlung der Sozialform Gruppenarbeit durch die Verwendung von Rollenfunktionen liegen.

Was ist unter Rollenfunktionen überhaupt zu verstehen und wieso müssen sie eingeübt werden?

Ähnlich wie bei der Methode Rollenspiel erhalten Schüler vor Beginn einer Gruppenarbeit Rollenkarten, auf denen eine bestimmte Rolle festgelegt ist. Dies macht allerdings nur Sinn, wenn es sich um länger andauernde Gruppenarbeitsphasen handelt.

Das zentrale Grundprinzip der Rollendifferenzierung ist die Befähigung der Schüler zur Selbststeuerung, Selbstkontrolle und Selbstverantwortung durch die individuelle Förderung eines jeden Schülers bei der Ausübung einer Rollenfunktion während der Gruppenarbeit.

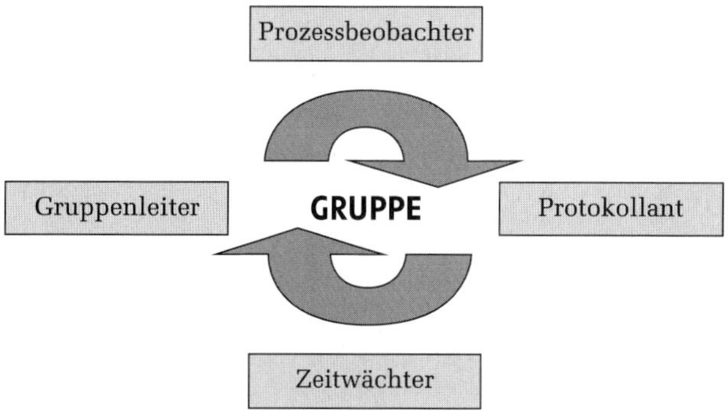

Abb. 15 Rotationsprinzip der Rollenfunktionen innerhalb von Schülergruppen

„Sie sind doch der Lehrer, das müssen sie entscheiden, oder?“ heißt es häufig, wenn Schüler mit der ihnen verordneten Eigenverantwortlichkeit noch überfordert sind und sie ihnen als unheimlich erscheint. Es ist im Allgemeinen nicht üblich, als Lehrer die Kontrollhoheit an die Schüler zu delegieren. Keinesfalls wird die Übernahme von Verantwortung bzw. das Ausfüllen einer Rolle im Rahmen einer Gruppenarbeit immer auch so funktionieren wie gedacht. Es braucht Zeit, die Einsicht der Schüler und Übung, bis Selbstkontrolle, Selbststeuerung und Selbstverantwortung verinnerlicht worden sind.

Damit aber systematisch jeder Schüler die Gelegenheit dazu bekommt, jede Rolle bei der Gruppenarbeit ausüben zu können, kann das ***Rotationsprinzip*** eingesetzt werden (vgl. **Abb. 15**). Häufig lehnen Schüler aufgrund bestimmter Vorlieben und ggf. auch wegen schlechter Erfahrungen im Vorfeld bestimmte Rollen bei der Gruppenarbeit ab. Auch die Rolle, die sie in der Gruppe der Gleichaltrigen (Peergroup) spielen, überlagert oft die, die während der Gruppenarbeit eingenommen wird. Somit kommen z. B. manche Schüler von allein niemals in eine leitende Funktion während der Gruppenarbeit. Ihre Rolle wird oftmals durch die soziale Hierarchie im Klassenraum vorherbestimmt. Um Abhilfe zu schaffen, kann ein Rotationsprinzip gewählt werden, bei dem jeder Schüler auch solche Rollen ausübt, deren Ausübung ihm große Mühe bereiten. Es kann auch für einen Schüler, der oftmals in der leitenden Rolle ist, heilsam sein, diese Rolle nicht immer übernehmen zu dürfen. Rotiert wird die Rollenfunktion (Protokollant, Zeitwächter, Prozessbeobachter, Gruppenleiter) aber erst bei der folgenden Gruppenarbeit, nicht während einer bestehenden. Durch die Übernahme jeder möglichen Rolle werden die Schüler auch bei der Übernahme ungeliebter Rollen individuell gefördert.

Darüber hinaus können die Schüler im Anschluss an Gruppenarbeiten zur Reflexion darüber angeregt werden, ob die Rollen von den einzelnen Schülern sinnvoll ausgefüllt wurden und ob die Selbststeuerung innerhalb der Gruppe erfolgreich war. Lehrer sollten also den Mut haben, Schüler zur Selbstkontrolle anzuregen.

Werden Rollenfunktionen im Vorfeld einer Gruppenarbeit nicht geklärt, so wird der Interaktionsprozess in vielen Gruppen nicht kontrolliert ablaufen, weil sich z. B. niemand dafür verantwortlich fühlt, die Gruppenergebnisse später im Plenum vorzustellen, oder niemand dafür verantwortlich ist, Materialien zur nächsten Gruppenarbeit mitzubringen. Rollenfunktionen schaffen Transparenz für Schüler und Lehrer, was während einer Gruppenarbeit von wem geleistet werden soll. Bekannte Beispiele für Rollenfunktionen, die bei Gruppenarbeiten vergeben werden können, sind folgende (siehe auch **Abb. 16**):

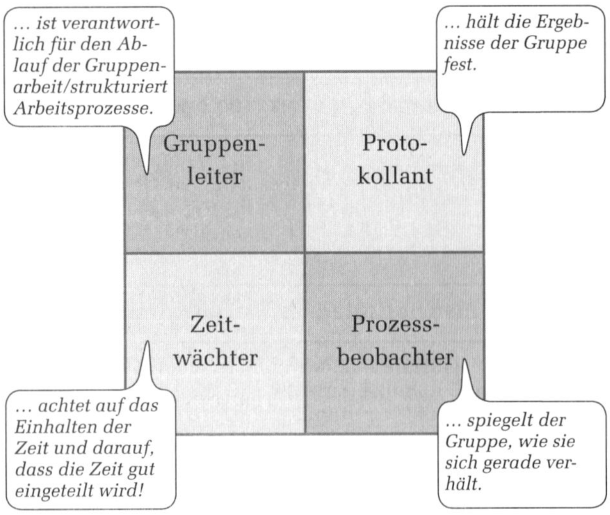

Abb. 16 Beispiele für Rollenfunktionen bei Gruppenarbeiten

GRUPPENLEITER (CHAIRMAN):

Erhält ein Schüler die Rollenkarte „Gruppenleiter", so hat er eine besondere Verantwortung für den Arbeitsprozess und wächst dann auch mit der Aufgabe, eine leitende Funktion ausfüllen zu müssen. Ein Gruppenleiter ergreift in der Gruppe immer wieder aufs Neue die Initiative. Er ist darüber hinaus für die Strukturierung des Arbeitsprozesses verantwortlich und kann bei strittigen Fragen, bei denen sich die Gruppe nicht einigen kann, eine endgültige Entscheidung treffen. Der Leiter trainiert hierbei, seine Leitungsposition auch auszufüllen. Andere Schüler der Gruppe lernen, sich in eine Arbeitshierarchie einzufügen.

ZEITWÄCHTER:

Der Zeitwächter achtet auf die Einhaltung der Zeit und darauf, dass die Zeit zur Gruppenarbeit von Anfang an gut eingeteilt wird. Ein ökonomischer Umgang mit der zur Verfügung gestellten Arbeitszeit bereitet vielen Schülern Probleme. Vielfach füllen Lehrer die Rolle des Zeitwächters aus, damit verbauen sie aber Schülern die Chance, selbst zu lernen, dass man im Sinne einer Selbstkontrolle auf die Zeit achten muss. Ein Zeitwächter muss den anderen Gruppenmitgliedern stets bewusst machen, welche Restzeit noch zur Verfügung steht.

PROTOKOLLANT:

Der Protokollant hält das von der Gruppe Erarbeitete fest. Dies kann im Heft, auf einem Plakat oder in der Form eines anderen Lernproduktes erfolgen (z. B. Powerpoint-Präsentation o. Ä.). Der Protokollant präsentiert auch die Arbeitsergebnisse der Gruppe. Er muss von Anfang an wissen, in welcher Form (Lernprodukt) die Präsentation geschehen soll. Die Gruppe muss also sehr bald einen Konsens darüber erzielen, welche Form gewählt werden soll. Denn von der Form (Lernprodukt) hängen auch die Art der Notizen und die Art des Protokolls ab. Einige Lehrer halten gerade die Vergabe der Rolle eines Protokollanten an einen einzigen Schüler für problematisch, da die anderen Rollen sich weniger förderlich auf die Schreib-, Denk- und sprachliche Darstellungsfähigkeit der einzelnen Schüler auswirken. Darum ist es durchaus möglich, mehrere Schüler einer Gruppe zu Protokollanten zu machen und andere Rollen ergänzend zu der des Protokollanten zu vergeben. Dies gelingt allerdings im Grundschulbereich vor allem in den ersten beiden Jahrgangsstufen nicht, da ergänzende Rollen hier eine Überforderung der Schüler darstellen können. Die Auswahl bestimmter Lernprodukte, die den Arbeitsprozess von Gruppenarbeiten ja stark vorstrukturieren, können die Rolle eines einzelnen Protokollanten völlig unsinnig erscheinen lassen (z. B. Erstellung eines Hörspiels, in dem verschiedene Sprechrollen von verschiedenen Personen ausgefüllt werden müssen).

PROZESSBEOBACHTER:

Der Prozessbeobachter sollte der Gruppe spiegeln, wie sie sich gerade verhält. Er hat die Möglichkeit, die Gruppe in einem ständigen Reflexionsprozess über die Qualität der gerade stattfindenden Arbeitsphase zu informieren. Er kann dazu auf einem DIN-A4-Blatt vier Felder einzeichnen, auf denen er einen Prozess-Stein (Spielfigur bzw. -stein z. B. von einem Mühlespiel) jeweils in das Feld schiebt, auf dem die Gruppenaktivität vermerkt ist, z. B. Prozess, Störung, Pause, Seitengespräch mit einer anderen Gruppe (s. **Abb. 17**). Eine weitere Möglichkeit zur Selbstbeurteilung der Qualität des Gruppenprozesses (z. B. in Grundschulklassen) ist die Verwendung von Piktogrammen auf dem DIN-A4-Blatt anstelle der Begriffe Prozess, Störung, Pause und Seitengespräch oder die Verwendung einer Ampel, die die Qualität des Arbeitsprozesses in der Gruppe widerspiegelt (Rot: Die Gruppenarbeit geht nicht mehr voran, Gelb: Störung der Gruppenarbeit, Grün: Es geht zügig voran.).

IM PROZESS	**STÖRUNG**
PAUSE	**SEITENGESPRÄCH**

Abb. 17 Prozesskartenfelder

LÄRMPEGELWÄCHTER (ALTERNATIVE): Eine Alternative zur Rolle des Protokollanten ist die Vergabe der Rolle des Lärmpegelwächters. Der Lärmpegelwächter achtet auf eine angemessene Arbeitslautstärke der Gruppe und weist seine Mitschüler ggf. darauf hin, sich leiser miteinander auszutauschen, damit andere Gruppen nicht bei der Arbeit durch ein zu lautes Gespräch gestört werden. Sofern vorhanden, kann eine Lärmampel den Geräuschpegel anzeigen. Solche Ampeln sind bei Schulausstattern erhältlich.

Rolle des Lehrers während der Gruppenarbeit:

Der Lehrer sollte seine Aktivität während und nach der Gruppenarbeit gegenüber den Schülern genau beschreiben, sonst kann es zu Unmutsäußerungen seitens der Schüler kommen, z. B. *„Immer, wenn Ihnen das Unterrichtsthema nicht so gut passt, dann machen Sie Gruppenarbeit. Dann sagen Sie: So, jetzt erarbeitet euch das mal in Gruppenarbeit selbst und präsentiert es auf einem Plakat. Wenn dann nichts dabei herauskommt, dann schimpfen Sie mit uns und die Klassenarbeit geht sowieso über den richtigen Unterricht.“* Am Anfang eines Schuljahres sollte der Lehrer den Schülern seine Auffassung über den hohen Wert von Gruppenarbeit und den Wert der dabei erzielten **Arbeitsergebnisse** erläutern. Es sollte z. B. deutlich werden, dass die Ergebnisse kooperativer Arbeitsphasen von hoher Qualität sein müssen, damit sie später im Rahmen von Leistungsüberprüfung (z. B. in Klassenarbeiten oder schriftlichen Übungen) abprüfbar sind.

Auch sollte geklärt werden, wie alle Schüler die Arbeitsergebnisse später für die Vorbereitung von Leistungsüberprüfungen zu ihren Unterlagen nehmen können. Werden beispielsweise Referate gehalten, so reicht es nicht aus, den anderen Gruppen bei der Präsentation einfach nur zuzuhören und deren Plakate anzuschauen. Es reicht außerdem nicht, auf die nochmalige Aufbereitung des präsentierten Unterrichtsstoffes durch den Lehrer zu hoffen, sondern es sollte am Ende einer Gruppenpräsentation entweder ein Endergebnis von allen Schülern z. B. von der Tafel abgeschrieben oder es sollte ein Thesenpapier mit den wichtigsten Arbeitsergebnissen der Gruppen für alle vervielfältigt werden. Auch verrätselte Lernerfolgsüberprüfungen, die die Schüler für ihre Mitschüler z. B. als Quiz zum Abschluss der Präsentation organisieren, sind denkbar. Mittlerweile besteht auch die Möglichkeit, Arbeitsergebnisse von Schülern in das Internet zu stellen. Ältere Schüler können das selbst organisieren, wenn sie dazu im Vorfeld von Gruppenarbeiten Schritt für Schritt befähigt werden. Eine weitere Option kann die Erstellung eines Newsletters sein, der per E-Mail an alle Schüler regelmäßig die Gruppenarbeitsergebnisse weiterleitet. Für jüngere Schüler kann der Lehrer diese Aufgabe übernehmen und z. B. mit der Digitalkamera abfotografierte Plakate als Ergebnissicherung austeilen – auch solche Fotos lassen sich per E-Mail problemlos über einen Verteiler versenden. Moderne Formen der Gruppenarbeit fordern Lehrern eine erhöhte Medienkompetenz ab. Grundsätzlich verfügen aber auch die Schüler oft selbst über entsprechende Fähigkeiten, die für den Unterricht genutzt werden können.

Die Gruppenarbeit der Schüler sollte ein **selbstgesteuerter Prozess** sein. Manchmal können sogar Rückfragen der Schüler durch den Verweis auf notwendige Selbstständigkeit auch erfolgreich ganz unterbunden oder wenigstens eingeschränkt werden. Auch hier gibt es allerdings Ausnahmen. Vor allem in den ersten Jahrgangsstufen der Grundschule scheint diese Verfahrensweise weniger sinnvoll, da grundlegende Fähigkeiten der Selbstorganisation bei den Schülern noch nicht vorhanden sind und erst eingeübt werden müssen.

Viele Lehrer empfinden sich während selbstverantwortlicher Arbeitsphasen als untätig und geraten wegen der Ansprüche an ihr eigenes Rollenbild mit sich selbst in einen Konflikt. Sie möchten sich aktiv am Geschehen beteiligen, den Schülern helfen und diese individuell fördern. Selbstständigkeit kann aber eben gerade dadurch gefördert werden, dass man nicht zu sehr bzw. möglichst gar nicht in die Arbeitsprozesse der Schüler eingreift.

Auch die **Beurteilung von Gruppenarbeiten** kann durch die Nutzung der Selbstbeurteilungskompetenz von Schülern verbessert werden, indem die Schüler eigenständige Entscheidungen zur Bewertung vornehmen. Einerseits besteht die Möglichkeit, dass sich Schülergruppen im Vorfeld darauf einigen, ob es eine Note für alle Gruppenmitglieder oder eine Einzelbenotung geben soll. Besonders eignet sich das Verfahren Notenpool[1], welches eine hohe Selbstbeurteilungskompetenz erfordert. Bei diesem Verfahren erarbeiten die Schüler einen Notenvorschlag für die einzelnen Gruppenmitglieder oder die gesamte Gruppe und unterbreiten diesen dem Lehrer. Letztlich ist der Lehrer allerdings gehalten, die Benotung vorzunehmen, um sich im Rahmen des geltenden Schulgesetzes zu bewegen und die Schüler nicht vor eine Aufgabe zu stellen, die ihren Fähigkeiten nicht entspricht. Jede Gruppe bekommt einen Punktepool, der sich aus der Multiplikation der Note für das Gruppenergebnis mit der Anzahl der Gruppenmitglieder ergibt. Die Anzahl der Punkte wird dabei vom Lehrer vorgegeben, die Schüler können in der Gruppe die Punkte gerecht verteilen und später im Plenum ihre Vorstellungen von der Punkteverteilung innerhalb ihrer Gruppe mitteilen. Dabei dürfen die Gruppen grundsätzlich auch mehr Punkte verteilen, als ihnen vorher vom Lehrer vorgegeben wurden. Das muss dann aber gut begründet und im Plenum bestätigt werden. Eine Gruppe, die beispielsweise 15 Punkte pro Schüler für ihr Gruppenergebnis erhält und über eine Anzahl von 5 Gruppenmitgliedern verfügt, erhält demnach 75 Punkte, die sie gruppenintern verteilen kann. Bedenklich ist das Verfahren bei solchen Gruppen, bei denen die Schüler sich nicht eine Gruppe ihrer Wahl aussuchen konnten, sondern ggf. in eine Gruppe gekommen sind, in der sie innerhalb der sozialen Hierarchie eine ungünstige Position einnehmen. In einem solchen Fall kann es durchaus zu einer ungerechten Punkteverteilung kommen. Es macht also Sinn, wenn die endgültige Einschätzung vom Lehrer vorgenommen wird bzw. dieser in solchen Fällen die Rolle eines unabhängigen Schlichters übernimmt.

Bei dieser Methode ist es günstig, wenn vorher klare Kriterien zur Leistungsbewertung gemeinsam erarbeitet oder durch den Lehrer vorgegeben werden, z. B.

- Verteilung der Leistungsbereitschaft innerhalb der Gruppe,
- die Qualität der Teilbeiträge,
- der Umfang der Ausarbeitung der Teilbeiträge,
- organisatorische Aspekte,
- Kurzweiligkeit und
- Anschaulichkeit der Beiträge.

Besonders kurzweilig und didaktisch raffiniert wirkt z. B. die Einplanung von interaktiven Phasen, in denen die Klasse bei der Schülerpräsentation der Gruppe einbezogen wird. Kreative Ideen, wie z. B. ein abschließendes Quiz, welches die präsentierende Gruppe in Eigeninitiative zur Festigung der Lernergebnisse mit der ganzen Klasse durchführt, sollten bei der Bewertung positiv durch Sonderpunkte o. Ä. honoriert werden. Andere besonders zu honorierende Leistungen sind das Mitbringen von außergewöhnlichen Anschauungsmaterialien oder das Aufsuchen eines Experten außerhalb der Unterrichtszeit, um Informationen einzuholen. Auch hier gilt: Die Vergabe von Sonderpunkten sollte möglichst im Vorfeld der Gruppenarbeit anhand von Beispielen transparent gemacht worden sein.

Damit Kooperation gelingen kann, sollte es bei Gruppenarbeiten eine klare Rollenverteilung unter den Schülern geben, die die Selbststeuerung, Selbstkontrolle und die Selbstverantwortlichkeit der beteiligten Schüler fördert!

1 Vgl. Paradies, Liane: Leistungsmessung und -bewertung. Berlin 2005.

□ MIT KOOPERATIVEN LERNARRANGEMENTS INDIVIDUELL FÖRDERN

Placemat (Platzdeckchen)

A Idee zur IF:

Die Methode Placemat (Platzdeckchen) gehört zu den Methoden des kooperativen Lernens. Sie unterstützt vor allem assoziatives Lernen, d. h. sie kann beim Einstieg in völlig neue Themengebiete besonders gut eingesetzt werden, wenn die Schüler alles, was sie mit einem bestimmten Thema assoziieren, schriftlich fixieren wollen. Grundsätzlich eignet sich die Methode aber auch für nicht assoziative bzw. konkrete Aufgabenstellungen, sie hat lediglich ihren Ursprung im assoziativen Lernen.
Individuell gefördert werden die Schüler bei dieser für Gruppenarbeitsphasen geeigneten Methode deshalb, weil die Schüler sich zuerst allein ihre Gedanken zur Bewältigung einer Aufgabenstellung machen müssen ***(Denkphase)***. Sie werden dazu gebracht, ihre Gedanken zunächst eigenständig und ohne fremde Hilfe zu notieren. Erst dann sollen sie ihre individuellen Ergebnisse untereinander austauschen ***(Austausch- und Vergleichsphase)***, um sie im Anschluss vor der gesamten Klasse als gemeinsame Gruppenleistung vorzustellen **(Präsentationsphase)**. Es handelt sich eigentlich um eine moderne Form einer Schreibkonferenz, die zuverlässig verhindert, dass sich ein Schüler gedanklich ausklinkt.

B Ablauf:

Es können vom Lehrer eingangs Gruppen mit einer vorher genau nach vorhandenen Fähigkeiten und Voraussetzungen bei den Schülern bestimmten Zusammensetzung gebildet werden (schwache Gruppe, starke Gruppe, gemischte Gruppe usw.). So sollen im günstigsten Fall (gemischte Gruppe) schwache von starken Schülern im Bereich der Sachinhalte lernen, während die Starken ihre Sozialkompetenzen im Umgang mit Schwächeren ausbauen (z. B. gezielt Hilfen geben, ohne die Lösung gleich zu verraten). Mit der Platzdeckchenmethode erreicht man im Unterricht eine Vorstrukturierung im Sinne der Sozialformen, eine gezielte Abfolge von Einzel-, Partner- und Gruppen- sowie Plenumsarbeit (*Ich – Du – Wir*). Nach der Einzelarbeit erfolgt eine Beratung mit dem kritischen Freund (*critical friend*), im Anschluss wird überlegt, ob das Ergebnis mehrheitsfähig gemacht werden kann bzw. ob das Arbeitsergebnis zu einem Wissen wird, was allgemein anerkannt ist (*scientific community*). Vgl. hierzu **KV 59** im Anhang S. 188 und auf der CD.

C Varianten:

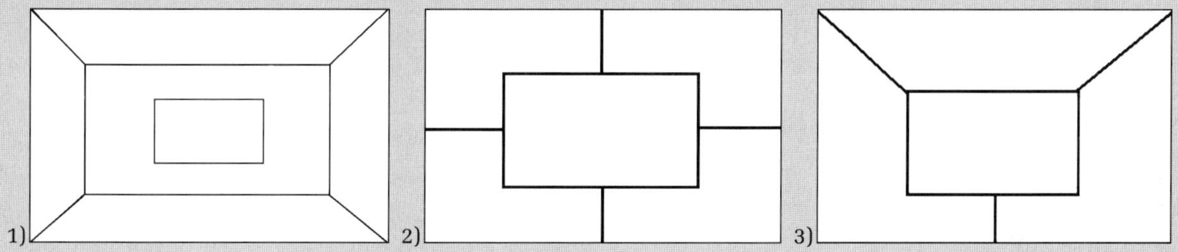

Manchmal können Schüler eine Aufgabe auch in der Gruppe nicht vollständig lösen bzw. nur in Teilen bewältigen. Offene Fragen oder ungelöste Aufgabenteile werden dann im Mittelfeld des Platzdeckchens in einem zusätzlichen Kasten aufgenommen (**Variante 1**). Es handelt sich dabei um Fragen/Probleme, die unbedingt ins Plenum kommen müssen bzw. dort unter Mithilfe der anderen Schüler und des Lehrers geklärt werden sollen. Grundsätzlich erklärt bei der Platzdeckchenmethode immer der wissende Schüler dem nicht wissenden Schüler den Sachverhalt. Die Schüler sollen sich zunächst untereinander helfen. Der weitere Mittelkasten ist eine Chance zur Vertiefung. Dies findet nicht in der eigentlichen Gruppenarbeitsphase statt, sondern später, und stellt eine besondere individuelle Förderung dar.

Das Platzdeckchen kann anders aufgeteilt werden (**Variante 2**).

Auch Dreiergruppen können an einem Platzdeckchen arbeiten (**Variante 3**).

D Rolle des Lehrers:

Eine besondere Chance beim Einsatz dieser Methode im Hinblick auf die Lehrerrolle und die Möglichkeiten zur individuellen Förderung besteht darin, dass der Lehrer aus seiner frontalen Rolle während der **Denk-** sowie der **Austausch- und Vergleichsphase** befreit ist. Er kann z. B. in einer besonders schwachen Gruppe mitarbeiten und damit seine Kontrolleurrolle und seine Autorität für einen begrenzten Zeitraum abgeben.
Die Methode bietet Chancen, kontraproduktives Konkurrenzverhalten in Gruppenarbeiten zu unterbinden, indem helfenden Schülern vor allem während der Austauschphase positives Feedback vom Lehrer gegeben wird und das Helfen sich am Ende auch lohnt bzw. in die Note einfließt.

E **Organisatorisches / Schulformen:**

Der Lehrer kann die Methode jederzeit und ohne großen Aufwand im Unterricht in jeder Schulform, in so gut wie jedem Fach und nahezu bei jeder Altersklasse einsetzen. Zunächst erhalten die Schüler die Kopiervorlage (s.o.), die den Ablauf der Methode organisatorisch genau vorgibt. Die Struktur des Placemats wird von den Schülern zunächst auf ein Plakat übertragen, dann kann die Arbeit beginnen.

F **Tipps und Tricks:**

Stehen keine Plakate zur Verfügung, kann die Platzdeckchenmethode im Notfall auf einem DIN-A4-Blatt angewendet werden. In der ersten und zweiten Klasse der Grundschule können fertige Platzdeckchen an die Schüler ausgegeben werden, in denen die Felder farbig markiert oder farbige Klebepunkte aufgebracht sind. So weiß jedes Kind, welches Feld sein eigenes Feld ist, und kann z. B. zu einem bestimmten Thema, sofern die Fähigkeit zum Schreiben noch nicht vorhanden ist, ein Bild in das Feld malen oder eine Lösung anderer Art einzeichnen.

Literatur:

▷ Green, Norm/Green, Kathy: Kooperatives Lernen im Klassenraum und im Kollegium. Das Trainingsbuch. Seelze-Velber 2007.

▷ Brüning, Ludger/Saum, Tobias: Erfolgreich unterrichten durch Kooperatives Lernen. Essen 2007.

Jigsaw-Methode (Expertengruppen)

A Idee zur IF:

Der Ursprung der Jigsaw-Methode geht auf den Wunsch zur Verbesserung des Lernerfolgs der Schüler bei Gruppenarbeiten zurück. Sie wurde vom Sozialpsychologen Elliot Aronson in den USA (1978) entwickelt. Bei herkömmlichen Gruppenarbeiten ist nicht sichergestellt, dass jeder Schüler sich zuvor auch tatsächlich an den Arbeitsergebnissen der Gruppe aktiv beteiligt hat. Durch die Jigsaw-Methode gelingt es im Sinne der individuellen Förderung, jeden Schüler zu einem **Experten** zu machen, der spätestens in seiner Stammgruppe aktiv werden muss, um den anderen über die Ergebnisse aus der Expertengruppe zu berichten. Individuell gefördert werden also vor allem Schüler, die sich gewöhnlich um die Rolle des Präsentators bei Gruppenarbeiten herumdrücken. Schüler, die sich bei der Arbeit in der Expertengruppe nicht gründlich genug vorbereiten, sind hinterher in der Stammgruppenphase nicht in der Lage, den Mitschülern Arbeitsergebnisse zu präsentieren. Das Problem fällt dann auf die ganze Gruppe zurück, die im Regelfall mit einem negativen Feedback auf die mangelnde Leistungsbereitschaft des unvorbereiteten Experten reagieren wird. Dieser soziale Druck ist wirksamer als der, der durch den Lehrer auf die Schüler ausgeübt wird, weil er unmittelbar aus der Gruppe der Gleichaltrigen kommt und der betreffende Schüler vor seinen Mitschülern nicht das Gesicht verlieren will.

B Ablauf:

Auf der anhängenden **KV 60** (s. Anhang, S. 189 und auf der CD) finden Sie eine Anleitung für den Einsatz der Methode am Beispiel des Unterrichtsgegenstandes „Erstellung eines Steckbriefes zur Hauskatze“. Viele Unterrichtsgegenstände eignen sich zur Aufteilung in vier oder mehr Teilbereiche für eine Gruppenarbeit.

C Varianten:

In einem sogenannten **Miniatur-Jigsaw** erhalten alle in der Gruppe einen Teil des Materials. Sie lesen diesen unabhängig voneinander durch, denken darüber nach und tauschen dann ihre Gedanken/Rechercheergebnisse im gesamten Team aus. Bei dieser Variante wird die individuelle Förderung jedoch nur dann wirksam, wenn die Beteiligten sich nicht schon beim Auswerten der Materialien untereinander helfen können oder die Arbeitsergebnisse einfach von einem oder zwei Schülern allein erbracht werden. Die Stammgruppe sollte daher nicht unmittelbar zusammensitzen, während das Material von den einzelnen Experten durchgearbeitet wird.
Die Methode Mini-Jigsaw läuft im Prinzip genauso ab wie die Jigsaw-Methode, lediglich bei der zweiten Arbeitsphase wird die Gruppenarbeit durch eine Einzelarbeitsphase ersetzt:

▷ Bildung der Gruppen
▷ Informationsbeschaffung

1. Arbeitsphase: Stammgruppen
2. Arbeitsphase: Einzelarbeitsphase der Experten
3. Arbeitsphase: Stammgruppen

D Rolle des Lehrers:

Durch den Einsatz der Methode erhält der Lehrer die Möglichkeit, den Schülern individuelle Verantwortung abzuverlangen. Jeder Schüler muss sich dafür verantwortlich fühlen, seinen Teilbereich inhaltlich zu beherrschen und damit der Gruppe zu helfen. Dies sollte den Schülern vorher im Rahmen eines Methodentrainings kurz erklärt werden.
Auch im Vorfeld des Einsatzes der Jigsaw-Methode kommt dem Lehrer eine größere Bedeutung bei der Vorbereitung der Materialien zu. Besonders zur Förderung der Schüler sind ansprechende, motivierende und professionell erstellte Materialien unbedingt notwendig. Auch wenn Sie eine Internetrecherche als Informationsbeschaffung einsetzen wollen, dürfen Hilfestellungen, wie z. B. Linklisten und eine präzisierte Arbeitsanweisung, nicht fehlen. Individuelle Förderung kann dadurch erreicht werden, dass möglichst viele Schüler im Sinne einer Interessendifferenzierung ihren Teilbereich, an dem sie in einer Gruppe arbeiten wollen, selbst auswählen. Dadurch vergrößert sich die Identifikation mit der bearbeiteten Aufgabe. Besonders erfahrene und selbstständige Gruppen können ihre Arbeitsschwerpunkte und Teilbereiche auch völlig selbstständig festlegen. Die Aufgabe des Lehrers ist es, im Vorfeld die Eignung einer Gruppe für diese Maßnahme und ihre Zusammensetzung genau zu überdenken. Sie können aber die Entscheidung zur Gruppenbildung zunächst auch zurückstellen und die Aufgabenstellung im Plenum zuvor vorstellen, um dann Expertengruppen im Sinne einer Interessendifferenzierung (Methode der Binnendifferenzierung) zu bilden. Auch die Differenzierung des Anforderungsniveaus der gestellten Aufgaben kann hilfreich sein, den Schülern Erfolgserlebnisse zu ermöglichen. Hier sollten Sie aber darauf achten, dass sich nicht Gruppen aus schwachen und Gruppen aus starken Schülern bilden. Heterogene Gruppen helfen hier eher weiter, weil die Schüler sich in der 1. und 3. Phase der Jigsaw-Methode besser helfen und voneinander profitieren können.
Während der Gruppenarbeiten, sei es nun die Arbeit der Stammgruppe oder der Expertengruppe, kann der Lehrer sich in eine Gruppe begeben, in der er selbst als Experte mitarbeitet. Ähnlich wie bei der Placemat-Methode, wird diese Rolle nicht jedem Lehrer zusagen oder insbesondere in den ersten Klassen des Primarbereichs als unmöglich empfunden werden.

E Organisatorisches/Schulformen:

Der Lehrer kann die Methode jederzeit und ohne großen Aufwand im Unterricht in jeder Schulform, in so gut wie jedem Fach und nahezu bei jeder Altersklasse von Schülern einsetzen, sobald der Ablauf der Methode organisatorisch klar ist. Ab der zweiten Klasse der Grundschule kann die Methode mit einer kindgerecht formulierten methodischen Anweisung eingesetzt werden. Je öfter die Methode geübt wird, desto selbstständiger agieren die Schüler.
Die Gruppenbildung kann folgendermaßen geschehen: Alle Schüler erhalten eine Karte mit einem Buchstaben und einer Zahl. Alle mit dem gleichen Buchstaben bilden die Stammgruppe. Die Zahl gibt an, in welcher Expertengruppe sie gemeinsam zu einem Thema 1, 2, 3 oder 4 arbeiten werden. Die Organisation kann im Primarbereich auch mit Symbolkarten vollzogen werden, wenn die Schüler die Buchstaben und Zahlen noch nicht beherrschen:

Stammgruppen: **Expertengruppen:**

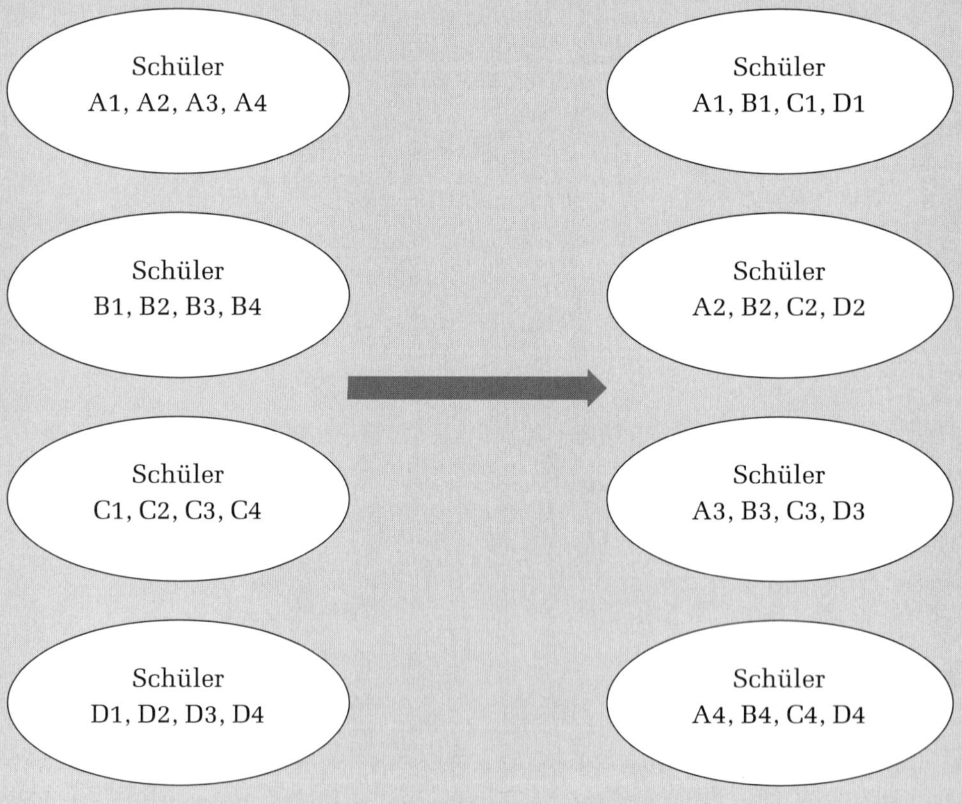

F Tipps und Tricks:

Die Anzahl der Schüler in der Klasse kann ungerade sein, sodass man eine Gruppe doppelt mit einem Experten für dasselbe Thema besetzen muss. Man sollte dann vielleicht einen starken und einen schwachen Schüler kombinieren (Helfersystem), allerdings nur dann, wenn beide grundsätzlich leistungsbereit sind. Ist dies nicht der Fall, so würde der starke Schüler wohl die Lösung der Aufgabenstellung völlig selbstständig übernehmen und der Lernerfolg beim schwachen Schüler bliebe aus.

Literatur:

▷ Aronson, E. et al: The jigsaw classroom. Beverly Hills, CA: Sage Publishing Company, 1978
http://www.zhw.uni-hamburg.de/wiki/index.php/Jigsaw-Methode (Jigsaw-Methode)

Kooperation durch Innenkreis-Außenkreis-Methoden (Fishbowl/Aquarium und Kugellagermethode)

A Idee zur IF:

In großen Klassen eignen sich nicht alle Methoden zum kooperativen Lernen gleich gut. Besonders schwierig ist es, individuelle Förderung mit dem Gefühl der Gemeinschaft und des Zusammenhaltes in der Klasse zu verbinden. Hier gibt es nur wenige Methoden, die auf die Klassengemeinschaft als Gesamtheit wirken und gleichzeitig den Schwächen und Stärken einzelner Schüler gerecht werden. Eine Methode, die hierfür im Bereich Förderung von kommunikativen und sozialen Fähigkeiten geeignet erscheint, ist die Innenkreis-Außenkreis-Methode, zu der es mehrere Varianten gibt.
Es handelt sich um ein Verfahren, das bei Diskussionsrunden eingesetzt werden kann. Es werden die Vorteile eines Kleingruppengespräches mit denen einer Plenumssituation verbunden. Starke Schüler können dauerhaft im Innenkreis eingesetzt werden und ihre Fähigkeiten zur Gesprächsführung weiter ausbauen. Alle anderen Schüler profitieren allerdings genauso. Sie können bzw. müssen sich in das Gespräch einschalten. Die Teilnahme an der Gesprächsrunde kann vom Lehrer auch verpflichtend gemacht und damit gefördert werden. Wann im Verlauf einer Diskussionsrunde ein Schüler seinen Beitrag liefern möchte, kann der Lehrer dem Schüler überlassen.
Der spezielle **Förderaspekt** liegt darin, dass die Schüler voneinander durch wechselnde Kooperationspartner im Gespräch mehr lernen, weil ihnen in mehreren Gesprächen unterschiedliche Perspektiven auf die gleiche Thematik eröffnet werden, die sie als Individuum so nicht wahrgenommen hätten.

B Ablauf:

Wie in einem **Aquarium** (engl. **fishbowl**) sitzen sich je zwei Schüler aus der Pro- und der Contra-Gruppe gegenüber, um zu diskutieren. Alle anderen Schüler gruppieren sich etwa in der Form je eines Halbkreises um sie herum. Zeitlicher Umfang: ca. 15-20 Minuten

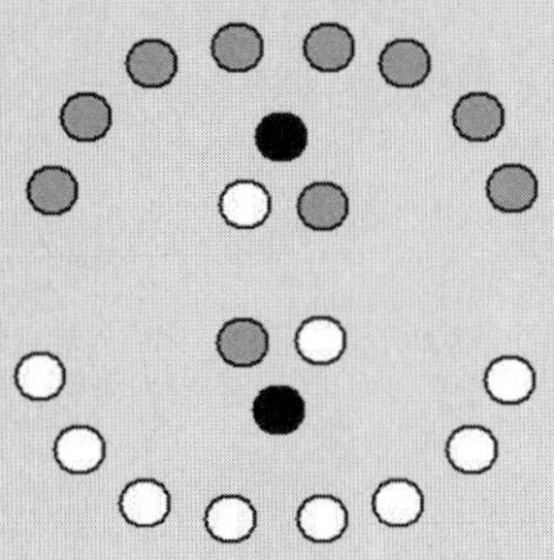

Pro-Gruppe (grau),
Contra-Gruppe (weiß),
2 freie Stühle (schwarz)

Aquarium/Fishbowl:
Die Klasse wird zu einem kontroversen Thema in eine Pro- und eine Contra-Gruppe aufgeteilt. Es gibt zwei freie Stühle bzw. je einen für die Pro- und Contra-Gruppe (sie ermöglichen eine Auflockerung, denn sie können spielerisch im Wechsel besetzt werden). In der Mitte des Raumes stehen beiden Gruppen jeweils drei Stühle zur Verfügung, allerdings werden davon nur zwei verwendet.
Je zwei Schüler aus der Pro- und Contra-Gruppe diskutieren miteinander. Das bleibt während dieser Methode unverändert. Es sind auch keine besonderen Diskussionsregeln. Eine aktive Teilnahme der Schüler aus den beiden Halbkreisen findet zunächst nicht statt. Wenn aber jemand sich in die Auseinandersetzung einbringen möchte, kann er den frei gebliebenen Stuhl seiner Gruppe besetzen und mitreden. Die neu dazugekommene Person hat zunächst das Rederecht, allerdings nur für einen begrenzten, vorher vorgegebenen Zeitraum (z. B. 2–3 Minuten). Danach muss sie den besetzten Stuhl wieder verlassen, um den Platz für einen möglichen anderen Interessenten freizugeben. Natürlich sollten die Schüler im Inneren des Halbkreises auch noch ihr Rederecht wahrnehmen können bzw. nicht ständig in der Diskussion durch von außen kommende Schüler unterbrochen werden. Werden aber keine oder kaum noch neue Aspekte von den Schülern im Innenbereich angesprochen, so kann ein Schüler aus dem Außenkreis vorschlagen, die Diskussion zu beenden. Die Entscheidung treffen dann alle Schüler der Lerngruppe gemeinsam.

C Varianten:

Kugellagermethode:
Schüler sitzen sich in einem Innen- und einem Außenkreis gegenüber und diskutieren für wenige Minuten miteinander, dabei wechseln die Gesprächspartner gegeneinander versetzt durch Aufrutschen laufend (Kugellager), was sehr anspruchsvoll und ergiebig, aber auch anstrengend sein kann. Es können in der Variante Kugellagermethode auch gegenseitig Sachtexte vermittelt (erklärt) werden und Intentionen selbiger kooperativ erläutert werden.

D Rolle des Lehrers:

Der Lehrer sollte ein möglichst kontroverses Diskussionsthema aussuchen. Während der Diskussion sollte der Lehrer möglichst darauf achten, dass sich Schüler nicht völlig herausziehen. Das kann im Vorfeld aber bereits durch eine verbindliche Vereinbarung einer Beteiligung aller Schüler geregelt werden. Beginnt ein Diskurs, ist es für schwächere Schüler oft einfacher, in diesen einzusteigen – schließlich sind noch nicht alle Argumente ausgetauscht. Man kann die schwächeren Schüler also vorab ermutigen, sich möglichst früh in das Gespräch einzuschalten.

E

Organisatorisches/Schulformen:

Die Methode ist für alle Schulformen geeignet. Sie ist einsetzbar ab der 3. Klasse der Grundschule. Folgende Fächer sind besonders gut geeignet: Englisch, Französisch, Deutsch (andere Sprachen), Sozial- und Erziehungswissenschaften, Erdkunde, Religion, Ethik, Politik, Philosophie, Sachkunde (Grundschule).

F

Tipps und Tricks:

Wird die Methode häufiger praktiziert, kann das Umstellen der Tische und Stühle im Klassenraum von vorher bestimmten Schülern organisiert werden, was sehr viel wertvolle Unterrichtszeit einsparen hilft.

Links:

▷ http://www.fachdidaktik-einecke.de/7_Unterrichtsmethoden/kugellagermethode.htm
(Kugellagermethode)

METHODENKOFFER FÜR KOOPERATIVE LERNPHASEN (INDIVIDUELLE LERNPRODUKTE)

Die Anschaffung und Ausstattung eines Methodenkoffers ist sicherlich eine nicht ganz unaufwendige Angelegenheit, aber aus folgenden Gründen besonders lohnenswert:

- ▷ Kooperatives Lernen setzt voraus, dass andere Bedingungen für das Lernen geschaffen werden können. Und diese anderen Bedingungen bringen eine Methoden- und Materialvielfalt mit sich, auf die Sie vorbereitet sein sollten.
- ▷ Die freie Wahl eines zu erstellenden Lernproduktes durch die Schüler ist mithilfe eines Methodenkoffers leichter zu organisieren.
- ▷ Außerdem können Schüler und Lehrer gemeinsam spontan entscheiden, wie sie die Ergebnissicherung gestalten wollen (**Interessendifferenzierung** im Rahmen individueller Förderung). Die Schüler können durch die Einübung von ihnen unbekannten Ergebnissicherungsverfahren gezielt individuell gefördert werden und es bleibt Raum für die Kreativität bei der Gestaltung.
- ▷ Auch sind vielfältige Materialien in einem Koffer leichter im Schulgebäude transportierbar.
- ▷ Finanziert werden können Methodenkoffer mithilfe von Fördermitteln des Fördervereins oder mit anderen Etatmitteln. Es empfiehlt sich die Anschaffung mindestens eines Koffers für jede Fachschaft oder für jeden Bildungsgang.

„Rezept“ zur Zusammenstellung eines Methodenkoffers für kooperative Lernphasen

Anzahl	Material	Verwendungszweck	Visualisierung
1 Stück	Pilotenkoffer	Verstauen aller Materialien, die im Folgenden genannt werden (Ausnahme: Lernplakate)	
1 Packg.	gemischte Packung Kreide in unterschiedlichen Farben	z. B. für bunte Schülertafelbilder, die nach einer Gruppenarbeitsphase zur Ergebnissicherung dienen	
4 Pakete	Karteikarten in unterschiedlichen Farben	z. B. für Kartenabfragen (kostengünstig ist hier die Anschaffung von Trennstreifen, die für Ordner verwendet werden, man kann die gelochte Seite einfach abschneiden)	
1 Stück	Laserpointer mit integriertem Teleskopzeigestock	Präsentationen, um auf bestimmte Stellen an der Projektionswand oder auf Plakate zeigen zu können	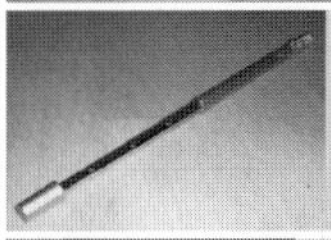
10 Stück	Plakate oder Flipchart-Papierseiten	Ergebnissicherung von kooperativen Arbeitsprozessen (z. B. zum Aufzeichnen eines Platzdeckchens)	
1 Satz	Bastelscheren	Zum Schneiden von Klebestreifen oder Papier	
1 Satz	Folienstifte in verschiedenen Farben	Beschreiben von Overheadfolien	
1 Satz	leere kopierbare Folien	Ergebnissicherung	
5 Sätze	unterschiedliche Filzstifte, Whiteboardmarker und Marker	Beschreiben von Lernplakaten, Flipchartpapier und Whiteboards	
1 Satz	gemischte Packung mit Pinnwandnadeln, Gummibändern, Heftzwecken und Büroklammern	vorübergehende und dauerhafte Befestigung von Plakaten oder Lernmaterialien	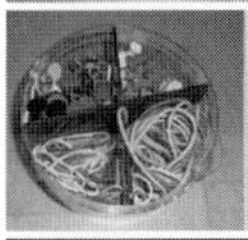
1 Satz	je eine Rolle Krepp-Klebeband und eine Rolle Paketband, 4–5 Rollen transparentes Klebeband	dauerhafte Befestigung, z. B. von ausgeschnittenen Materialien auf Lernplakaten	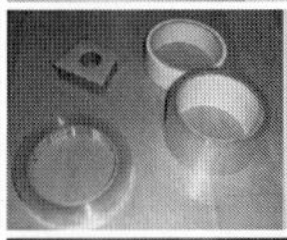
1 Satz	Methodenwolken in verschiedenen Farben	Clustern von Pro- und Contra-Argumenten, Visualisierung von Ober- und Unterbegriffen bei Kartenabfragen (s. **KV 61** im Anhang S. 190 und auf CD).	
30 Stück	Magnete, aufbewahrt in einer Plastiktüte	vorübergehende Befestigung von Plakaten oder Karteikarten an magnetischen Tafeln (z. B. während der Präsentation der Ergebnisse vor dem Plenum)	
3 Stück	Packung Streichhölzer (für Blitzlichtmethode)	Blitzlichtmethode (Einstiegsphase oder Reflexion), jeder Schüler hat bei der Blitzlichtmethode das Rederecht bis zum Erlischen seines Streichholzes	
4 Stück	Klebestifte	Aufkleben ausgeschnittener Materialien	
80 Stück	Klebepunkte (z. B. für die Bewertung mithilfe eines Punktesystems)	Abstimmung bei demokratischen Verfahren, Beurteilung bei der Leistungsbewertung, zur Selbsteinschätzung/Visualisierung qualitativer Beurteilungen	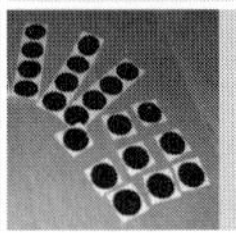

RITUALE UND SYMBOLE BEIM EINSATZ VON HELFERSYSTEMEN – KOOPERATION ZWISCHEN STARKEN UND SCHWACHEN SCHÜLERN

Kooperation zwischen schwächeren und stärkeren Schülern bedarf einer guten Organisation und kann Schüler und Lehrer vor einige Probleme stellen.

- Häufig fehlen klare Methoden, Rituale oder Symbole, um die Förderung vor allem von der 1. bis zur 6. Klasse in den verschiedenen Schulformen vorzustrukturieren. Schwierigkeiten methodischer Art zeigen sich oft kurz nach der Einführung der Experten- bzw. Helferkinderregelung: Wird ein Schüler vorzeitig fertig mit einer Aufgabe, möchte er sich möglicherweise lieber mit anderen unterhalten, als einem nächsten Schüler als Experte beim Lösen der Aufgabe zu helfen (Expertenlernen), die er bereits bewältigt hat.
- Eine große Anforderung an als Experten fungierende Schüler ist auch, dass nicht zu viele Hilfen gegeben werden dürfen, damit der schwächere Schüler auch noch die Gelegenheit zum eigenständigem Nachdenken beim Lösen einer Problemstellung erhält.
- Es besteht darüber hinaus immer die Gefahr, dass stets die gleichen Schüler die Helferkinder sind, während andere erkennen müssen, dass sie nie Helferkind sein dürfen bzw. nicht als Helferkind taugen. Schwächere Schüler sollten dann als Helferkind eingesetzt werden, wenn sie z. B. ihre eigenen Stärken im Unterricht auch einbringen können (Hilfe am Computer, Hilfe im künstlerischen Bereich, Hilfestellung im Sportunterricht usw.).

Helferkinder haben übrigens sehr wohl selbst ein Anrecht auf Phasen ungestörten konzentrierten Arbeitens und auf Lernzuwachs. Sie sollten die Hilfe gelegentlich auch verweigern dürfen, auch wenn die Schulpolitik gerne den Zuwachs im Bereich des sozialen Lernens bei Helferkindern als unschlagbaren Vorteil des Expertenlernens herausstellt.

An weiterführenden Schulen können Rituale den Einsatz von Helfersystemen vor allem bei Schülern mit eher schlecht ausgeprägten Fähigkeiten zur Selbstorganisation und Kommunikation erleichtern. Oft wird von ratlosen Schülern intuitiv der Banknachbar zur Lösung einer Aufgabe befragt, obwohl er vielleicht selbst die betreffende Aufgabe nicht bewältigen kann. In diesem Abschnitt sollen einige Ansätze zum Expertenlernen vorgestellt werden, die in der Praxis bereits erfolgreich erprobt wurde.

Stoppschild-Methode für Experten

A Idee zur IF:

Das Lernen mit Experten bzw. der Einsatz von Helferkindern erfordert in der Praxis oft ergänzende Regelungen. Nicht in jeder Unterrichtsstunde sind die Schüler, die in der Klasse als Experten gelten, begeistert, wenn sie von ihrer eignen Arbeit an einer ergänzenden Aufgabenstellung abgehalten werden, um den schwächeren Schülern bei der Bearbeitung einer Aufgabenstellung zu helfen. Zwar fördert die Tätigkeit als Experte die sozialen Kompetenzen und vertieft die Auseinandersetzung mit bereits erworbenen Kompetenzen im Gespräch mit dem schwächeren Schüler, sie kostet aber auch Zeit. Neue weiterführende Kompetenzen werden vom Schüler meist selbst nicht erworben. Eltern und Vertreter der Begabtenförderung fordern vor allem im Grundschulbereich ein, dass Schüler nicht ständig den schwächeren Schülern weiterhelfen müssen und in ihrer eigenen Weiterentwicklung und ihrem eignen Lernzuwachs auf der Stelle treten. Hierbei hilft die Stoppschild-Methode für Experten weiter.

B Ablauf (s. auch S. 110)**:**

Experten bzw. Helferkinder, die mit einer ergänzenden oder weiterführenden Aufgabenstellung beschäftigt sind, legen an ihrem Arbeitsplatz gut sichtbar für alle anderen Schüler ein **Stoppschild** (vgl. **KV 62** im Anhang S. 191 und auf der CD) aus, das signalisiert, dass sie selbst im Moment ausdrücklich nicht beim Bearbeiten einer Aufgabenstellung gestört werden möchten und dass das Stoppschild von anderen als verbindlich akzeptiert werden muss.

C Varianten:

Das Stoppschild kann auf der Rückseite mit einem **Helfersymbol** (z. B. ein 👂-Symbol, das für Folgendes steht: „Ich will anderen jetzt wieder zuhören und helfen!") kombiniert werden, damit der Schüler seinen Mitschülern auch wieder seine Bereitschaft signalisieren kann.

D Rolle des Lehrers:

Bevor die Stoppschild-Methode im Unterricht eingesetzt werden kann, sollte der Lehrer den Zweck und die Symbolik den Schülern vorab erläutern. Der Lehrer muss deutlich machen, dass es auch durchgängige Phasen des konzentrierten Arbeitens für Helferkinder geben muss und dass das Stoppschild von anderen als verbindlich akzeptiert wird.

E Organisatorisches/Schulformen:

Diese Methode kann vor allem in der Grundschule eingesetzt werden, aber auch noch in der 5. und 6. Klasse an den Schulformen Gymnasium, Gesamtschule und Realschule. Ältere Schüler nehmen eine solche Methode sicher nur dann an, wenn sie sie sehr früh kennengelernt haben.

F Tipps und Tricks:

Bei Einführung der Methode können die Schüler anhand einer Projektion oder Vorlage ein eigenes rotes **Stoppschild** gestalten, das z. B. im Klassenraum für die Verwendung bei Arbeitsphasen aufbewahrt werden kann.

Links:

▷ http://www.schulministerium.nrw.de/BP/Publikationen/Filme/Foerdern/index.html
(Film: Kein Kind geht verloren – Individuelle Förderung in Nordrhein-Westfalen: Dieser Film verdeutlicht u. a. die Haltung des Schulministeriums NRW bezüglich des Expertenlernens)

Helfende-Hand-Methode

A Idee zur IF:

Vielfach werden Schüler im Rahmen eines Helfersystems dazu angeleitet, sich selbst während einer Erarbeitungsphase die Hilfe von anderen im Klassenraum zu holen. Auch feste Zuteilungen von helfenden Experten zu schwächeren Schülern am Anfang einer Arbeitsphase sind üblich. Älteren Schülern kann durchaus zugemutet werden (vor allem in der Sekundarstufe II), eigenständig zu einem Schüler gehen, der als Experte in einem bestimmten Bereich oder allgemein in einem bestimmten Fach gilt, und ihn höflich um Hilfe bitten. Dies gelingt aber leider bei jüngeren Schülern nicht immer, was z. B. an fehlender Sympathie liegen kann: *„Die hat mir in der Pause ihr Fruchtsaftgetränk ins Gesicht gespritzt, ich will keine Hilfe von der!"* Schwierig kann auch die Verteilung von nur wenigen vorhandenen Experten auf viele schwache Schüler werden. Vor allem in großen Klassen kann ein herkömmliches Helfersystem, bei dem sich im Regelfall ein starker mit einem schwachen Schüler zusammensetzt, unmöglich werden. Eine Lösung hierfür kann die Helfende-Hand-Methode sein.

B Ablauf:

An einer Wand im Klassenraum werden helfende Hände als Symbol (unterschiedliche Farben für unterschiedliche Bereiche der Unterstützung) aufgehängt (vgl. **KV 63** im Anhang S. 192 und auf der CD). Die Schüler, die Hilfe in einem bestimmten Bereich benötigen (z. B. Hilfe von einem Mathematik-, Rechtschreib-, Grammatik-, Computerexperten usw.), gehen zur Wand mit den helfenden Händen und legen ihre Hand auf die jeweilige helfende Hand. Dies wird von einem Helferschüler bemerkt, der den jeweiligen Schüler an der Wand abholt und ihm dann bei seinem Problem hilft. Durch dieses Ritual wird klar im Vorfeld geregelt, dass ein Experte für einen bestimmten Bereich den Schüler unterstützen muss. Außerdem wird die Qualifikation des Helfers vorher vom Lehrer sichergestellt.

C Varianten:

Unter der helfenden Hand können die Namen der einzelnen Helferkinder stehen, damit nicht nur der Klassenlehrer über das Helferpotenzial in der Klasse Bescheid weiß, sondern auch die Schüler und andere in der Klasse unterrichtende Lehrer.

D Rolle des Lehrers:

Vor allem der Klassenlehrer sollte durch gezieltes Beobachten der Schüler oder auf der Basis von Leistungsüberprüfungen beurteilen, welche Schüler die Fähigkeit dazu besitzen, Helferkind zu sein. Die Aufgabe des Lehrers ist es, einzelne Kinder als Helferkind unter der helfenden Hand zu benennen. Auch sollte er die Helferkinder ansprechen, falls keines der Kinder Hilfe leisten möchte oder das Hilfe suchende Kind nicht bemerkt wird. Gelegentlich sollte der Lehrer Schüler auch ermuntern, die helfende Hand in Anspruch zu nehmen, z. B. wenn diese in ihrem Arbeitsprozess ins Stocken geraten sind und nicht erkennen, dass sie Hilfe benötigen. Auch müssen von Zeit zu Zeit Kinder neu auf die Liste der helfenden Hand aufgenommen werden.

E Organisatorisches / Schulformen:

Diese Methode kann vor allem in der Grundschule eingesetzt werden, aber auch noch in der 5. und 6. Klasse an den Schulformen Gymnasium, Gesamtschule und Realschule. Für ältere Schüler eignet sich diese Methode weniger. Ältere Schüler sollten andere Strategien der Inanspruchnahme von Hilfe erlernen.

F Tipps und Tricks:

Schüler können sich die helfenden Hände selbst basteln (dazu Handumriss auf eine Pappe übertragen).

Matrix zur Einordnung der Methodenbeispiele in ihrer Verwendung zur individuellen Förderung

Methode … x = beinhaltet die Methode (x) = kann durch entsprechendes Arrangement ergänzt werden	Schüleraktivierung: Drehtürmodell, S. 59	Meinungslinie, S. 63	Aufgabenangebote auf Tischen auslegen, S. 64	Partnerinterview, S. 65	5-Minuten-Vorabförderung, S. 66	Aktuelle-10-Minuten, S. 67	Unsichtbares Theater, S. 68	Sortieren und Sammeln, S. 69	Binnendifferenzierung: Lernen anStationen, S. 74	Wochenplan / Planarbeit, S. 78	Vorabförderung, S. 80	Spickzettel, S. 81	Arbeitsblätter, S. 82	Differenzierte Hausaufgaben, S. 83	Differenzierte Klassenarbeiten, S. 84
eignet sich zur offenen Aufgabenstellung	×		×	×	×	×	×	×	×	×	×	×	(×)	×	×
ermöglicht gelenkte Differenzierung	×		×	×	×		×	×	×	×	×	(×)	×	×	×
hilft Defizite aufholen			×	×	×		×	×	×	×	×		×	×	
bietet weiterführende Arbeitsaufträge	×	×	×		×		×	×	×	×	×		×	×	×
nutzt Helfersysteme			×	×	×				×	(×)	(×)	(×)			
aktiviert alle Schüler		×	×	×	×	×	×	×	×	×	×	×		×	(×)
ermöglicht individuelles Lerntempo	×		×	×	×	×			×	×	×	×		×	(×)
bietet gestufte Hilfen			×		×				×	×	×	(×)	(×)	(×)	×
lässt sich zielführend planen	×	×	×	×	×		×	×	×	×	×		×	×	×
ermöglicht die Nutzung von Stärken zur Arbeit an Defiziten	×		×	×	×		×	×	(×)	(×)	(×)	×		×	×
hilft Gruppen gezielt homogen / heterogen einzuteilen	×	×	×		×						(×)		(×)	×	×
macht nutzbare Stärken bewusst	×		×	×	×	×	×	×			(×)	×			
beteiligt die Schüler an der Zielplanung	×	×	×				×	×	(×)	×				×	
gibt Anlass zur Lernreflexion	×	×	×	×	×	×	×	×	(×)	(×)		×			
schafft Transparenz in den Anforderungen	×		×		×		×	×	×	×	(×)	(×)	(×)	(×)	(×)
aktiviert ganzheitlich Lernkanäle	×	×	×	×	×		×	×	(×)	(×)	(×)	×		(×)	
macht Lernen als Prozess deutlich	×	×	×			×	×	×				×			
wirkt Stigmatisierung entgegen	×	×	×	×	×		×	×	×	×	×			×	×
unterstützt offene Fehlerkultur			×	×				×	(×)						
fördert das Solidarsystem	×		×	×	×	×	×	×	(×)						
bietet ggf. Rückzugsmöglichkeiten	×			×					×	×	×				×

Matrix zur Einordnung der Methodenbeispiele in ihrer Verwendung zur individuellen Förderung

Methode … x = beinhaltet die Methode (x) = kann durch entsprechendes Arrangement ergänzt werden	Checklisten, S. 88	Selbsteinschätzungs-bögen, S. 88	Kompetenzportfolio / Stärkenportfolio, S. 91	Themenportfolio, S. 93	Lerntagebuch, S. 94	Lerntandem, S. 95	Placemat (Platzdeckchen), S. 101	Jigsaw-Methode, S. 103	Fishbowl / Aquarium und Kugellagermethode, S. 105	Stoppschild-Methode, S. 109	Helfende-Hand-Methode, S. 110
	Lernreflexion						Kooperatives Lernen				
eignet sich zur offenen Aufgabenstellung		x	x	x	x		x	x		x	x
ermöglicht gelenkte Differenzierung				x	(x)	x	x	x		x	x
hilft Defizite aufzuholen	x	x			x	x	x	x	x	x	x
bietet weiterführende Arbeitsaufträge			x	x	x	x	x	x	x		
nutzt Helfersysteme		x	x	(x)		x	x	x		x	x
aktiviert alle Schüler	x	x	x	x	x	x	x	x	x		x
ermöglicht individuelles Lerntempo		x	x	x	x	x	x	x	x	x	x
bietet gestufte Hilfen		x				(x)		x			x
lässt sich zielführend planen							x	x	x	x	x
ermöglicht die Nutzung von Stärken zur Arbeit an Defiziten	x	x	x	x	x	x	x	x	x		x
hilft Gruppen gezielt homogen / heterogen einzuteilen	x	x				x	x	x	x	x	x
macht nutzbare Stärken bewusst	x	x	x	x		x	x	x	x		x
beteiligt die Schüler an der Zielplanung	(x)	(x)	x	x	x	x	x	x			
gibt Anlass zur Lernreflexion	x	x	x	x	x	x	x	x	x	x	x
schafft Transparenz in den Anforderungen	x	(x)	x	(x)		(x)	x	x			x
aktiviert ganzheitlich Lernkanäle					(x)			x	x	x	x
macht Lernen als Prozess deutlich	x	x	x	x	x	x	x	x	x	x	x
wirkt Stigmatisierung entgegen		x	x	x	x	x	x	x	x		x
unterstützt offene Fehlerkultur		x		x	x	x	x	x	x		x
fördert das Solidarsystem		x		x		x	x	x	x	x	x
bietet ggf. Rückzugsmöglichkeiten	x	x		x	x	x			x	x	x

6. „WENN SIE SICH DENN FÖRDERN LASSEN WÜRDEN ...“ ZUM UMGANG MIT LERNVERWEIGERUNG UND AUSWEICHSTRATEGIEN *(Karin Kress)*

Wer sich am Wochenende hinsetzt, um für einen Schüler zusätzliche Übungsaufgaben rauszusuchen, hat sicher auch schon die frustrierende Erfahrung gemacht, dass der Schüler die Aufgaben nur zum Teil oder auch gar nicht erledigt. Dies kann von einer schlichten Überforderung des Schülers über die Wahl ungeeigneter Aufgaben bis hin zu grundlegenden Motivationsschwierigkeiten viele Ursachen haben.

Manche Schüler scheinen mit ihrer Zukunft abgeschlossen zu haben, gehen nicht einmal das geringste Risiko ein, sich „umsonst“ anzustrengen und eine Aufgabe zumindest anzuschauen. Verkehrte Welt: Der Lehrer will etwas vom Schüler, der Schüler aber nicht vom Lehrer. Wie ansetzen, wenn man das Gefühl hat: Die wollen meine Hilfe gar nicht?

Hinweise zum planmäßigen Vorgehen:

❶ Es ist wichtig, die **Kompensations- und Ausweichstrategien** der Schüler zu durchschauen. Gerade bei lernschwachen Schülern (oder solchen, bei denen vielleicht auch Verhaltensauffälligkeiten eine Rolle spielen) lässt sich ein Gefühl dafür entwickeln, wann es wichtig ist, nicht lockerzulassen, und wann ich andererseits die Situation durch Druck nur unproduktiv eskalieren lasse (s. Kap. 6.1 Ausweichstrategien durchschauen – konstruktive Lernberatung).

❷ Viele Schüler haben bereits eine **Misserfolgserwartung** entwickelt. Das heißt, sie erwarten schon von vornherein, an den neuen (und an der Wiederholung alter) Lerninhalte(n) wieder zu scheitern. Die Schüler müssen schrittweise durch selbst erarbeitete Erfolge wieder ans Lernen gewöhnt werden. Dazu gehört auch, die Förderung auf **machbare Ziele** zu konzentrieren (s. Kap. 6.2 Motivation der Machbarkeit – Zielvereinbarungen treffen).

❸ Die wichtigste Einflussmöglichkeit auf Schülerverhalten ist das direkte **Feedback**. Lob und konstruktive Kritik entscheiden nicht nur über die Motivationslage des Schülers, sie verraten auch meine grundlegende Wertschätzung und helfen so, die Beziehung zu stabilisieren. Gleichzeitig sind sie geeignet, dem Schüler eine Rückmeldung über seinen Lernprozess zu geben, die ihm zeigt, dass und wie er durch eigene Handlungen wieder Einfluss auf seine Situation nehmen kann (vgl. Kap. 6.3 Lob und Kritik konstruktiv einsetzen).

6.1 AUSWEICHSTRATEGIEN DURCHSCHAUEN – KONSTRUKTIVE LERNBERATUNG

Es gibt zwei Arten, um Bedrohungssituationen abzuwehren: Rückzug oder Angriff. Auffällige Verhaltensweisen sind nie immer nur Ausdruck einer Null-Bock-Haltung. Auch wenn Sie bei manchen Schülern denken: Der könnte doch, wenn er wollte! Tatsächlich tragen viele Schüler aus ihrer familiären oder außerschulischen Situation ein ganzes Paket auf den Schultern, das sie vor dem Klassenzimmer nicht einfach ablegen können. Wer massiv unter Druck steht, will eigentlich nur eins: seine Ruhe! Energien, die im belasteten familiären Alltag benötigt werden, stehen schließlich für schulische Belange nicht mehr zur Verfügung. Schule läuft dann häufig nur am Rande und wird schnell zu einem neuen Problem, zumindest aber zum Schauplatz, auf dem der tägliche Kampf ausgetragen wird. (Wenn es um wirklich massive Probleme der Schüler geht, können Sie diese nicht alleine lösen. Nutzen Sie in diesen Fällen also rechtzeitig, wenn vorhanden, Stellen des schulpsychologischen Dienstes oder auch der Jugendhilfe.)

▶ **Machtkämpfe ausschlagen, statt sie gewinnen zu müssen.**
Schüler suchen zunächst **Verlässlichkeit** auf der Beziehungsebene. Sie wollen wissen, wer ihre Lehrer sind und was sie von Ihnen „erwarten können“. Manche haben so viele negative Erfahrungen mit Erwachsenen gesammelt, die Autorität für sich beanspruchen, dass sie sich schon vorauseilend angegriffen fühlen und äußerst misstrauisch sind. Sie testen ihr Gegenüber so lange, bis er sein „wahres Gesicht“ zeigt, das der Schüler ja schon zu kennen glaubt. Und da sich diese Schüler oft selbst in

einer aggressiven Verteidigungshaltung befinden, dauert es meist nicht lange, bis den Lehrern der Geduldsfaden reißt oder sie schlicht größere Katastrophen verhindern müssen. Für die Schüler hat sich also in einer sich selbst erfüllenden Prophezeiung ihr negatives Weltbild wieder einmal bestätigt.
Selten ist es eine bewusste Strategie, wenn Schüler ihre inhaltliche Überforderung auf einen Machtkampf mit dem Lehrer oder auf eine Auseinandersetzung mit ihren Mitschülern verlagern. Alles, was sich auf der Beziehungsebene abspielt, drängt sich einfach in den Vordergrund. Wut überlagert Frustrationsgefühle. Der Schüler befindet sich sozusagen im Ausnahmezustand – alle ferneren Ziele, wie z. B. gute Noten, werden ausgeblendet. Ich muss schließlich im Hier und Jetzt zuerst wieder Oberwasser gewinnen.
Wenn Sie sich auf einen Machtkampf mit den Schülern einlassen, müssen Sie ihn auch gewinnen können. Und da fängt das Ohnmachtsgefühl häufig schon an: Drohungen und Ordnungsmaßnahmen scheinen kaum Wirkung zu hinterlassen. Man muss immer wieder „eins draufsetzen", und da man den Schülern ja nicht schaden will, sitzt ein Schüler, der die Strategie „Mach doch, ist mir doch egal" verfolgt, erst einmal am längeren Hebel. Schließlich ist er offenbar bereit, seine Zukunft für kurzfristige „Siege" aufs Spiel zu setzen. Trotzdem müssen Sie, wenn Sie Sanktionsmaßnahmen ankündigen, auch gewillt sein, diese durchzusetzen. Die Schüler erfahren sonst nur, dass sie sich nicht auf Ihr Wort verlassen können und Regeln in der Schule keine Gültigkeit haben. In wirklichen Gefahrensituationen müssen Sie ohnehin erst einmal handeln und können sich Ihre Rolle nicht aussuchen.
Deswegen ist es besser, den Fehdehandschuh gar nicht erst aufzunehmen. Wenn Erwachsene (meistens ja zuerst die Eltern) bei der Bestrafung das Maß verlieren und die Schüler sich oft ungerecht behandelt fühlen, nehmen sie schon reflexartig eine aggressive Verteidigunshaltung ein. Solange der andere Unrecht hat, muss ich mir keine Gedanken darüber machen, ob ich selbst Recht habe. Manchmal haben Sie vielleicht sogar das Gefühl, dass die Schüler versuchen, die Lehrer durch ihr unangepasstes Verhalten absichtlich in eine autoritäre Rolle zu drängen. Sobald Sie sich nämlich eine Maßnahme ausdenken, haben Sie mit der Wahl ja auch die Verantwortung übernommen. Machtkämpfe ausschlagen heißt daher in erster Linie …

▶ **Schüler an der Wahl von Maßnahmen beteiligen – Wer fragt, der führt!**
Lassen Sie sich von den Schülern nicht vorauseilend in die Rolle drängen, für Richtigkeit und Funktionieren der eingeleiteten Maßnahmen alleine die Verantwortung zu übernehmen. Vor allem wenn es um **Lernberatung** und individuelle Förderung geht, ist der Erfolg wesentlich vom Engagement des Schülers abhängig und letztlich ja auch von seinem Feedback, was ihm beim Lernen hilft. Schüler an der Wahl von Maßnahmen zu beteiligen, heißt nicht, dass Sie das Heft aus der Hand geben. Im Gegenteil, wer sich nur auf das Geben von Antworten konzentriert, hat weit weniger Einfluss auf einen Gesprächsverlauf:

Schüler: „Ich weiß nicht, was ich tun soll. Ich würd ja gerne besser in Mathe werden."
Lehrer: „Du könntest ja mal anfangen, deine Hausaufgaben regelmäßig zu erledigen."
Schüler: „Ja, aber es fällt mir so schwer, mich zu konzentrieren."
Lehrer: „Dann musst du dir vielleicht erst einmal kleine Ziele setzen."
Schüler: „Ja, aber ich verstehe die Aufgaben immer schon gar nicht."
Lehrer: „Dann musst du rechtzeitig fragen."
Schüler: „Ja, aber Sie erklären das ja alles auch nicht richtig."

Fällt Ihnen was auf? Der Lehrer hört aus den Aussagen des Schülers immer schon die Aufforderung heraus: „Tun *Sie* etwas!" Die typische **Falle im Beratungsgespräch**: Ich habe das Gefühl, als Berater etwas liefern zu müssen. Der Schüler weiß wahrscheinlich tatsächlich nicht, wie er selbst vorgehen kann. Es hilft ihm aber auch nicht, wenn der Lehrer weiß, wie er an seiner Stelle das Problem lösen würde – auch wenn es zu den Maßnahmen vielleicht kaum Alternativen gibt. Es schürt nur die Hoffnung des Schülers, dass sich jemand anderes um sein Problem kümmern wird.
Wer fragt, der führt:

Schüler: „Ich weiß nicht, was ich tun soll."
Lehrer: „Was hast du denn bis jetzt schon ausprobiert?"
Schüler: „Ach, ich habe schon alles ausprobiert. Das hat alles nichts gebracht."

Lehrer: „Einen Schritt nach dem anderen. Gib mir mal ein Beispiel."
Schüler: „Ja, keine Ahnung."
Lehrer: „Du bist enttäuscht, weil du glaubst, dich umsonst anzustrengen. Wann war das denn z.B. so?"
Schüler: „Ja, ich kann mich im Unterricht schon nicht konzentrieren."
Lehrer: „Ah okay. Wo ist das Problem?"
Schüler: „Da ist es immer so laut."
Lehrer: „Ist das der einzige Grund? Und wenn es leise ist, verstehst du die Aufgaben?"
Schüler: „Hm ..."
Lehrer: „Hm? Wie sieht's zu Hause aus? Verstehst du da die Aufgaben?"
Schüler: „Nee, nicht so richtig."
Lehrer: „Okay, was brauchst du, um die Aufgaben verstehen zu können?"
Schüler: „Ja, Sie erklären das ja nie richtig."
Lehrer: „Ich bin ja auch nicht bei dir zu Hause. Was kannst du zu Hause machen, wenn du die Aufgaben nicht verstehst?"

Sie merken, im Vergleich zum ersten Beispiel nimmt der Lehrer nicht die Schuldzuweisung für die Schwierigkeiten des Schülers an. Er lässt sich durch generalisierende Aussagen wie „Ich habe schon *alles* ausprobiert" nicht abwimmeln und lässt auch nicht zu, dass der Schüler sich Erklärungen zurechtlegt, auf die er selbst wieder keinen Einfluss hat. Letztlich werden im zweiten Beispiel auch keine anderen Lösungsansätze verfolgt als im ersten: Hausaufgaben und **kleine Ziele**. Nur dass der Lehrer statt bloßer Handlungsaufforderungen „Setz dir kleine Ziele" den Schüler dabei begleitet, die kleinen Ziele herauszufinden. Sich „kleine Ziele" zu setzen, gehört nämlich selbst zu den sehr großen Zielen. Wenn der Schüler dazu in der Lage wäre, hätte er sicher weniger Schwierigkeiten in der Schule.

▶ **Vorschläge machen – Probephasen vereinbaren**

Greifen Sie Ideen und Vorschläge der Schüler so weit es geht auf. Wichtiger, als dass die Maßnahmen perfekt sind, ist schließlich, dass sich die Schüler daran gewöhnen, selbst an **produktiven Lösungen** zu arbeiten. In einer solchen Atmosphäre ist es dann auch möglich, von Ihrer Seite Vorschläge einzubringen.
Ob jemand einen Rat annehmen kann, hängt wesentlich von den Gesprächstechniken der Beratung ab. Sie sollten dem Schüler ihre Vorschläge z.B. nicht als Allheilmittel anpreisen, in der Hoffnung, ihn dadurch zur Mitarbeit überreden zu können. Sie geben sonst Erfolgsversprechungen ab, die Sie mitunter gar nicht einhalten können. Was der Schüler aus Ihrem Ratschlag macht, muss seine Entscheidung bleiben.

Schüler: „Ich würde mich ja gerne mehr im Unterricht beteiligen. Das ist aber immer so langweilig."
Lehrer: „Ja stimmt, so ein Schultag ist echt lang. Da muss man manchmal schon mit ein paar Tricks arbeiten, um sich selbst wieder zu motivieren."
Schüler: „Hm, ja klar. – Was soll'n das denn für Tricks sein?"
Lehrer: „Naja, letztlich musst du selbst rausfinden, welche für dich funktionieren. Da hat ja jeder so seine eigenen Strategien. Aber du könntest ja z.B. mal eine Strichliste führen, wie oft du dich gemeldet hast. Drei Mal müsstest du doch pro Stunde eigentlich mindestens schaffen."
Schüler: „Und das soll funktionieren? Dann müssen Sie mich aber auch drannehmen."
Lehrer: (lacht) „Ja klar, dann machen wir zwei den Unterricht demnächst alleine. – Nein, aber jetzt ehrlich. Keine Ahnung, ob wir damit das Problem in den Griff kriegen. Du hast ja Recht, wie oft ich dich dann drannehmen kann, müssen wir sehen. Und es hat auch keinen Sinn, wenn du deine drei Striche am Anfang der Stunde abhakst und dann wieder wegdämmerst. Aber ich würde das zumindest gerne mal ausprobieren. Was meinst du?"

Wenn Sie mit den Schülern Maßnahmen erarbeitet haben, sollten Sie sich vor „Für-immer-Maßnahmen" hüten. Manche Vorschläge – wie hier die Strichliste – eignen sich nicht als Dauermaßnahmen, sondern können nur eine **Zwischenlösung** sein, damit der Schüler merkt, dass die Langeweile abnimmt, wenn er sich am Unterricht beteiligt.
Aber auch alle anderen Arten von Vereinbarungen bergen die Gefahr, dass sich die Schüler die erste Zeit noch anstrengen, aber irgendwann nachlassen und schließlich ganz aufgeben. Der Schaden besteht vor allem darin, dass der Schüler das Vertrauen in sich selbst verliert, ein abgegebenes Versprechen auch tatsächlich einhalten zu können. Wenn dem Schüler dann irgendwann die Puste ausgeht,

kündigt er zuerst seinen Vertrag mit Ihnen, danach aber auch mit sich selbst – und das ist viel schlimmer.

Eine **Probe- oder erste Anwendungsphase** sollte je nach Alter der Schüler zwischen einer und zwei Wochen dauern, danach kommt die gemeinsame **Manöverkritik**. Dieses Gespräch braucht nicht lange zu dauern. Im Vordergrund stehen die Fragen: Hat dir die Maßnahme geholfen? Was ist passiert in der Zeit? Was sollen wir beibehalten? Was sollen wir ändern? Und was machst du, wenn es wieder schwierig wird? Danach kann bei Erfolg die Anwendungsphase verlängert, das Problem präzisiert oder auch die nächsten Schritte eingeleitet werden. Wenn diese sich als noch zu schwer herausstellen, kann auf die frühere Maßnahme wieder zurückgegriffen werden (vgl. nachfolgenden Infokasten).

WEITERE TÜRÖFFNER IN DER LERNBERATUNG

- „Was brauchst du, um deinen nächsten Schritt zu erreichen?"
- „Was müsste sich ändern, damit du wieder regelmäßig deine Hausaufgaben machen kannst."
- „Worauf kannst du selbst Einfluss nehmen."
- „Wer kann dir helfen? Wie soll diese Hilfe aussehen? Was wünschst du dir?"
- „Wie kann ich dich unterstützen? Was soll ich auf keinen Fall tun?"
- „Woran merkst du, dass die Maßnahme etwas bringt?"
- „Was kannst du schon? Was kannst du für die nächsten Schritte nutzen?"
- „Welche Chance siehst du denn, dass sich wieder etwas ändert?"
- „Wie sähe das dann aus, wenn du in der Schule wieder mitkommen würdest? Was könntest du dann? Was würdest du dann tun?"

6.2 MOTIVATION DER MACHBARKEIT – ZIELVEREINBARUNGEN TREFFEN

Von Martin Seligmann stammen die Untersuchungen zur **„erlernten Hilflosigkeit"** aus der Verhaltensforschung. Übertragen auf den Schulalltag ist der Grundtenor: Schüler, die in ihrer Biografie nicht erfahren haben, aus eigener Kraft an ihrer Situation etwas verändern zu können, verfallen in Lethargie. Wer schon erwartet, an einer Herausforderung zu scheitern, wird das Risiko erst gar nicht eingehen, Energien zu verschwenden.

In der Arbeit mit den Schülern haben Sie also **drei Stellschrauben**, um die Schüler wieder zur Risikobereitschaft zu ermuntern:

1. Ist das **Ziel** transparent, auf das der Schüler zugehen soll. Ist das Ziel attraktiv?
   Mit dieser Stellschraube zu arbeiten, sind Sie gewohnt. Hier greifen alle Varianten der extrinsischen Motivation. Dazu kommt, die eigene Unterrichtsführung für die Schüler transparent zu machen in Bezug auf die von den Schülern angestrebten Ziele (i. d. R. Klassenarbeiten bzw. Abschlussprüfungen).
2. Ist der **Weg** zum gewählten Ziel erkennbar und in genügend **kleine Einzelschritte** unterteilt, die von einem erreichten Status (Erfolg) zum anderen führen?
   Hier ist es wichtig, die Schüler in die Planung einzubeziehen. Die Einzelschritte müssen so gewählt werden, dass sie von den Schülern auch durchgeführt werden können. Ggf. müssen Ziele angepasst werden.
3. Hat der Schüler **Vertrauen in seine eigenen Fähigkeiten**?
   Sicherlich die schwierigste Aufgabe. Sie müssen dem Schüler quasi beweisen, dass er etwas kann. Manchmal heißt das, den Schüler durch Kontrolle und regelmäßiges Feedback dabei zu unterstützen, eine Sache auch durchzuhalten, um überhaupt die Erfahrung machen zu können, dass Erfolg ein positives Gefühl ist. Voraussetzung ist allerdings, dass sich der Schüler diesen Erfolg auch tatsächlich selbst erarbeitet hat. Alle **Methoden zur Lernreflexion** helfen dabei, Vertrauen in die eigenen Fähigkeiten aufzubauen. Sie setzen Beginn und Entwicklung der eigenen Tätigkeiten ins Verhältnis. Eine **Anpassung der eigenen Ziele** an zur Verfügung stehende **Ressourcen** gehört dann zum Lernprozess dazu und bedeutet keinen Rückschlag, sondern in erster Linie einen Informationszuwachs (vgl. auch Stärken- und Kompetenzportfolio).

▶ **Beispiel: Zielvereinbarungen auf konkrete Handlungen herunterbrechen**
Eine Möglichkeit, um den Schüler bei einer solchen bewussten Prozessplanung zu unterstützen, ist die Arbeit mit konkreten Zielver-

einbarungen (s. **Abb. 14** und **KV 64** im Anhang S. 193 und auf der beiliegenden CD). Das Formular wird zunächst durch den Schüler alleine von rechts nach links ausgefüllt. Als Erstes wird also ein **Hauptziel** benannt, das denkbar unspezifisch sein kann: *„Ich möchte meinen Abschluss erreichen."*, *„Ich möchte meine Note verbessern."* o. Ä. Der Schüler kann hier das artikulieren, was ihm selbst wichtig ist, aber in so weiter Ferne liegt, dass er es nicht direkt beeinflussen kann. Als Nächstes sind die **Teilziele** dran. Welche Etappen muss ich erreichen, um an mein ferneres Ziel zu gelangen? Die Präzisierung der Ziele auf das Machbare hin erfolgt dann spätestens mit der Frage, welche **Voraussetzungen** geschaffen werden müssen. Hier können nicht nur Handlungen des Schülers einbezogen werden, vielleicht helfen auch Veränderungen am Unterrichtsgeschehen. Vor allem aber ist es wichtig, das Schaffen von Voraussetzungen als **konkrete Einzelschritte** nicht mit den Teilzielen zu verwechseln. Hier ist Ihre Beratung gefragt. Wenn Sie mit dem Schüler die Zielvereinbarung gemeinsam überarbeiten oder auf der Grundlage seiner Überlegungen im gemeinsamen Gespräch einen zweiten Bogen ausfüllen, sollten Ihre Fragen und Vorschläge dahingehen, aus schwammigen Formulierungen konkrete Handlungsweisen zu erarbeiten. Sich mehr am Unterricht zu beteiligen z. B., ist zwar eine Voraussetzung dafür, die Note zu verbessern. Es wird aber nicht deutlich, ob Lehrer und Schüler darunter das Gleiche verstehen; woran also erkennbar sein wird, dass sich der Schüler „mehr" beteiligt hat. Spätestens hier sollten also konkrete Handlungen vereinbart werden, wie die schon erwähnte Strichliste, das regelmäßige Stellen von Fragen oder auch die Ankündigung, den Schüler bei der Besprechung der Hausaufgaben dranzunehmen (vgl. S. 66 „Vorabförderung").Den nächsten Gesprächstermin zur **gemeinsamen Manöverkritik** sollten Sie ebenfalls bereits festhalten, damit klar wird, wie lange die Anwendungsphase der vereinbarten Maßnahmen dauert.

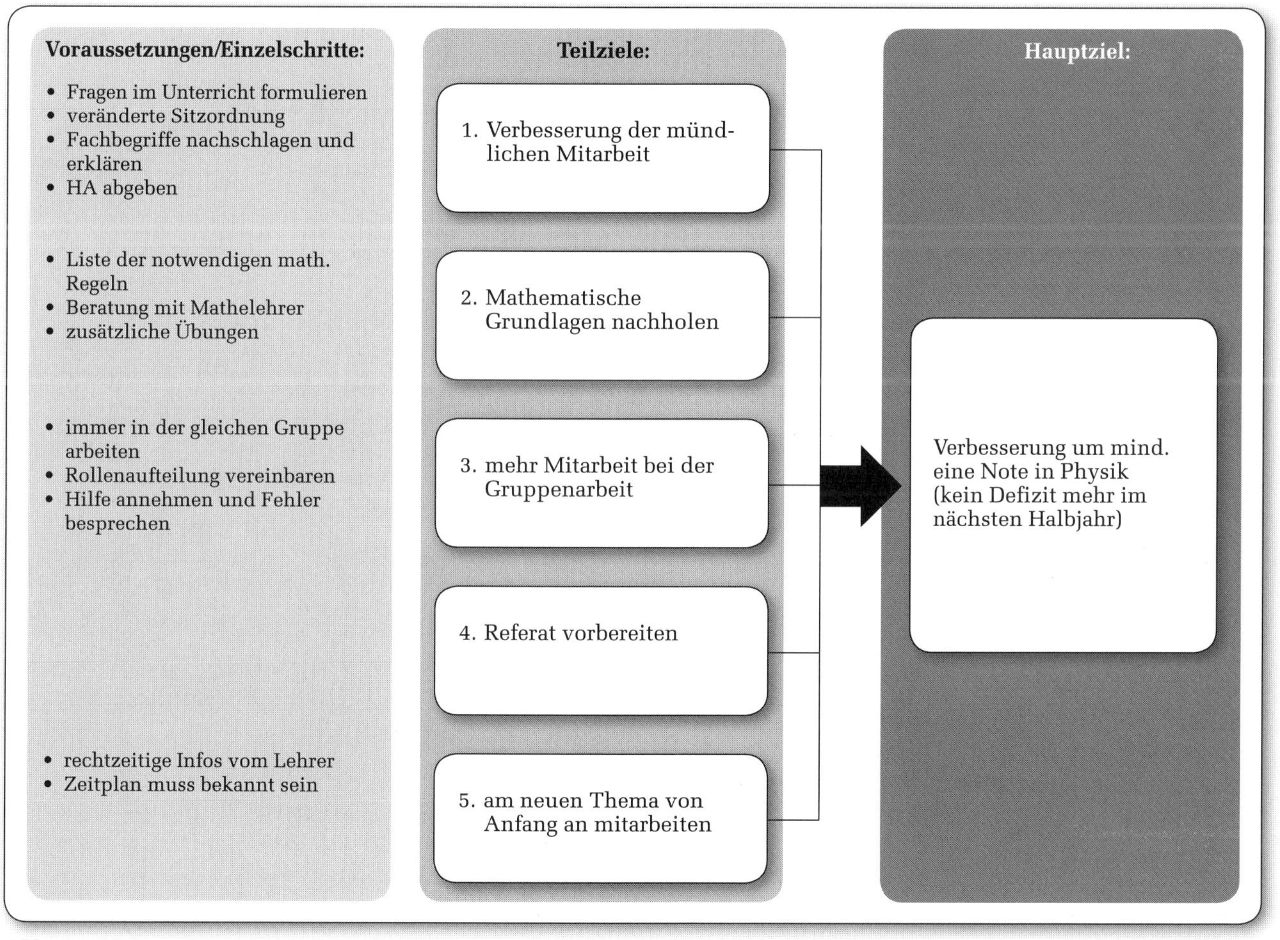

Abb. 14 Zielvereinbarungen

6.3 LOB UND KRITIK KONSTRUKTIV EINSETZEN

Feedback ist eines der wichtigsten Instrumente zur Selbstüberprüfung in zwischenmenschlichen Beziehungen. Feedback heißt **Rückkopplung**. Ich hole mir aus meiner Umwelt also eine Art Korrektiv dafür, ob meine Weltsicht und meine Selbstwahrnehmung von anderen geteilt werden.

In der Regel wünschen sich alle Schüler Anerkennung und positive Bestärkung von außen. Das Bedürfnis, das eigene Selbstbild aufrechtzuhalten, ist jedoch ein noch stärkerer Impuls, da es hier direkt um die Ich-Identität geht. Das hat auch Auswirkungen auf das **Lernverhalten** der Schüler. Sie werden ihr negatives Image ggf. vehement verteidigen, da es ihnen hilft, mit ihren Misserfolgserfahrungen ins Reine zu kommen.

▶ **„Dann werd ich halt Harz IV-Empfänger!"**
Schüler reagieren oft trotzig auf Anweisungen und Aufforderungen. In die Enge getrieben verabsolutieren sie ihr eigenes Versagen. In diesem Fall mit Druck zu reagieren, führt mit ziemlicher Sicherheit zu aggressiven Wutausbrüchen oder einer Verstärkung des Rückzugsverhaltens. Bei Schülern, denen angemessene Ausdrucksweisen fehlen (auch das dürfen Sie nicht aus dem Blick verlieren), können **somatische Stressreaktionen**, wie Bauch- oder Kopfschmerzen, die Folge sein. Das Vermeidungsverhalten verstärkt sich noch und schlägt sich in **erhöhten Fehlzeiten** nieder. Es hilft auch nicht, den Schüler durch eindringliche Ermahnungen „wach"rütteln zu wollen: Er hat ja nicht aufgehört zu lernen, weil ihm der Ernst der Lage nicht klar wäre, sondern weil er sich entschieden hat, das in seinen Augen Unausweichliche zu akzeptieren. Als Erstes muss bei diesen Schülern also ihr negatives Image gelöst werden: Statt hilfloser „Du-musst-doch"-Appellen von Seiten der Lehrer brauchen diese Schüler **„Du-kannst-schon"-Ermutigungen**.
Es gibt aber Schüler, die mit Lob erst einmal nichts anfangen können. Bestimmt kennen Sie solche, die albern reagieren, wenn sie gelobt werden, oder Ihnen nicht glauben, dass Sie das Lob ernst meinen. Manche spielen auch ihre Leistungen herunter oder nehmen sogar einen dicken schwarzen Stift, mit dem sie kreuz und quer über das gerade gelobte Bild malen, oder sie tragen es demonstrativ in den Mülleimer. Schüler, deren Selbstbild negativ geprägt ist, verlieren durch Lob erst einmal ihre Orientierung. Sie erfahren etwas, das sie zunächst nicht in ihr gewohntes Weltbild einbauen können. Schließlich haben sie sich inzwischen damit abgefunden, dass niemand sie leiden kann und sie ganz sicher nichts zustande bringen, das für andere von Wert sein könnte. Die Schüler versuchen, diese Verunsicherung loszuwerden und richten ihre Aggression z. B. gegen das gelobte Produkt oder flüchten sich in **scheinbare Gleichgültigkeit** oder auch **Arroganz**. Da sie von anderen nichts Positives erwarten, brauchen sie auch deren Wertmaßstäbe und Ziele nicht zu teilen. Sie suchen sich lieber Gleichaltrige, die ihr „realistisches" Weltbild teilen.
Ohne Verunsicherung wird der **Neuaufbau eines positiven Selbstbewusstseins** nicht möglich sein. Sie können die Schüler aber schrittweise an Lob gewöhnen und so auch an das Risiko, sich für die Zukunft wieder etwas zu wünschen.

▶ **Lob als Prozessbeschreibung**
Sowohl für die Härtefälle als auch für Schüler, die das Gefühl haben, selbst keinen Einfluss auf ihr Lernen zu haben, ist es wichtig, Lob als Prozessbeschreibung zu gestalten. Es mag Ihnen albern vorkommen, wenn ein Kind ein schönes Bild gemalt hat, zu sagen: „Ah, der Rasen ist grün, du hast drei Bäume gemalt und dein Haus hat ein spitzes Dach." Die Richtung ist dabei aber schon die richtige. Vielleicht beschreiben Sie die Anwendung von Regeln oder vergleichen verschiedene Ergebnisse, zwischen denen ein Fortschritt liegt. Sie können den Schüler aber auch selbst beschreiben lassen: „Erzähl mal, wie bist du vorgegangen? Was hast du zuerst gemacht?" Dadurch lernen die Schüler, den Blick vom Ergebnis auf ihren Prozess zu lenken, den sie beim nächsten Mal verbessern können.
Gleichzeitig empfinden die Schüler die Aufmerksamkeit, die ihnen dadurch zuteil wird, als **Anerkennung unabhängig von ihrem Leistungsstand**. Das prozessbezogene Lob ist also auch für unproblematische Schüler der Weg zu einer **höheren Frustrationstoleranz** gegenüber Kritik. Sie erhalten eine Wertschätzung als Person, unabhängig davon, ob ihre Arbeitsergebnisse gelobt oder kritisiert werden.

Grundlegende Wertschätzung von einer Bewertung der Verhaltensweisen trennen

Grundlegende Wertschätzung ist die Basis für das Lehr-Lern-Verhältnis. Wenn sich die Schüler Ihnen gegenüber respektlos verhalten, heißt das nicht, dass Sie sich auch auf diese Ebene herablassen sollten.

Carol S. Dweck hat Untersuchungen dazu angestellt, wie sich verschiedene **Strategien des Lobens** auf Schüler auswirken. Alle charakterbezogenen Äußerungen, dazu gehören auch positive Äußerungen wie *„Du bist doch ein cleveres Kerlchen"*, führen dazu, dass die Schüler das Lernen als Mittel zum Zweck auffassen, um sich ihre Position in der Gruppe zu sichern. Wenn sie etwas nicht auf Anhieb schaffen, ist die Frustration umso größer, da sie sich ja als Person verteidigen müssen. Die Reaktion auch von sehr intelligenten Kindern ist dann schnell *„Offensichtlich bin ich doch nicht so intelligent"* oder aber *„Mir fehlt da das gewisse Extra!"*. Sie retten sich also in das Image des verkannten Genies und Sie können sich auf den Kopf stellen, um zu vermitteln, dass auch Genies Dinge erledigen müssen, auf die sie keine Lust haben.

Es ist daher wichtig, beim Lob auf Charakteraussagen zu verzichten, ganz egal, ob Sie von den Schülern eine gute (*„Du bist intelligent"*) oder schlechte Meinung (*„Du bist faul"*) haben. Wie die Rolle des verkannten Genies ist auch das Image des „faulen" Schülers ein ausgesprochen bequemes Nest, in dem sich die Schüler über lange Zeit einrichten können: *„Ich bin ja nicht dumm – ich bin nur zu faul."* An meinem Charakter kann ich nichts ändern, an meinen Verhaltensweisen hingegen schon.

Grundlegende Wertschätzung spenden Sie den Schülern – außer natürlich durch einen höflichen Umgang – vor allem, indem Sie ihnen ein Feedback dazu geben, wie Sie selbst auf den Kontakt reagieren (Ich-Botschaften) und wie andere davon beeinflusst werden:

- *„Wie schön, dass wir jetzt endlich in Ruhe deine Aufgaben anschauen können."*
- *„Es macht mir Spaß, mit dir zu arbeiten."*
- *„Mich hat dein Text auf eine neue Idee gebracht."*
- *„Darf ich dein Beispiel gleich den anderen zeigen? Bestimmt hilft es ihnen, wenn sie sehen, wie du den Fehler verbessert hast."*

„Ja, das wird bestimmt nicht ganz einfach …" – Authentisch bleiben und nicht perfekt sein müssen

Schülern ist in der Lehrer-Schüler-Beziehung kaum etwas so wichtig wie Verlässlichkeit. Eine **professionelle Authentizität** von Ihrer Seite ist daher das A und O. Sie müssen den Schülern ja nicht gleich alles sagen, was Ihnen durch den Kopf geht, aber das, was Sie sagen, sollten Sie auch so meinen. Es hilft nichts, die Schüler für Stärken zu loben, über die sie nicht verfügen, oder sie trösten zu wollen, indem Sie Dinge in den Vordergrund stellen, die die Schüler zwar gut können, die aber nichts mit dem aktuellen Problem zu tun haben. Dadurch werten Sie die Stärken der Schüler sogar eher ab, da die Schüler erfahren, dass ihnen ihre vorhandenen Fähigkeiten nicht weiterhelfen.

Spielen Sie die Sorgen der Schüler nicht herunter. Ein Satz wie *„Ja, das wird bestimmt nicht ganz einfach"* ist manchmal heilsamer als ein flaches *„Du schaffst das schon"* und allemal besser als reflexartige gute Ratschläge wie *„Du musst es nur wollen und dich tüchtig anstrengen."* Den Schülern hilft es mehr, wenn sie hören *„Du hast schon viel geschafft und bei dem, was als Nächstes kommt, unterstütze ich dich."*

Hier schließt sich also der Kreis. Egal, ob Schüler durch aggressive Verteidigungshaltung oder ein trotziges oder lethargisches Rückzugsverhalten versuchen, mit ihren Misserfolgen klarzukommen – sie brauchen Lehrer, die sich nicht so schnell ins Bockshorn jagen lassen und sich ihrer eigenen Arbeit so weit sicher sind, dass sie nicht ihrerseits in die Verteidigungshaltung gehen.

So wie für Ihre Schüler, gilt auch für Sie als Lehrer, nicht dauernd perfekt sein zu müssen. Finden Sie heraus, was Ihnen gut tut, wenn mal wieder alles schiefläuft. Gönnen Sie sich regelmäßig „Pausen". Solange Sie nicht den Kopf in den Sand stecken, macht es auch nichts, mal wieder eine Zeit lang nur aus dem Bauch heraus zu reagieren, um dann mit neuer Energie wieder den nächsten Plan auszuprobieren.

7. AUSBLICK: UMSETZUNG IN DIE PRAXIS

„*Der Worte sind genug gewechselt, lasst mich auch endlich Taten sehen*", heißt es bekanntlich im *Faust*, und so sollten Sie Ihrem hoffentlich neu beflügelten Tatendrang jetzt freien Lauf lassen. Nur drei kleine Tipps wollen wir zum Abschluss schnell noch loswerden:

- Treffen Sie aus den in diesem Buch vorgestellten Maßnahmen eine kluge, auf Ihre spezifischen Rahmenbedingungen zugeschnittene **Auswahl**! Niemand erwartet, dass Sie alle nur denkbaren Fördermöglichkeiten ausschöpfen. Diskutieren Sie in Ihrer Steuergruppe und/oder im Gesamtkollegium, welche der vielen in diesem Buch aufgezeigten Möglichkeiten in Ihrem Haus umgesetzt werden können!
- Führen Sie nicht alle Neuerungen gleichzeitig ein! Integrieren Sie die für Sie relevanten Maßnahmen in ein Schulentwicklungskonzept. Rechnen Sie für die schrittweise Realisierung mit einem **Zeitraum von zwei oder drei Jahren**! Planen Sie auch ‚schöpferische Pausen' ein, in denen das Kollegium im Sinne eines Zwischenfazits immer mal wieder feststellen kann, ob der eingeschlagene Weg auch tatsächlich zum Ziel führt und wo ggf. noch nachgebessert oder umdisponiert werden muss!
- Haben Sie einen **langen Atem**! Es ist selbstverständlich, dass neue Maßnahmen bei den ersten zwei oder drei Versuchen nicht sofort brillante Ergebnisse erbringen können. Probieren Sie Neues mindestens vier oder fünf Mal aus, bevor Sie endgültig feststellen, ob es bei Ihnen tatsächlich (nicht) funktioniert!

Wenn Sie in diesem Veränderungsprozess auf Hindernisse stoßen oder wenn Sie konkrete Empfehlungen für ein sinnvolles Vorgehen in Ihrem Haus erhalten möchten, stehen Ihnen die Verfasser des vorliegenden Buches übrigens gerne mit Rat und Tat zur Seite! Unter **http://www.lehrerakademie-querenburg.de** können Sie uns zu schulgerechten Preisen für **Lehrerfortbildungen** zur individuellen Förderung und zu daran anknüpfenden Themen wie Selbstständiges Lernen, Diagnostik, Verhaltensauffälligkeiten, Schulinspektion, Stress und Burn-out, Leseförderung usw. buchen. Aus der Erfahrung vieler hundert Schulbesuche heraus können wir die für Sie sinnvollen und umsetzbaren Maßnahmen gerne bei Ihnen vor Ort mit Ihrem Kollegium erörtern!

Zunächst aber wünschen wir Ihnen nach der Lektüre dieses Buches viel Erfolg bei der Umsetzung in die Praxis! Wenn Sie umsichtig planen, können Sie trotz widriger Rahmenbedingungen nach unserer Erfahrung sehr beachtliche Erfolge erzielen. Jetzt also wirklich: Frisch ans Werk!

LITERATURVERZEICHNIS

Bachmair, Sabine u. a.: Beraten will gelernt sein. Ein praktisches Lehrbuch für Anfänger und Fortgeschrittene. Weinheim u. Basel 1989.

Bostelmann, Antje (Hrsg.): Das Portfolio-Konzept in der Grundschule. Mülheim a. d. Ruhr 2006.

Brenner, Gerd/Brenner, Kira: Fundgrube Methoden. I: Für alle Fächer. 2. Aufl. Berlin 2007.

Brenner, Gerd: Fundgrube Methoden. II: Für Deutsch und Fremdsprachen. 1. Aufl. Berlin 2007.

Green, Norm/Green, Kathy: Kooperatives Lernen im Klassenraum und im Kollegium. Das Trainingsbuch. 3. Aufl. Seelze-Velber 2007.

Gudjons, Herbert: Frontalunterricht – neu entdeckt. Integration in offene Unterrichtsformen. 2. Aufl. Bad Heilbrunn 2007.

Imhof, Margarete/Skrodzki, Klaus/Urziger, Marianne S.: Aufmerksamkeitsgestörte, hyperaktive Kinder und Jugendliche im Unterricht. 6. Aufl. Donauwörth 2006.

Myschker, Norbert: Verhaltensstörungen bei Kindern und Jugendlichen. Erscheinungsformen – Ursachen – hilfreiche Maßnahmen. 6., überarb. u. aktualisierte. Aufl. 2009.

Naegele, Ingrid M. (Hrsg.): LRS – Legasthenie in den Klassen 1–10. 1: Grundlagen und Grundsätze der Lese-Rechtschreib-Förderung. 6., vollst. überarb. Aufl. Weinheim 2003.

Paradies, Liane/Wester, Franz/Greving, Johannes: Leistungsmessung und -bewertung. 2. Aufl. Berlin 2007.

Reichle, Barbara: Hochbegabte Kinder. Erkennen, fördern, problematische Entwicklungen verhindern. Unter Mitarbeit von Wolfgang Lehmann und Inge Jüling. Weinheim 2004.

Schulte-Körne, Gerd (Hrsg.): Legasthenie: erkennen, verstehen, fördern. Beiträge zum 13. Fachkongress des Bundesverbandes Legasthenie 1999. Bochum 2001.

Schulte-Körne, Gerd (Hrsg.): Legasthenie. Zum aktuellen Stand der Ursachenforschung, der diagnostischen Methoden und der Förderkonzepte. Bochum 2002.

Schulte-Körne, Gerd (Hrsg.): Legasthenie und Dyskalkulie: Aktuelle Entwicklungen in Wissenschaft, Schule und Gesellschaft. Bochum 2007.

Spitzer, Manfred: Vorsicht Bildschirm. Elektronische Medien, Gehirnentwicklung, Gesundheit und Gesellschaft. 5. Aufl. München 2008.

Wiechmann, Jürgen: 12 Unterrichtsmethoden. Vielfalt für die Praxis. Weinheim und Basel 2006.

Wiedenhorn, Thomas: Das Portfolio-Konzept in der Sekundarstufe. Mülheim a. d. Ruhr 2006.

Willenberg, Heiner: Lesen und Lernen. Eine Einführung in die Neuropsychologie des Textverstehens. Heidelberg u. Berlin 1999.

Anhang

Was zu tun ist in: Klassenarbeiten in Deutsch	Schülername: Betty Beispiel
Klasse XY; TT.MM.JJ; Schreibe zu den Bildern ein Rezept für Gemüsesuppe!	

	Wie gut hast du gearbeitet?	1	2	3	4	5	6
immer wichtig	Aufgabe genau gelesen und verstanden		×				
	erfasst, was im Unterricht behandelt wurde	×					
	zusätzliches eigenes Wissen eingebracht		×				
	eine sinnvolle Reihenfolge eingehalten			×			
	klingt verständlich und überzeugend		×				
	alles bis ins Detail durchdacht		×				
	eigene Gedanken darüber gemacht			×			
diesmal wichtig	alle sechs Bilder berücksichtigt		×				
	alle Arbeitsschritte benannt				×		
	alle Gemüsesorten genannt		×				
	alle Küchengeräte genannt	×					
	richtige Reihenfolge eingehalten	×					
	Zusatz von Wasser und Gewürzen erwähnt						×
	richtige Kochzeiten genannt			×			
		×1	×2	×3	×4	×5	×6
	Summen	3	12	9	4	0	6
		Durchschnitt: 34 ÷ 14 = 2,43					

	Hast du sauber und richtig geschrieben?	normal/gut	Abzug 0,5	Abzug 1,0
immer wichtig	sauber und ordentlich geschrieben		×	
	neue und schwierige Wörter benutzt			×
	Sätze vollständig und richtig gebildet		×	
	Wörter richtig bzw. lauttreu geschrieben			×
	Satzzeichen an der richtigen Stelle gesetzt		×	
diesmal wichtig	Gemüsenamen richtig geschrieben		×	
	Rezeptformeln (‚man nehme' usw.) benutzt	×		
	Abzug		0,5	

	NOTE	2,43 + 0,5 = 2,93

Bemerkungen/Hinweise:

- Du hast nicht die ‚Kochwörter' benutzt, die wir im Unterricht behandelt haben.
- Die Reihenfolge der Arbeitsschritte hast du ganz genau eingehalten!

Erwartungshorizont für: Deutsch-Klausuren (Literatur)	Schülername: Birgit Beispiel
Klasse XY; TT.MM.JJ; Interpretiere Brechts ‚Schlechte Zeiten für Lyrik'!	

	Inhaltliche und methodologische Aspekte	1	2	3	4	5	6
immer wichtig	Erfassung der Aufgabenstellung		×				
	Tiefe des gezeigten Wissens	×					
	Breite des gezeigten Wissens		×				
	Klarheit des Aufbaus			×			
	Schlüssigkeit der Argumentation		×				
	Intellektuelles Niveau		×				
	Gedankliche Eigenständigkeit			×			
diesmal wichtig	Politische Intention erkannt		×				
	Historischen Kontext erfasst				×		
	Motivtraditionen erkannt		×				
	Anspielungen erkannt	×					
	Naturbegriff problematisiert	×					
	Exilproblematik thematisiert						×
	Metrische Analyse			×			
	Summen	×1 3	×2 12	×3 9	×4 4	×5 0	×6 6
		Durchschnitt: 34 ÷ 14 = 2,43					

	Form- und Präsentationsaspekte	normal/gut	Abzug 0,5	Abzug 1,0
immer wichtig	Ordentlichkeit		×	
	Wortwahl			×
	Satzbau		×	
	Rechtschreibung			×
	Zeichensetzung		×	
diesmal wichtig	Fachterminologie (Metrik)		×	
	Stilistik	×		
	Ggf. Malus		0,5	

	NOTE	2,43 + 0,5 = 2,93

Bemerkungen/Hinweise:

- Exilproblematik wird überhaupt nicht erwähnt.
- Bitte Fachterminologie üben!
- Problematisierung des Naturbegriffes perfekt!

Erwartungshorizont für: Mathe-Klausuren (Geometrie)	Schülername: Britta Beispiel
Klasse XY; TT.MM.JJ; Löse die beigefügten fünf Aufgaben!	

	Inhaltliche und methodologische Aspekte	Faktor	1	2	3	4	5	6
immer wichtig	Erfassung der Aufgabenstellung	1		×				
	Auffindung eines Lösungsansatzes	3		×××				
	Konsequenz in der Durchführung	3			×××			
	Kalkulatorische Richtigkeit	2					××	
	Nutzung geeigneter Hilfsmittel	1			×			
	Nutzung geeigneter Hilfskonstruktionen	1			×			
	Korrektheit des Ergebnisses	3					×××	
diesmal wichtig	Kongruenzbeziehungen erfasst	2	××					
	Formeln korrekt reproduziert	2	××					
	Summen	18	4	8	15	0	25	0
		Durchschnitt: 52 ÷ 18 = 2,89						

	Form- und Präsentationsaspekte		normal/gut	Abzug 0,5	Abzug 1,0
immer wichtig	Übersichtlichkeit		×		
	Sauberkeit		×		
	Präzision		×		
	Vollständigkeit			×	
	Sprachrichtigkeit				×
diesmal wichtig	Zeichnungen korrekt beschriftet				×
	Ggf. Malus			0,5	
	NOTE	2,89 + 0,5 = 3,39			

Bemerkungen/Hinweise:

- Der letzte Teil der dritten Aufgabe wurde nicht bearbeitet!
- Alle relevanten Formeln sind korrekt wiedergegeben!

Was zu tun ist in:	Schülername:

	Wie gut hast du gearbeitet?	1	2	3	4	5	6
immer wichtig							
diesmal wichtig							
	Summen	×1	×2	×3	×4	×5	×6
		Durchschnitt:					

	Hast du sauber und richtig geschrieben?	normal/gut	Abzug 0,5	Abzug 1,0
immer wichtig				
diesmal wichtig				
	Ggf. Abzug			

	NOTE	

Bemerkungen/Hinweise:

Erwartungshorizont für:	Schülername:

	Inhaltliche und methodologische Aspekte	1	2	3	4	5	6
immer wichtig							
diesmal wichtig							
	Summen	×1	×2	×3	×4	×5	×6
		Durchschnitt:					

	Form- und Präsentationsaspekte	normal/gut	Abzug 0,5	Abzug 1,0
immer wichtig				
diesmal wichtig				
	Ggf. Abzug			

	NOTE	

Bemerkungen/Hinweise:

CHECKLISTE

NAME: ______________________

An meiner Schule sind diese Maßnahmen zu realisieren:

	kurzfristig	mittelfristig	langfristig	niemals	egal
Personelle Unterstützung					
Mentorensystem einrichten					
Tutorensystem einrichten					
Schülerfirma gründen					
Bringsystem installieren					
Holsystem installieren					
…					
…					
Kooperation im Kollegium					
Teamteaching in ‚Vollversion'					
Teamteaching in ‚Sparversion'					
Neues Arbeitszeitmodell					
Schulinterne Datenbank					
Korrekturpraxis vereinheitlichen					
…					
…					
Eltern, OGS, Praktikanten					
Förderverein gründen/stärken					
Eltern als Sponsoren					
Arbeitskreis Brennpunktschule					
Ganztagsbetreuer fortbilden					
Praktikanten als Mentoren					
…					
…					
Zeiteinteilung					
Förderung im Regelunterricht					
(mehr) Förderbänder					
Förder-Workshops					
offener Anfang					
mehr Doppelstunden					
60- statt 45-Minuten-Einheit					
Methodentraining					
…					
…					

Version 1 für Grundschulen: Welche ergänzenden diagnostischen Hilfsmittel und standardisierten Verfahren werden an Ihrer Schule eingesetzt?

	Vorschulische bzw. (Schuleingangs-)Diagnostik	**Klasse 1**	**Klasse 2**	**Klasse 3**	**Klasse 4**
grundlegende Fähigkeiten	• • •	• •			
Mathematik	• •				
Deutsch	•				
Andere Fächer					
Arbeits- und Sozialverhalten					
Sonstiges					

Hinter die Notationen in Klammern zu setzende Kürzel: s = standardisiertes Verfahren; f = förderdiagnostisch; E = Eigenreflexion der Schüler

Anmerkungen zu KV 6:

- In die Tabelle können Sie Eintragungen, wie z. B. HSP 2 (Hamburger Schreibprobe = Test zur Ermittlung der Rechtschreibkompetenz) für die entsprechende Klassenstufe, vornehmen. Es bietet sich an, in Klammern hinter diese Notation in Form eines Kürzels einzutragen, ob es sich bei dem Hilfsmittel um ein standardisiertes Verfahren handelt (s) und/oder ob dasselbe förderdiagnostisch (f), also eine wirkliche Hilfe bei der Planung von Fördermaßnahmen, ist.
- Ergänzend ist zudem interessant zu fragen, bei welchen Hilfsmitteln Schüler die Möglichkeit haben, selbstständig ihre Kompetenzen einzuschätzen (E für **Eigenreflexion der Schüler**; Beispiele für Selbsteinschätzungsbögen s. Kap. 3.2, S. 45, **KV 19**, S. 146–147 und Kap. 5.4).
- Die Tabelle soll das Sammeln **ergänzender** Hilfsmittel und standardisierter Verfahren erleichtern. Was sie nicht darstellt, ist der große Bereich der nicht schriftlich fixierten alltäglichen Beobachtungen. Auch die vielen Klassenarbeiten, Tests, Hausarbeiten, Portfolios etc., welche mit dem Ziel der Leistungsbewertung erstellt werden, können ja ebenfalls der Diagnostik dienen, erscheinen aber normalerweise in einer solchen Übersicht nicht. Wenn also Felder frei bleiben, weil zu bestimmten Zeitpunkten zur Beobachtung gewisser Fähigkeiten und Qualifikationen keine diagnostischen *Hilfsmittel* notwendig sind, so ist das völlig legitim und sollte nicht für schlechtes Gewissen oder Unbehagen sorgen, sondern ein Zeichen dafür sein, dass Sie an Ihrer Schule versuchen, effektiv zu diagnostizieren. Das bedeutet eben auch, zu wissen, wann kein zusätzlicher Aufwand notwendig ist. Sie können nicht für jedes Fach und jeden sozialen wie persönlichen Faktor alle Vierteljahre für jeden Schüler standardisierte Verfahren einsetzen. Vielmehr soll ein **sinnvoller Umgang mit diagnostischen Möglichkeiten und Grenzen innerhalb der Schule** durch das Nachdenken über die eingesetzten Mittel angeregt werden.

Version 2 für die Sekundarstufe I: Welche ergänzenden diagnostischen Hilfsmittel und standardisierten Verfahren werden an Ihrer Schule eingesetzt?

	Schuleingangs-Diagnostik	**Klasse 5**	**Klasse 6**	**Klasse 7**	**Klasse 8**	**Klasse 9**	**Klasse 10**
sprachliche Fähigkeiten	• • •	• •					
Lese-Recht-schreib-Fähig-keiten	• •						
mathematische Kenntnisse	•						
sportliche Begabung							
musische Begabung							
Arbeits- und Sozialverhalten							
andere Bereiche							

Hinter die Notationen in Klammern zu setzende Kürzel: s = standardisiertes Verfahren; f = förderdiagnostisch; E = Eigenreflexion der Schüler
(Anmerkungen zu **KV 6** siehe S. 130)

BEOBACHTUNGSBOGEN **Mathematik** für: Klasse: Erstellt durch:

Erhebungsdatum:				
Grundrechenarten				
Kann addieren (schriftlich und im Kopf)				
Kann subtrahieren (schriftlich und im Kopf)				
Kann multiplizieren (schriftlich und im Kopf)				
Kann dividieren (schriftlich und im Kopf)				
Kann mit mathematischen Hilfsmitteln umgehen (Lineal, Taschenrechner, Zirkel etc.)				
Grundlegende Rechenstrategien:				
Kann zum Zehner ergänzen (z. B.: 8 + 6 = 8 + 2 + 4)				
Kann die Kraft der 5 nutzen (z. B.: 6 + 7 = 5 + 5 + 1 + 2)				
Kann Umkehraufgaben lösen (6 x 7 = 7 x 6; 5 + 4 = 4 + 5 etc.)				
(halb-)schriftliche Rechenverfahren				
Beherrscht die (halb-)schriftliche Addition mit Übertrag				
Beherrscht die (halb-) schriftliche Subtraktion mit Übertrag				
Größen / Maßeinheiten				
Kann mit Gewichtsangaben rechnen				
Kann mit Zeitangaben rechnen (Uhr, Kalender etc.)				
Kann mit Längenangaben rechnen				
Kann mit Geld rechnen				
Geometrie				
Erkennt einfache Symmetrien und kann sie produzieren				
Kann Körper und Figuren benennen, altersgemäße Aufgaben dazu rechnen				
Kann mit einfachen Volumenangaben rechnen				
Kann **Sachaufgaben** lösen (nicht Leseverständnis erfragen!)				

Bei den im Folgenden abgedruckten **KVs 8–16** handelt es sich um Beispiele von Beobachtungsbögen für die **Grundschule** (Sek.-I-Bögen siehe unten). Diese neun dargestellten Bögen werden von Grundschullehrern gern als Komplettsatz genutzt, bei welchem man z. B. zunächst für alle Schüler mit dem sehr offen gehaltenen Bogen (**KV 8**) arbeitet, in den man sich besondere Auffälligkeiten notiert. Wenn es dann notwendig wird, bestimmte Bereiche genauer in Augenschein zu nehmen, greift man auf den jeweiligen ausdifferenzierten Bogen zurück, welcher zu erfragende Kriterien als Hilfestellung vorgibt (**KVs 9–16**).

Bei den abgedruckten **KVs 17–18** handelt es sich um Beispiele von Beobachtungsbögen für die **Sekundarstufe I**. Sehr ausdifferenzierte Bögen wie der in **KV 17** gezeigte Beobachtungsbogen, der fächerübergreifend einsetzbar ist, um die in allen Fächern wichtigen sprachlichen Fähigkeiten zu beobachten, sind für den Unterrichtsalltag häufig zu aufwendig. Deshalb nutzen Fachlehrer solche ausdifferenzierten Bögen gern, um sich daraus die drei bis fünf Kategorien auszuwählen, welche für ihr Fach besonders relevant sind, und um nur diese dann gezielt bei jedem Schüler zu beobachten. Eine offene Form, wie durch **KV 18** dargestellt, wird u. a. von Nebenfachlehrkräften genutzt, um die Informationen, die man über die Schüler sammelt, übersichtlich auf einen Blick nebeneinanderzustellen und z. B. auch bei Gesprächen mit den Schülern oder an Elternsprechtagen nichts mehr neu zusammentragen zu müssen, sondern alles übersichtlich vorliegen zu haben.

Beobachtungsbogen für: ______________ ____ **Halbjahr** **Klasse:** ____ **Ausgefüllt durch:** ______________

Zeit-raum	Motorik	Wahr-nehmung	Ausspra-che/Kom-munikation	Phonolog. Bewusst-heit	Recht-schreibung	Lesen	Mathematik	Sozial-verhalten	Arbeits-verhalten	Sonstiges

Beobachtungsbogen *Motorik* für: ____________________

Erhebungsdatum:					
Gesamteindruck					
Bewegt sich geschickt, ausdauernd, harmonisch (nicht eckig, steif, fahrig)					
Hat eine gute Körperbeherrschung					
Grobmotorik					
Kann auf einem Bein hüpfen					
Läuft und bewegt sich altersgemäß					
Kann rennen					
Kann balancieren/das Gleichgewicht halten					
Kann einen Ball fangen					
Feinmotorik					
Kann Formen nachzeichnen					
Kann ausmalen					
Kann ausschneiden					
Kann eine Strecke mit einem Stift durchfahren					
Kann Perlen auffädeln					
Hält den Stift richtig (und unverkrampft)					

Beobachtungsbogen *Wahrnehmung* für: ______________________

Erhebungsdatum:			
Auditive Wahrnehmung			
Kann Geräusche rein über das Gehör identifizieren und unterscheiden (z. B. Telefon, Wecker, Klingel, Papierrascheln etc.)			
Kann laute/leise bzw. hohe/tiefe bzw. lange/kurze Töne unterscheiden			
Kann Geräusche richtig wiedergeben			
Visuelle Wahrnehmung			
Kann aus dargestellten Objekten die gleichen, aber räumlich veränderten Objekte herausfinden (Raum-Lage)			
Kann spiegelbildlich veränderte Figuren aus einer Reihe nicht veränderter Figuren herausfinden (Raum-Lage)			
Kann eine Figur bei sich überschneidender Darstellung komplett ausmalen/auslegen (Figur-Grund)			
Kann auch in detailreicher Darstellung eine vorgegebene Figur [in unterschiedlichen Größen] wiederfinden (Figur-Grund)			
Kann sich überschneidende Linien von einem Punkt aus zu einem anderen verfolgen [mithilfe eines Stiftes] (Figur-Grund)			

Erhebungsdatum:			
Kann die Lage eines Gegenstandes zu einem anderen wahrnehmen und verbalisieren: z. B. vor, hinter, unter, auf, neben (abgrenzen von Wortschatzdiagnose!)			
Kann eine andersartige Figur aus einer Reihe gleichartiger herausfinden (Formkonstanz)			
Kann vorgegebene Linien mit einem Stift nachziehen (Auge-Hand)			
Kann zwei Punkte ohne Hilfsmittel mit einem Stift verbinden (Auge-Hand)			
Kann vorgegebene Muster mit einem Stift weiterführen (Auge-Hand)			
Kann einen Gegenstand ohne Berührung durch einen begrenzten Bereich führen (Auge-Hand)			
Taktil-kinästhetische Wahrnehmung			
Kann bekannte Gegenstände durch Tasten identifizieren			
Kann unterschiedliche Formen, Materialien und Oberflächen durch Tasten identifizieren			
Kann Berührungen am eigenen Körper lokalisieren			

Beobachtungsbogen *Aussprache und Kommunikation* für: ______________________

Erhebungsdatum:					
Aussprache					
Kann deutlich und verständlich sprechen (nuschelt nicht, spricht nicht heiser etc.)					
Kann alle Laute der deutschen Sprache adäquat produzieren					
Kann laut genug sprechen					
Kommunikation, Sprache					
Kann auf andere zugehen und verbal Kontakt aufnehmen					
Kann sich altersgemäß ausdrücken (Wortschatz, Satzbau etc.)					
Kann zuhören und auf Gesagtes eingehen					
Kann Gesprächsregeln einhalten					
Kann vor anderen sprechen					

Beobachtungsbogen *Phonologische Bewusstheit* für: ______________________

Phonologische Bewusstheit im weiteren Sinne

Erhebungsdatum:				
Kann selbstständig Reime bilden (Haus – …)				
Kann erkennen, welche Wörter sich reimen und welche nicht (z. B. Hose, Dose oder Haus, Hase)				
Kann die Länge von Wörtern unabhängig von der Wortbedeutung ermitteln (Zug – Fahrrad)				
Kann einen kurzen Satz in Wörter zerlegen (z. B. pro Wort einen Baustein legen)				
Kann Wörter in Silben zerlegen (Klatschen als Hilfe, z. B. lau – fen)				
Kann aus vorgesprochenen Silben Wörter bilden (z. B. spie – len; sit – zen; bel – len)				

Phonologische Bewusstheit im engeren Sinne

Erhebungsdatum:				
Kann Einzellaute unterscheiden (Kopf – Topf, backen – baden)				
Kann die Laute aus einem Wort akustisch analysieren				

Beobachtungsbogen *Rechtschreibung* für: ______________________

Erhebungsdatum:					
Hält die Schreibrichtung ein und schreibt die Buchstaben normgerecht (d. h. leserlich/nicht spiegelverkehrt etc.)					
Kann Lauten die richtigen Buchstaben zuordnen					
Lässt keine hörbaren Buchstaben aus bzw. fügt keine nicht hörbaren hinzu					
Hält die Reihenfolge von Buchstaben beim Schreiben ein					
Schreibt Lernwörter weitgehend richtig					
Hält Wort- und Satzgrenzen ein					
Kann richtig abschreiben (Tafel? Aufgabenzettel? Schleichdiktat? etc.)					
Kann sich selbst korrigieren bzw. Wörter nachschlagen					
Wendet bereits erlernte Rechtschreibregeln an:					
Groß- und Kleinschreibung					
Ableitung (ä, äu; Verschlusslaute b, d, g etc.)					
Dopplung					
Dehnung					
Vor- und Endsilben					
Zeichensetzung					

Beobachtungsbogen *Lesen* für: ______________________

Erhebungsdatum:				
Kann den Buchstaben die richtigen Laute zuordnen (z. B. s-o-l-l-t-e, a-m etc.)				
Lässt keine Laute aus und fügt keine hinzu				
Hält die Lautreihenfolge beim Lesen ein				
Kann Wortteile/kleine Wörter als Ganzes erfassen und Wörter sinnvoll gliedern (z. B. soll-te, vor, am, ver-k-auf-en etc.)				
Kann **Wörter** erlesen und verstehen (Sinnentnahme und Wortschatz trennen!)				
Nutzt Sinnstützen in Sätzen / Texten				
Hat nur selten Schwierigkeiten durch Wortschatzmängel				
Kann Sätze beim Lesen sinnvoll untergliedern				
Hat ein angemessenes Lesetempo				
Korrigiert sich (sinnvoll) beim Lesen				
Betont zu Lesendes so, dass man Sinn entnehmen kann				
Kann **Sätze** erlesen und verstehen (Sinnentnahme und Wortschatz trennen!)				
Weitere Auffälligkeiten				

Beobachtungsbogen *Mathematik* für: ______________________

Erhebungsdatum:					
Zählverhalten					
Kann zählen (ohne Auslassungen, mit/ohne Hilfsmittel)					
Kann rückwärts zählen (von welcher Zahl an?)					
Ziffern					
Kann Ziffern benennen/und lesen					
Kann Ziffern normgerecht schreiben (z. B. nicht spiegelverkehrt)					
Mengenerfassung					
Kann Elemente einer Menge ordnen (nach Farben, Form, Größe etc.)					
Kann kleine Mengen (übersichtlich und/oder unübersichtlich angeordnet) auf einen Blick erkennen					
Kann größere Mengen schätzen					
Erkennt die Gleichmächtigkeit von Mengen bei 1:1-Zuordnungen					
Ordnen					
Kann Aufgaben lösen, in welchen Reihenfolgen eingehalten werden müssen (z. B. von klein zu groß, von früh zu spät etc.)					
Grundrechenarten					
Kann addieren (schriftlich und im Kopf)					
Kann subtrahieren (schriftlich und im Kopf)					
Kann multiplizieren (schriftlich und im Kopf)					
Kann dividieren (schriftlich und im Kopf)					
Kann mit mathematischen Hilfsmitteln umgehen (Lineal, Taschenrechner, Zirkel etc.)					
Grundlegende Rechenstrategien					
Kann zum Zehner ergänzen (z. B.: 8 + 6 = 8 + 2 + 4)					
Kann die Kraft der 5 nutzen (z. B.: 6 + 7 = 5 + 5 + 1 + 2)					
Kann Umkehraufgaben lösen (6 × 7 = 7 × 6; 5 + 4 = 4 + 5 etc.)					

(Fortsetzung) **Beobachtungsbogen *Mathematik* für:** ____________________

(halb-)schriftliche Rechenverfahren					
Beherrscht die (halb-)schriftliche Addition mit Übertrag					
Beherrscht die (halb-)schriftliche Subtraktion mit Übertrag					
Größen / Maßeinheiten					
Kann mit Gewichtsangaben rechnen					
Kann mit Zeitangaben rechnen (Uhr, Kalender etc.)					
Kann mit Längenangaben rechnen					
Kann mit Geld rechnen					
Geometrie					
Erkennt einfache Symmetrien und kann sie produzieren					
Kann Körper und Figuren benennen, einfache Aufgaben dazu rechnen					
Kann mit einfachen Volumenangaben rechnen					
Kann **Sachaufgaben** lösen (nicht Leseverständnis erfragen!)					

Beobachtungsbogen *Arbeits- und Sozialverhalten* für: ____________________

Arbeitsverhalten					**Sozialverhalten**				
Datum:					Datum:				
Leistungsbereitschaft					**Verantwortungsbereitschaft**				
Strengt sich bei Anforderungen an					Übernimmt Verantwortung für eigenes Handeln				
Arbeitet auch länger konzentriert, ausdauernd					Übernimmt Pflichten und Aufgaben für die Klasse				
Fragt nach, erkennt Schwierigkeiten, holt Unterstützung					**Konfliktverhalten**				
Sucht selbstständig neue Aufgaben					Kann Lösungen für Konflikte akzeptieren				
Bearbeitet ein Thema gründlich					Kann Konflikte gewaltfrei lösen				
Arbeitet zielstrebig					Kann Streit schlichten				
Arbeitet mündlich mit					Hält Regeln und Vereinbarungen ein				
Sucht selbstständig Informationen, Anschauungsmaterial					Respektiert andere und begegnet ihnen höflich				
Zuverlässigkeit/Sorgfalt					Nimmt Rücksicht				
Hält Absprachen ein					**Kooperationsfähigkeit**				
Ist pünktlich					Hält Gesprächsregeln ein				
Erledigt Aufgaben und Hausaufgaben vollständig					Kann mit wechselnden Partnern arbeiten				
Bringt die für den Unterricht benötigten Materialien mit					Kann seine/ihre Aufgabe in der Gruppe übernehmen				
Führt Hefte/Materialien ordentlich					Kann eigene Interessen zugunsten der Gruppe zurückstellen				
Kann mit Büchern und anderen Materialien sachgerecht umgehen									
Überprüft Ergebnisse, korrigiert Fehler									

++ = entspricht den Anforderungen in besonderem Maße (sehr gut)
+ = entspricht den Anforderungen in vollem Maße (gut)
0 = entspricht den Anforderungen im Allgemeinen (befriedigend)
– = entspricht den Anforderungen noch nicht (unbefriedigend)

Beobachtungsbogen *sprachliche Fähigkeiten* **Klasse: 5/6** **Fach:** ________ **Kürzel:** ________ **Schuljahr:** ________

Name:	Okt	Jan	Mrz	Jun
Sprechen, Gespräche, Zuhören				
1. Kann deutlich und verständlich (Artikulation, Satzstruktur, Lautstärke etc.) sprechen				
2. Kann Gesprächsregeln einhalten				
3. Kann aufmerksam zuhören und sach- bzw. situationsbezogen auf andere reagieren				
4. Kann sich Notizen machen, um Gehörtes festzuhalten				
5. Kann fachsprachliche Ausdrücke a) verstehen und/oder b) verwenden	a) b)			
6. Kann zu einem Sachthema Ergebnisse mithilfe von Stichworten vortragen und dabei einfache Medien (Tafel, OHP etc.) nutzen				
7. Kann den Inhalt kurzer Texte/Passagen in eigenen Worten mündlich wiedergeben				
8. Kann eigene Meinung formulieren und vertreten				
9. Kann Wünsche und Forderungen angemessen vortragen				
Schreiben				
1. Kann elementare Methoden der Textplanung, -formulierung und -überarbeitung anwenden (z.B. Stichwörter, Korrektur etc.)				
2. Kann Argumente auswerten und darstellen				
3. Kann Texte der Form, der Struktur und dem Inhalt nach altersgemäß produzieren				
4. Kann den Inhalt kurzer Texte/Passagen in eigenen Worten schriftlich wiedergeben				
5. Kann Fragen zu Texten a) entwickeln und/oder b) beantworten	a) b)			

	Okt	Jan	Mrz	Jun
6. Kann Aussagen zu einfachen diskontinuierlichen Texten (z.B. einfache Tabellen/Grafiken etc.) machen				
7. Kann Aussagen zu Texten belegen				
Lesen				
1. Kann auch Fachtexte/fremdsprachliche Texte flüssig vorlesen				
2. Kann Informationen aus Texten entnehmen und mündlich oder schriftlich wiedergeben				
3. Kann Schlussfolgerungen ziehen, sich in Kombination von Gelesenem und Wissenshorizont Zusammenhänge erschließen				
4. Kann auch satzübergreifende Bedeutungseinheiten erkennen und verstehen				
5. Kann strukturierte Notizen zu Gelesenem machen				
6. Kann begriffliche oder sprachliche Schwierigkeiten a) identifizieren und/oder b) klären	a) b)			
7. Kann Textaussagen sinnvoll markieren/unterstreichen, Texte gliedern				
8. Kann Informationsquellen nutzen (z.B. Lexika, Wörterbücher, in Ansätzen das Internet)				
Rechtschreibung				
1. Kann den Alltagswortschatz weitgehend rechtschriftlich wiedergeben				
2. Kann Fachbegriffe/Fremdwörter weitgehend richtig (d.h. altersgemäß) schreiben				
3. Kann Geschriebenes strategisch korrigieren, Hilfen (Wörterbücher, Lexika etc.) nutzen				

Kress/Rattay/Schlechter/Schneider: Individuell fördern – Das Praxisbuch

Beobachtungsbogen *Nebenfach*: ______________ **Klasse:** ____ **Halbjahr:** ______ **Kürzel:** ______ **Seite:** ______

Name	1. Test	mündlich	Referat	2. Test	Experi-mentieren	Gruppen- und Team-arbeit	schüler-zentriertes Arbeiten	Arbeits-verhalten	Sozialver-halten	Sonstiges

Selbstbeobachtungsbogen

Hinweis: Für Schüler mit Organisations- und/oder Aufmerksamkeitsdefiziten ist es wichtig, einen reduzierten Bogen zu nutzen. In das Blanko-Formular können zu beobachtende Kategorien eingetragen werden (selbst gewählte Formulierungen genauso wie in der nachfolgend stehenden Tabelle vorgegebene).

Selbstbeobachtungsbogen von: ____________	Ich	Lehrer
	☺ 😐 ☹	☺ 😐 ☹
	☺ 😐 ☹	☺ 😐 ☹
	☺ 😐 ☹	☺ 😐 ☹

Beispielkategorien für einen Selbstbeobachtungsbogen:

Selbstbeobachtungsbogen von: ______________	**Ich**	**Lehrer**
Ich habe meine Aufgabe erst beendet, bevor ich mir eine Auszeit genommen habe.	☺ 😐 ☹	☺ 😐 ☹
Ich hatte heute alle Arbeitsmaterialien dabei.	☺ 😐 ☹	☺ 😐 ☹
Ich habe in der Pause gut auf mich und andere aufgepasst.	☺ 😐 ☹	☺ 😐 ☹
Ich bin meistens gelassen geblieben, wenn etwas nicht geklappt hat.	☺ 😐 ☹	☺ 😐 ☹
Ich habe es geschafft, nicht reinzurufen.	☺ 😐 ☹	☺ 😐 ☹
Ich habe heute niemanden beleidigt oder beschimpft.	☺ 😐 ☹	☺ 😐 ☹
Ich habe gemerkt, wann ich eine Auszeit brauchte, und bin dann schnell hinausgegangen.	☺ 😐 ☹	☺ 😐 ☹
Ich weiß, was ich heute richtig gut gemacht habe.	☺ 😐 ☹	☺ 😐 ☹
Ich habe niemanden unterbrochen.	☺ 😐 ☹	☺ 😐 ☹
Ich konnte heute schon viel länger auf meinem Platz bleiben.	☺ 😐 ☹	☺ 😐 ☹
Ich habe es geschafft, mit anderen Kindern zusammenzuarbeiten.	☺ 😐 ☹	☺ 😐 ☹

Kurznotiz zum *Verdacht auf besondere Begabung*

Schuljahr: ________ Klasse: ________ Kürzel: ________ Datum: ____________

Schülername:	**Verdacht auf besondere Begabung im folgenden Bereich:**	**Bei Bedarf kurze Beschreibung der Beobachtung**
____________	logisch-mathematisch	
	sprachlich	
	musikalisch	
	bildnerisch-künstlerisch	
	sportlich	
	sozial	
	handwerklich	

Den Verdacht erhärtende Indizien:	
1. Kognitive Leistung (Wissen, Wortschatz, Kombinationsgabe …)	
2. Arbeitshaltung (Hingabe, Perfektionismus, Selbstkritik …)	
3. Sozialverhalten (Selbstständigkeit, Gerechtigkeitsempfinden …)	
4. Äußere Faktoren (Noten, frühe Einschulung, Überspringen …)	

Förderplan für: Lea Schröder, Klasse 3b

Persönliche Stärken und Schwächen	Besondere Rahmenbedingungen	federführend/zuständig ab
+ Rechnen; Zeichnen; Hilfsbereitschaft - wenig Geduld; geringe Lesemotivation	Scheidung der Eltern im Herbst 2008	Fr. Bauer/16.01.09

Grund der Förderung	Maßnahmen/Ziele, Fristen, Akteure	Ergebnisfeststellung, Datum, Paraphe
ELFE-Lesetest am 14.01.09: gravierende Probleme im Bereich der Syntax 16.01.09 Meyer Auffallend gute Leistung im Kopfrechnen; Spaß an Knobeleien 21.01.09 Khalil	Teilnahme an der Lesefördergruppe (Schüler helfen Schülern); ab 27.01.09 Tutorin: Jenny Aufnahme in die Knobelgruppe, ab Herbst 09	Maßnahme wirkt; Fortführung bis zu den Sommerferien sinnvoll 27.05.09 Bauer

Kommentare an der Förderung beteiligter Kollegen
Leseleistung im Matheunterricht normal; Schmitz 19.01.09

Förderplan für: ____________

Persönliche Stärken und Schwächen	Besondere Rahmenbedingungen	federführend/zuständig ab

Grund der Förderung	Maßnahmen/Ziele, Fristen, Akteure	Ergebnisfeststellung, Datum, Paraphe

Kommentare an der Förderung beteiligter Kollegen

Förderplan für: Lea Schröder, Klasse 3 b

Persönliche Stärken und Schwächen	Besondere Rahmenbedingungen	federführend/zuständig ab
+ Rechnen; Zeichnen; Hilfsbereitschaft - wenig Geduld; geringe Lesemotivation	Scheidung der Eltern im Herbst 2008	Fr. Bauer/16.01.09

Relevante Förderbereiche	Maßnahmen/Ziele, Fristen, Akteure	Ergebnisfeststellung, Datum, Paraphe
☐ Körperlich-motorische Entwicklung ☐ Seelisch-emotionale Entwicklung ☐ Intellektuell-geistige Entwicklung ☐ Arbeitsverhalten ☐ Sozialverhalten ☒ Lesen ☐ Schreiben ☒ Rechnen ☐ Fach: …… ☐ Fach: …… ☐ Fach: ……	☐ Förderstunden ☐ Förderworkshop ☒ Schüler helfen Schülern ☐ Zuweisung eines Tutors/Mentors/Paten ☐ Externe Diagnose ☐ Externe Förderung ☐ Externe Nachhilfe ☐ Regelmäßiges Beratungsgespräch ☐ Gespräch mit den Erziehungsberechtigten ☒ Knobelgruppe ab Herbst 09 Details: SHS Lesen ab 27.01.09; Tutorin: Jenny	Leseförderung (SHS) wirkt; Fortführung bis zu den Sommerferien sinnvoll 27.05.09 Bauer

Kommentare an der Förderung beteiligter Kollegen
Leseleistung im Matheunterricht normal; Schmitz 19.01.09

Förderplan für: ______________

Persönliche Stärken und Schwächen	Besondere Rahmenbedingungen	federführend/zuständig ab

Relevante Förderbereiche	Maßnahmen/Ziele, Fristen, Akteure	Ergebnisfeststellung, Datum, Paraphe
☐ Körperlich-motorische Entwicklung ☐ Seelisch-emotionale Entwicklung ☐ Intellektuell-geistige Entwicklung ☐ Arbeitsverhalten ☐ Sozialverhalten ☐ Lesen ☐ Schreiben ☐ Rechnen ☐ Fach: .... ☐ Fach: .... ☐ Fach:	☐ Förderstunden ☐ Förderworkshop ☐ Schüler helfen Schülern ☐ Zuweisung eines Tutors/Mentors/Paten ☐ Externe Diagnose ☐ Externe Förderung ☐ Externe Nachhilfe ☐ Regelmäßiges Beratungsgespräch ☐ Gespräch mit den Erziehungsberechtigten ☐ .... Details:	

Kommentare an der Förderung beteiligter Kollegen

Förderplan für: Ali Gökmen, Klasse 5a

Persönliche Stärken und Schwächen	Besondere Rahmenbedingungen	federführend/zuständig ab
+ sehr großes Interesse an Technik/Computern; ‚Tüftler'; sehr fleißig - sehr schwache Orthografie	In der Familie wird fast nur Türkisch gesprochen.	Hr. Naujock/16.01.09 Fr. König/27.05.09

Grund der Förderung	Maßnahmen/Ziele, Fristen, Akteure	Ergebnisfeststellung, Datum, Paraphe
besonderes Talent im Bereich Informatik 16.01.09 Naujock	Aufnahme in Computer-AG ab 27.01.09 Naujock	gute Mitarbeit in Computer-AG; kann drinbleiben 27.05.09 Naujock
Rechtschreibtest mit Lernserver am 14.01.09; dringender Förderbedarf 21.01.09 König	gezielte Förderung mit Lernserver-Materialien in unserer neuen LRS-Gruppe (ab Herbst 09) 27.05.09 König	

Kommentare an der Förderung beteiligter Kollegen
Rechtschreibung auch in Geschichte sehr schwach; Fritz 10.03.09 dito in Geografie; dringender Förderbedarf; Ellinghaus 24.03.09

Förderplan für: ____________		
Persönliche Stärken und Schwächen	Besondere Rahmenbedingungen	federführend/zuständig ab

Grund der Förderung	Maßnahmen/Ziele, Fristen, Akteure	Ergebnisfeststellung, Datum, Paraphe

Kommentare an der Förderung beteiligter Kollegen

Förderplan für: Ali Gökmen, Klasse 5a

Persönliche Stärken und Schwächen	Besondere Rahmenbedingungen	federführend/zuständig ab
+ sehr großes Interesse an Technik/Computern; ‚Tüftler'; sehr fleißig - sehr schwache Orthografie	In der Familie wird fast nur Türkisch gesprochen.	Hr. Naujock/16.01.09 Fr. König/27.05.09

Relevante Förderbereiche	Maßnahmen/Ziele, Fristen, Akteure	Ergebnisfeststellung, Datum, Paraphe
☐ Arbeitsverhalten ☐ Sozialverhalten ☐ Lesekompetenz ☒ Rechtschreibkompetenz ☒ Deutsch: s. o. ☐ Englisch: ☐ Mathematik: ☒ Fach: Physik/Informatik ☐ Fach: ☐ Fach:	☒ Förderstunden ☐ Förderworkshop ☐ Schüler helfen Schülern ☐ Zuweisung eines Tutors/Mentors/Paten ☐ Externe Diagnose ☐ Externe Förderung ☐ Externe Nachhilfe ☐ Regelmäßiges Beratungsgespräch ☐ Gespräch mit den Erziehungsberechtigten ☒ Computer-AG ab 27.01.09 Naujock Details: gezielte Förderung mit Lernserver-Materialien in unserer neuen LRS-Gruppe ab Herbst 09; 27.05.09 König	gute Mitarbeit in Computer-AG, kann drinbleiben 27.05.09 Naujock

Kommentare an der Förderung beteiligter Kollegen

Rechtschreibung auch in Geschichte sehr schwach; Fritz 10.03.09
dito in Geografie; dringender Förderbedarf; Ellinghaus 24.03.09

Förderplan für: ______________

Persönliche Stärken und Schwächen	Besondere Rahmenbedingungen	federführend/zuständig ab

Relevante Förderbereiche	Maßnahmen/Ziele, Fristen, Akteure	Ergebnisfeststellung, Datum, Paraphe
☐ Arbeitsverhalten ☐ Sozialverhalten ☐ Lesekompetenz ☐ Rechtschreibkompetenz ☐ Deutsch: .... ☐ Englisch: .... ☐ Mathematik: .... ☐ Fach: .... ☐ Fach: .... ☐ Fach:	☐ Förderstunden ☐ Förderworkshop ☐ Schüler helfen Schülern ☐ Zuweisung eines Tutors/Mentors/Paten ☐ Externe Diagnose ☐ Externe Förderung ☐ Externe Nachhilfe ☐ Regelmäßiges Beratungsgespräch ☐ Gespräch mit den Erziehungsberechtigten ☐ .... Details:	

Kommentare an der Förderung beteiligter Kollegen

Förderplan für: Lea Schröder, Klasse 3 b

Persönliche Stärken und Schwächen	Besondere Rahmenbedingungen	federführend/zuständig ab
+ Rechnen; Zeichnen; Hilfsbereitschaft - wenig Geduld; geringe Lesemotivation	Scheidung der Eltern im Herbst 2008	Fr. Bauer/16.01.09

Grund der Förderung	Maßnahmen/Ziele, Fristen, Akteure	Ergebnisfeststellung, Datum, Paraphe
ELFE-Lesetest am 14.01.09: gravierende Probleme im Bereich des Satzbaus 16.01.09 Meyer Auffallend gute Leistung im Kopfrechnen; Spaß an Knobeleien 21.01.09 Khalil	Teilnahme an der Lesefördergruppe (Schüler helfen Schülern); ab 27.01.09 Tutorin: Jenny Aufnahme in die Knobelgruppe, ab Herbst 09	Maßnahme wirkt; Fortführung bis zu den Sommerferien sinnvoll 27.05.09 Bauer

Datum und Stellungnahme/Unterschrift der/s Schülerin/s	Datum und Stellungnahme/Unterschrift der Erziehungsberechtigten	Datum und Stellungnahme/Unterschrift externer Förderinstanzen
Ich freue mich auf die Knobelgruppe! 28.01.09 Lea	Ich bin einverstanden! 29.01.09 Margit Schröder	Lea arbeitet jetzt in der Lesegruppe nach anfänglicher Zurückhaltung gut mit! 27.05.09 Jenny Köhler

Förderplan für: ______________________

Persönliche Stärken und Schwächen	Besondere Rahmenbedingungen	federführend/zuständig ab

Grund der Förderung	Maßnahmen/Ziele, Fristen, Akteure	Ergebnisfeststellung, Datum, Paraphe

Datum und Stellungnahme/Unterschrift der/s Schülerin/s	Datum und Stellungnahme/Unterschrift der Erziehungsberechtigten	Datum und Stellungnahme/Unterschrift externer Förderinstanzen

Förderplan für: Lea Schröder, Klasse 3 b

Persönliche Stärken und Schwächen	Besondere Rahmenbedingungen	federführend/zuständig ab
+ Rechnen; Zeichnen; Hilfsbereitschaft - wenig Geduld; geringe Lesemotivation	Scheidung der Eltern im Herbst 2008	Fr. Bauer/16.01.09

Relevante Förderbereiche	Maßnahmen/Ziele, Fristen, Akteure	Ergebnisfeststellung, Datum, Paraphe
☐ Körperlich-motorische Entwicklung ☐ Seelisch-emotionale Entwicklung ☐ Intellektuell-geistige Entwicklung ☐ Arbeitsverhalten ☐ Sozialverhalten ☒ Lesen: ELFE 14.01.09: Probleme bei Satzbau ☐ Schreiben ☒ Rechnen ☐ Fach: ☐ Fach: ☐ Fach:	☐ Förderstunden ☐ Förderworkshop ☒ Schüler helfen Schülern ☐ Zuweisung eines Tutors/Mentors/Paten ☐ Externe Diagnose ☐ Externe Förderung ☐ Externe Nachhilfe ☐ Regelmäßiges Beratungsgespräch ☐ Gespräch mit den Erziehungsberechtigten ☒ Knobelgruppe ab Herbst 09 Details: SHS Lesen ab 27.01.09; Tutorin: Jenny	Leseförderung (SHS) wirkt; Fortführung bis zu den Sommerferien sinnvoll 27.05.09 Bauer

Datum und Stellungnahme/Unterschrift der/s Schülerin/s	Datum und Stellungnahme/Unterschrift der Erziehungsberechtigten	Datum und Stellungnahme/Unterschrift externer Förderinstanzen
Ich freue mich auf die Knobelgruppe! 28.01.09 Lea	Ich bin einverstanden! 29.01.09 Margit Schröder	Lea arbeitet jetzt in der Lesegruppe nach anfänglicher Zurückhaltung gut mit! 27.05.09 Jenny Köhler

Förderplan für: ______________________

Persönliche Stärken und Schwächen	Besondere Rahmenbedingungen	federführend/zuständig ab

Relevante Förderbereiche	Maßnahmen/Ziele, Fristen, Akteure	Ergebnisfeststellung, Datum, Paraphe
☐ Körperlich-motorische Entwicklung ☐ Seelisch-emotionale Entwicklung ☐ Intellektuell-geistige Entwicklung ☐ Arbeitsverhalten ☐ Sozialverhalten ☐ Lesen ☐ Schreiben ☐ Rechnen ☐ Fach: …………… ☐ Fach: …………… ☐ Fach: ……………	☐ Förderstunden ☐ Förderworkshop ☐ Schüler helfen Schülern ☐ Zuweisung eines Tutors/Mentors/Paten ☐ Externe Diagnose ☐ Externe Förderung ☐ Externe Nachhilfe ☐ Regelmäßiges Beratungsgespräch ☐ Gespräch mit den Erziehungsberechtigten ☐ …………… Details: …………… …………… ……………	

Datum und Stellungnahme/Unterschrift der/s Schülerin/s	Datum und Stellungnahme/Unterschrift der Erziehungsberechtigten	Datum und Stellungnahme/Unterschrift externer Förderinstanzen

Förderplan für: Ali Gökmen, Klasse 5a

Persönliche Stärken und Schwächen	Besondere Rahmenbedingungen	federführend/zuständig ab
+ sehr großes Interesse an Technik/Computern; ‚Tüftler'; sehr fleißig - sehr schwache Orthografie	In der Familie wird fast nur Türkisch gesprochen.	Hr. Naujock/16.01.09 Fr. König/27.05.09

Grund der Förderung	Maßnahmen/Ziele, Fristen, Akteure	Ergebnisfeststellung, Datum, Paraphe
besonderes Talent im Bereich Informatik 16.01.09 Naujock Rechtschreibtest mit Lernserver am 14.01.09; dringender Förderbedarf 21.01.09 König	Aufnahme in Computer-AG ab 27.01.09 Naujock gezielte Förderung mit Lernserver-Materialien in unserer neuen LRS-Gruppe (ab Herbst 09) 27.05.09 König	gute Mitarbeit in Computer-AG; kann drinbleiben 27.05.09 Naujock

Datum und Stellungnahme/Unterschrift der/s Schülerin/s	Datum und Stellungnahme/Unterschrift der Erziehungsberechtigten	Datum und Stellungnahme/Unterschrift externer Förderinstanzen
Einverstanden! 27.01.09 Ali Gökmen 27.05.09 Ali Gökmen	Einverstanden 27.01.09 H. Gökmen 27.05.09 H. Gökmen	–

Förderplan für: ______________________

Persönliche Stärken und Schwächen	Besondere Rahmenbedingungen	federführend/zuständig ab

Grund der Förderung	Maßnahmen/Ziele, Fristen, Akteure	Ergebnisfeststellung, Datum, Paraphe

Datum und Stellungnahme/Unterschrift der/s Schülerin/s	Datum und Stellungnahme/Unterschrift der Erziehungsberechtigten	Datum und Stellungnahme/Unterschrift externer Förderinstanzen

Förderplan für: Ali Gökmen, Klasse 5a

Persönliche Stärken und Schwächen	Besondere Rahmenbedingungen	federführend/zuständig ab
+ sehr großes Interesse an Technik/Computern; ‚Tüftler'; sehr fleißig - sehr schwache Orthographie	In der Familie wird fast nur Türkisch gesprochen.	Hr. Naujock/16.01.09 Fr. König/27.05.09

Relevante Förderbereiche	Maßnahmen/Ziele, Fristen, Akteure	Ergebnisfeststellung, Datum, Paraphe
☐ Arbeitsverhalten ☐ Sozialverhalten ☐ Lesekompetenz ☐ Rechtschreibkompetenz ☐ Deutsch: …… ☐ Englisch: …… ☐ Mathematik: …… ☐ Fach: …… ☐ Fach: …… ☐ Fach: ……	☐ Förderstunden ☐ Förderworkshop ☐ Schüler helfen Schülern ☐ Zuweisung eines Tutors/Mentors/Paten ☐ Externe Diagnose ☐ Externe Förderung ☐ Externe Nachhilfe ☐ Regelmäßiges Beratungsgespräch ☐ Gespräch mit den Erziehungsberechtigten ☐ …… Details: ……	

Datum und Stellungnahme/Unterschrift der/s Schülerin/s	Datum und Stellungnahme/Unterschrift der Erziehungsberechtigten	Datum und Stellungnahme/Unterschrift externer Förderinstanzen
Einverstanden! 27.01.09 Ali Gökmen 27.05.09 Ali Gökmen	Einverstanden 27.01.09 H. Gökmen 27.05.09 H. Gökmen	–

Förderplan für: ______

Persönliche Stärken und Schwächen	Besondere Rahmenbedingungen	federführend/zuständig ab

Relevante Förderbereiche	Maßnahmen/Ziele, Fristen, Akteure	Ergebnisfeststellung, Datum, Paraphe
☐ Arbeitsverhalten ☐ Sozialverhalten ☐ Lesekompetenz ☒ Rechtschreibkompetenz ☒ Deutsch: ...... ☐ Englisch: ...... ☐ Mathematik: ...... ☒ Fach: Physik/Informatik ☐ Fach: ...... ☐ Fach:	☒ Förderstunden ☐ Förderworkshop ☐ Schüler helfen Schülern ☐ Zuweisung eines Tutors/Mentors/Paten ☐ Externe Diagnose ☐ Externe Förderung ☐ Externe Nachhilfe ☐ Regelmäßiges Beratungsgespräch ☐ Gespräch mit den Erziehungsberechtigten ☒ Computer-AG ab 27.01.09 Naujock Details: gezielte Förderung mit Lernserver- Materialien in unserer neuen LRS-Gruppe ab Herbst 09; 27.05.09 König	gute Mitarbeit in Computer-AG, kann drinbleiben 27.05.09 Naujock

Datum und Stellungnahme/Unterschrift der/s Schülerin/s	Datum und Stellungnahme/Unterschrift der Erziehungsberechtigten	Datum und Stellungnahme/Unterschrift externer Förderinstanzen

Name: ______________________________ **Klasse:** __________

Zeitraum: ______________________________

Fach/Bereich: ______________________________

Beobachtung: ______________________________

____

____

____

____

Förderziel: ______________________________

____

____

Fördermaßnahmen:

in der Klasse:	im Förderunterricht:	zu Hause:
		Sonstiges:

Evaluation: ______________________________

____

____

Name: F. S. **Klasse:** 6

Zeitraum: April – Juni

Fach/Bereich: Mathematik

Beobachtung: Problembereiche:

- Bruchrechnen (Grundprinzipien Kürzen und Erweitern)
- schriftliche Multiplikation / **Division !!!**
- Informationen aus Tabellen / Diagrammen entnehmen / lesen
- Rechnen mit Größen (v. a. Gewichte / Längen)
- Arbeiten mit Lineal und Zirkel

Fördermaßnahmen:

in der Klasse:	im Förderunterricht:	zu Hause:
- Handhabung Lineal / Zirkel - Wie lese ich Tabellen / Diagramme? Welche Angaben sind wichtig?	- Wdh. der Bruchrechen-Grundlagen in Kleingruppen (Fö-Band)	- Wdh. der schriftl. Division (Kl. 4 / 5) - Wdh. Umwandeln von Größen (Kl. 4 / 5) **Sonstiges:**

Vereinbarung:

- Verweis auf Übungsmaterialien für das häusliche Üben
- Hilfe durch Eltern beim Aufholen
- Rückmeldung über HA-Heft über Gelingen des häuslichen Übens

Evaluation: (Zeitpunkt: vor der Zeugniskonferenz)

Name: Waldur Muster **Klasse:** 3b

Zeitraum:

Fach/Bereich: Emotionalität und Sozialverhalten

Beobachtung:
- nur wenig Kontakt zu Mitschülern
- reagiert sehr gereizt auf „normale" Äußerungen seiner Mitschüler, fühlt sich sofort angegriffen
- reagiert beleidigt, ist nicht mehr ansprechbar und verweigert die Arbeit (manchmal für mehrere Stunden); beleidigt dann SchülerInnen, Betreuer und Lehrkräfte; stört den Unterricht (durch Pfeifen und Reden), zerreist Hefte und Zettel, bricht bewusst Klassenregeln, schlägt z. T. sogar Mitschüler
- seine fachlichen Leistungen leiden vermehrt unter den Verweigerungsphasen

Förderziel:
- Waldur so in die Klasse zu integrieren, dass er die Äußerungen anderer deuten und mit diesen umgehen kann; Erlangen von Kritikfähigkeit und Aufbau eines realistischen Selbstbildes

Fördermaßnahmen:

in der Klasse:	im Förderunterricht:	zu Hause:
– fühlt. W. sich angegriffen, soll er zunächst mit der Lehrkraft und dem Mitschüler darüber reden – bei „Stau / Druck" darf er den Raum ungefragt verlassen; bei Rückkehr: sprechen über den Vorfall – Einheit zu Selbst- und Fremdbild	– (zusammen mit weiteren Schülern: E und S) – Gesprächsregeln – wozu dienen sie? – Wie möchte ich behandelt werden / wie behandele ich andere? – Möglichkeiten, mit Frust umzugehen	– Selbst- und Fremdbild schulen; Was gefällt mir / anderen an mir; was weniger? **Sonstiges:**

Evaluation:

GESTALTUNG UND VERWENDUNG VON FÖRDERPLÄNEN

1. Für welche Schüler/innen sollen Förderpläne geschrieben werden?

- ☐ Erster Fall: Wenn Prioritäten gesetzt werden müssen („Ich weiß wirklich nicht, wo ich bei dem anfangen soll! Im Grunde müsste der überall gefördert werden!")
- ☐ Zweiter Fall: bei Kooperation mit externen Förderinstitutionen („Ist der wegen seiner Legasthenie noch bei diesem Institut in Behandlung? Bringt das eigentlich was?")
- ☐ Dritter Fall: bei unerklärlichen Leistungsschwankungen („Was ist da eigentlich los? Ich hab schon alles probiert! Der war bisher doch immer ganz gut in Mathe!")
- ☐ Vierter Fall: zur Erleichterung der Zusammenarbeit in großen Kollegien („Ist der eigentlich in unserer LRS-Gruppe? Existiert die Gruppe überhaupt noch?")
- ☐ Fünfter Fall: um Grenzen der eigenen Zuständigkeit zu ziehen („Der kommt jeden Tag zu spät! Jetzt müssen mir die Eltern unterschreiben, dass sich das ändert!")
- ☐ Sechster Fall: um juristischen Querelen vorzubeugen („Seine Mutter hat mir sogar mit dem Rechtsanwalt gedroht, wenn ich ihm wieder eine Fünf gebe!")
- ☐ Siebter Fall: wenn der Förderplan als Lernvertrag fungieren soll („Mit dem hab ich vereinbart, dass er in die Musical-AG darf, wenn er sich mehr beteiligt!")
- ☐ In anderen/weiteren Fällen: ______________________________

____

2. Wem sollen die Pläne vorgelegt werden (können)?

- ☐ den Kolleg/inn/en
- ☐ den Erziehungsberechtigten
- ☐ dem/der betroffenen Schüler/in
- ☐ der Schulaufsicht

3. In welchem Turnus sollen die Förderpläne ausgefüllt werden?

- ☐ halbjährlich (Anbindung an die Zeugniskonferenzen)
- ☐ vierteljährlich
- ☐ in bestimmten Fällen häufiger

4. Wer soll die Pläne ausfüllen?

- ☐ Klassenlehrer/in
- ☐ alle den/die Schüler/in unterrichtenden Lehrer/innen (Umlaufverfahren)
- ☐ auch externe Fördernde [Tutor, Dyskalkulie-Therapeut …] (Umlaufverfahren)
- ☐ Anwesende bei Zeugniskonferenz gemeinschaftlich
- ☐ ______________________________

5. Welche Angaben soll der Plan enthalten?

- ☐ Nennung der jeweiligen Schwächen/Unterstützungsbereiche
- ☐ Nennung der jeweiligen Stärken
- ☐ Hintergrundinformationen (Testergebnisse, soziales Umfeld …)
- ☐ konkrete Förderziele
- ☐ konkrete Fördermaßnahmen
- ☐ Ort, Zeit und voraussichtliche Dauer der Fördermaßnahmen
- ☐ Evaluationsergebnisse und Konsequenzen
- ☐ Unterschrift der Eltern [☐ nur in bestimmten Fällen]
- ☐ Unterschrift des Schülers (Lernvertrag) [☐ nur in bestimmten Fällen]

GESTALTUNG UND VERWENDUNG VON FÖRDERPLÄNEN

1. Für wen sollen Förderpläne geschrieben werden?

- ☐ für alle
- ☐ für Leistungsschwache
- ☐ für Hochbegabte

2. In welchem Turnus sollen die Förderpläne ausgefüllt werden?

- ☐ halbjährlich (Anbindung an die Zeugniskonferenzen)
- ☐ vierteljährlich
- ☐ in bestimmten Fällen häufiger

3. Wer soll die Pläne ausfüllen?

- ☐ Anwesende bei Zeugniskonferenz gemeinschaftlich
- ☐ alle die/den Schüler/in unterrichtenden Lehrer/innen (Umlaufverfahren)
- ☐ das jeweilige Förderteam (Umlaufverfahren)
- ☐ ____

4. Wem sollen die Pläne vorgelegt werden (können)?

- ☐ den Kolleg/inn/en
- ☐ dem/der betroffenen Schüler/in
- ☐ der Schulaufsicht
- ☐ bei Minderjährigen den Erziehungsberechtigten (Abendrealschule)

5. Welche Angaben soll der Plan enthalten?

- ☐ Nennung der jeweiligen Schwächen/Unterstützungsbereiche
- ☐ Nennung der jeweiligen Stärken
- ☐ Hintergrundinformationen (Testergebnisse, soziales Umfeld ...)
- ☐ konkrete Förderziele
- ☐ konkrete Fördermaßnahmen
- ☐ Ort, Zeit und voraussichtliche Dauer der Fördermaßnahmen
- ☐ Evaluationsergebnisse und Konsequenzen
- ☐ Unterschrift der Eltern [nur in bestimmten Fällen]
- ☐ Unterschrift des Schülers (Lernvertrag) [in bestimmten Fällen]

6. Wie frei sollen die Eintragungen formuliert werden (können)?

- ☐ individuelle freie Formulierungen
- ☐ Textbausteine (Auswahl aus vorgegebenen Formulierungen)
- ☐ Kriterienkatalog zum Ankreuzen
- ☐ Mischung

7. In welcher Form sollen die Förderpläne fixiert werden?

- ☐ Papier
- ☐ PC

Info: Selbstkontrollbogen / Planungsbogen für Schülerprojekte

Bei Projektarbeiten, z. B. im Rahmen einer Projektwoche, empfiehlt sich der regelmäßige Einsatz von Selbstkontrollbögen bzw. Planungsbögen. Der im Folgenden als Kopiervorlage abgedruckte Bogen kann u. a. für Projekte eingesetzt werden, bei denen die Schüler das Schulgelände zeitweise verlassen müssen (z. B. um außerschulische Lernorte aufzusuchen, zur Durchführung von Umfragen mit Passanten in der Stadt, zur Erstellung eines Film- oder Fotodokumentationsprojektes, zur Durchführung von Interviews mit Mitarbeitern von Institutionen). Nicht selten nutzen Schüler aber solche Gelegenheiten, um die zur Verfügung gestellte Projektarbeitszeit für ihre Freizeitgestaltung zu missbrauchen oder z. B. um eine bekannte amerikanische Restaurantkette aufzusuchen. Möglichkeiten zur Selbstkontrolle erleichtern es den Schülern dabei, ihr Projektziel nicht aus den Augen zu verlieren. Der Bogen ist ein Beispiel dafür, dass Selbstkontrolle und Kontrolle durch den Lehrer miteinander kombiniert werden können.

In einer Projektwoche kommen alle Schüler an jedem Morgen in der Klasse zusammen, um die weitere Vorgehensweise zu planen und ihr bisheriges Vorgehen zu reflektieren. Die Schüler werden jeden Tag zum selbstständigen Ausfüllen des Bogens aufgerufen und legen sich immer auch gegenseitig in der Gruppe und dann im Plenum Rechenschaft darüber ab, was individuell geleistet wurde und noch zu leisten ist. Außerdem protokollieren die Schüler eigenständig ihre Anwesenheiten oder ggf. die Abwesenheiten von einzelnen Mitschülern. Auch wo genau die Projektgruppen sich aufhalten wollen bzw. sollen, wird im Selbstkontrollbogen festgehalten und bleibt dadurch für alle Beteiligten überprüfbar. Jeder Schüler kann mit den anderen Schülern aushandeln, welche Aufgabe er innerhalb der Gruppe übernimmt. Die Gruppenzusammensetzung während der Projektwoche sollte im Sinne der individuellen Förderung vom Lehrer vorgenommen werden, um unterschiedlich starke Schüler sinnvoll auf Gruppen mit unterschiedlich hohem Anspruchsniveau zu verteilen. Geht es primär um die Förderung der Selbstständigkeit, so können die Schüler sich auch interessendifferenziert einzelnen Projektgruppen zuordnen.

Die Schüler sollen jeweils einen Bogen gemeinsam mit ihren Gruppenmitgliedern ausfüllen und diesen anschließend mit sich führen. Einen ausgefüllten Bogen jeder Projektgruppe sammelt der Lehrer zum Abschluss ein und überfliegt diesen, damit er ebenfalls die Ergebnisse der Selbstkontrollphase einschätzen kann (Kontrolle durch den Lehrer). Unausgefüllte oder unzureichend ausgefüllte Bögen können an den ersten Projekttagen einen Beratungsanlass für den Lehrer darstellen. Eine Aufforderung zur weiteren Überarbeitung der Bögen wird in der Regel an den weiteren Projekttagen aufgrund zunehmender Selbstkontrolle in den Gruppen nicht mehr nötig sein. Auf jedem Bogen werden die geplanten Aktivitäten aller Gruppenmitglieder festgehalten, damit auch bei jedem Schüler Transparenz über eine möglichst gerechte Aufgabenverteilung innerhalb der Gruppe besteht. Danach werden die Schüler in den Projektgruppen mit einer konkreten Planung in die Projektarbeit entlassen.

Selbstkontrollbogen / Planungungsbogen für Schülerprojekte
Projektbericht und Projektdokumentation

Titel des Projektes:	Klasse:	Datum:
______	______	______

– Anwesenheit –
Namen und Vornamen der Schüler in der Projektgruppe

1. ______	5. ______
2. ______	6. ______
3. ______	7. ______
4. ______	8. ______

– Reflexion –
Womit sind wir zufrieden / Womit sind wir nicht zufrieden bzw. was lief nicht gut?
(bitte erst ab dem 2. Projekttag ausfüllen)

______
______
______
______

– Planungsraster –

Was ist allgemein heute geplant?	Was muss wann danach noch erledigt werden?
______	______
______	______
______	______
______	______

– Arbeitsaufteilung –
Wer übernimmt heute welche Aufgabe(n) / Arbeit(en)?

______
______
______
______

– Zeit und Ort –
Wo wird heute am Projekt gearbeitet und von wann bis wann?

______
______
______
______

Laufzettel

Thema: ______________________________

Name: ____________________ Datum: ____________

Station	Wahl/ Pflicht	Sozial- form	Korrektur?	✔	Wie bist du zurecht- gekommen?

Vorlage Würfel

(z. B. für Stationsaufgaben)

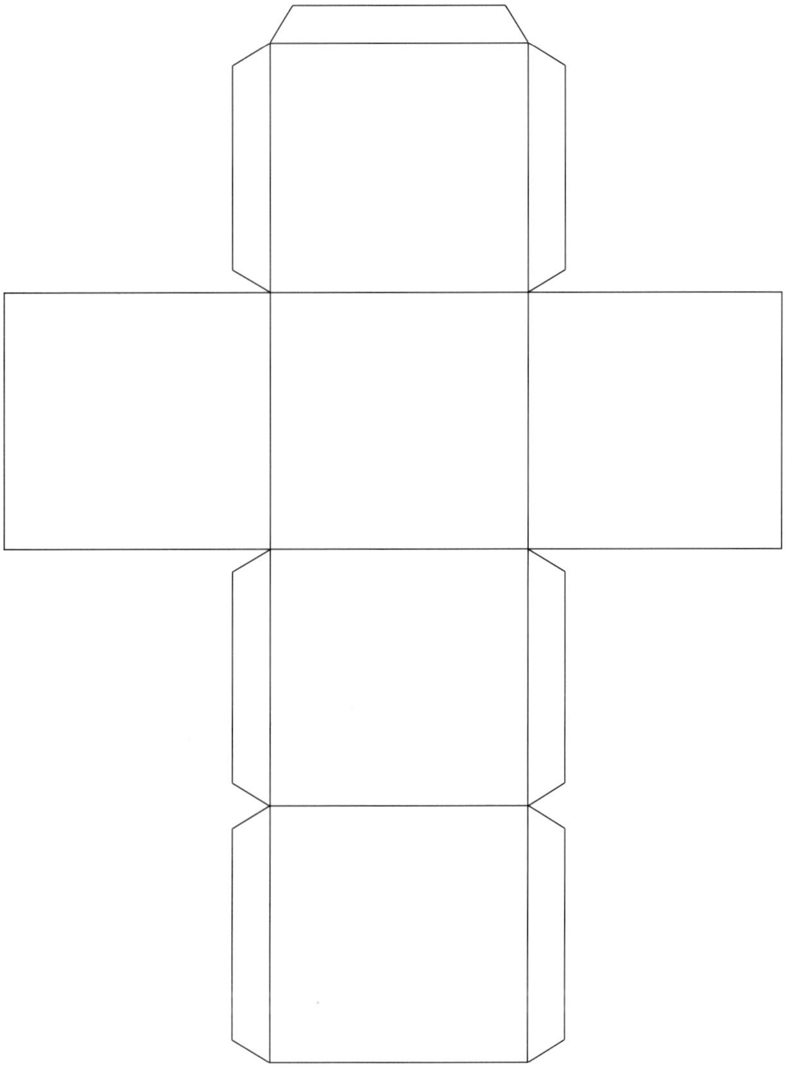

Feedbackzielscheibe

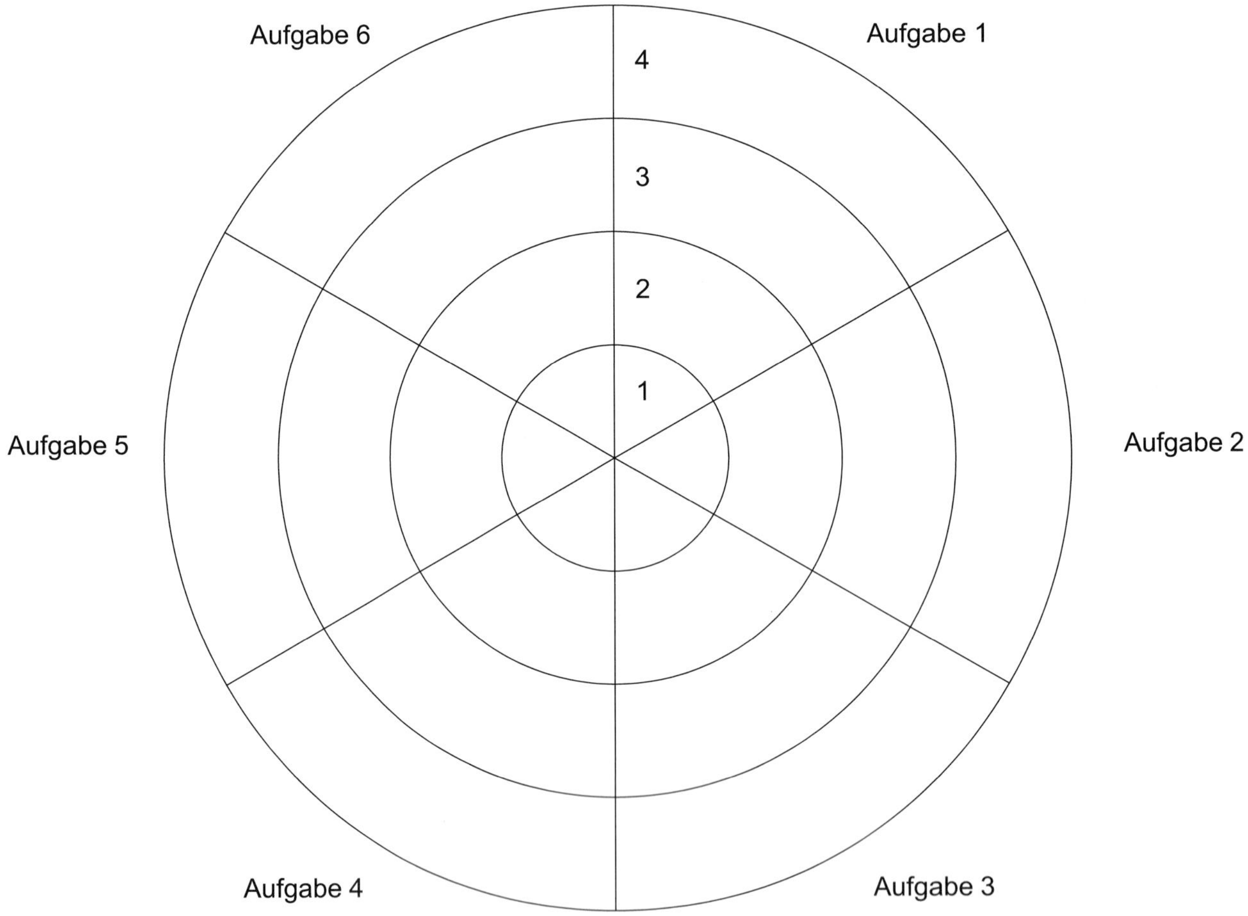

Weitere Kommentare …

Wochenplan

Wochenplan von: ______________ bis ______________ Klasse: ______________

Hinweise:

____

____

____

Aufgaben	Wahl/ Pflicht?	Alleine/ Partner?	✕

Was mir gut/nicht so gut gefallen hat:

____

____

____

Dazu habe ich noch Fragen:

____

____

____

Was ich gerne noch machen möchte:

____

____

____

Wochenplan

Wochenplan von: ______________ bis ______________ Name: ______________________________

Fach/Fächer: ________________ Sprechzeiten für Rückfragen: ______________________________

Hinweise:

____

____

____

Aufgaben:	**Wahl / Pflicht?**	**Mit wem?**	**Wann? Wie oft?**	**✔**
Individuelle Aufgabe:				

Kommentiere bitte deine Arbeit an den Aufgaben:

	Aufgabe 1	**Aufgabe 2**	**Aufgabe 3**	**Aufgabe 4**	**Indiv. Aufgabe**
Ich habe die Aufgabenstellung gut/nicht so gut verstanden.					
Ich bin mit meiner Arbeitsweise zufrieden/unzufrieden, weil …					
Ich brauche noch Übung./Ich fühle mich in dem Thema sicher.					

Schülerfragebogen zum Lernfortschritt

Name: ______________________ Klasse: 8 Fach: Deutsch

Thema der Unterrichtsreihe: Kurzgeschichten

Was mir in der Unterrichtsreihe besonders wichtig war:

So sicher fühle ich mich in den folgenden Teilbereichen:

Teilbereiche	sicher	meistens sicher	selten sicher	nicht sicher
Ich kann eine Kurzgeschichte von anderen Texten unterscheiden (offener Anfang, offener Schluss).				
Ich kann eine Inhaltsangabe ohne Spannungsbogen schreiben (Ich nenne das Ergebnis schon am Anfang.).				
Ich kann einen Einleitungssatz formulieren (Autor, Thema des Textes, Erscheinungsjahr und -ort, ggf. Besonderheiten).				
Ich finde den Wendepunkt einer Kurzgeschichte.				
Ich erkenne, ob die Geschichte in der Ich- oder der Er-Perspektive geschrieben ist.				
Ich erkenne, ob die Geschichte im Präsens oder Präteritum geschrieben ist.				

Das will ich noch üben / nachfragen:

Schülerfragebogen zum Lernfortschritt

Name: ____________________ Klasse: ______ Fach: ____________________

Thema der Unterrichtsreihe: ____________________

Was mir in der Unterrichtsreihe besonders wichtig war:

So sicher fühle ich mich in den folgenden Teilbereichen:

Teilbereiche	sicher	meistens sicher	selten sicher	nicht sicher

Das will ich noch üben / nachfragen:

Interviewbogen für Reisereporter …

Thema der Gruppe: ______________________

Namen der Gruppenmitglieder: ______________________

Was macht ihr gerade?

Läuft die Arbeit gut?

Was habt ihr euch vorgenommen?

Womit seid ihr noch nicht zufrieden? Was wollt ihr verbessern?

Wer hat welche Aufgabe?

Was habt ihr schon rausgefunden?

Was hat bis jetzt am meisten Zeit gekostet?

____
____
____
____

So denke ich über mich und meinen Schulalltag …

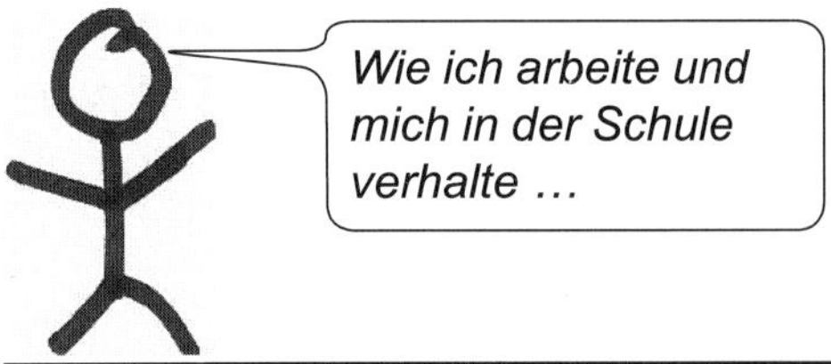

	☺	😐	😕	☹
Ich bereite meinen Arbeitsplatz vor (Hefte, Stifte, Bücher etc.).				
Ich finde meine Sachen wieder.				
Ich verstehe schriftliche Arbeitsanweisungen.				
Ich verstehe mündliche Arbeitsanweisungen und halte mich daran.				
Wenn ich Hilfe brauche, hole ich mir diese von selbst.				
Ich werde mit meinen Aufgaben rechtzeitig fertig.				
Mit meinen Arbeitsergebnissen bin ich meist zufrieden.				
Ich renne nur, wenn ich auf dem Schulhof Platz habe. In der Schule laufe ich langsam.				

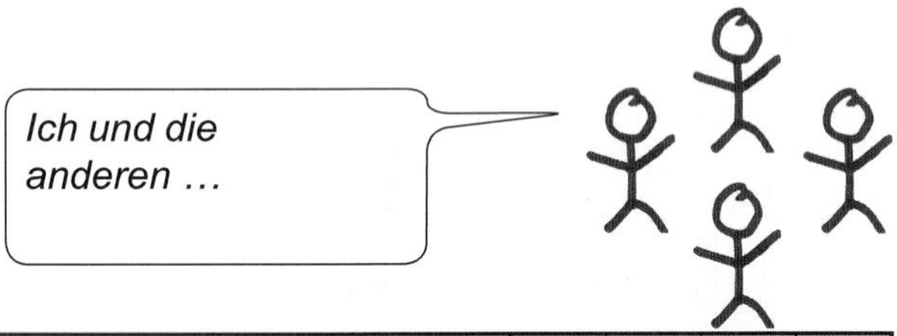

	☺	😐	😕	☹
Ich höre zu, wenn andere im Unterrichtsgespräch etwas sagen.				
Ich lasse andere ausreden.				
Ich gehe auf das ein, was die anderen sagen.				
Ich respektiere, wenn ein Kind mir sagt, ich soll es in Ruhe lassen.				
Ich kann anderen ruhig sagen, wenn mir etwas nicht gefällt.				
Ich biete meine Hilfe an.				
Ich helfe anderen Kindern, wenn sie mich darum bitten.				
Die anderen Kinder verstehen, was ich meine, wenn ich etwas erzähle.				
Ich teile gerne mit anderen Kindern.				
Wenn ich wütend bin, sage ich: „Stopp! Das möchte ich nicht“ und wende mich an die Lehrer.				

	☺	😐	😕	☹
Ich werde von meiner Lehrerin gelobt.				
Ich kann zuhören, wenn sie mir etwas alleine erklärt.				
Wenn ich etwas nicht weiß, frage ich sie.				
Wenn mich etwas an ihr ärgert, sage ich es meiner Lehrerin.				

Anleitung zum Lernarchiv

Wir wollen gemeinsam schrittweise euer Lernarchiv füllen. Nach einer Unterrichtseinheit bekommt ihr Gelegenheit, euch Notizen zu dem zu machen, was ihr euch auch nach langer Zeit noch merken wollt.

Ihr könnt euer Lernarchiv nutzen, um …

… euch auf die Klassenarbeit vorzubereiten.

… Inhalte später zu wiederholen.

… anderen zu helfen (z. B. Nachhilfeschülern oder Geschwistern).

… euch auf eure Abschlussarbeiten vorzubereiten.

Und so geht's:

Nach der Unterrichtseinheit bekommt ihr Zeit, um eure Lernarchivseite auszufüllen.

Jeder schreibt für sich auf, was ihm oder ihr besonders wichtig ist und was ihr euch besonders merken wollt.

Danach tauscht ihr euch mit einem Partner aus und überarbeitet eure Seite noch einmal. Ist alles richtig? Woran habt ihr vielleicht noch nicht gedacht? Sind eure Formulierungen so, dass ihr sie später auch noch versteht?

Einzelne Schüler stellen ihre Lernarchivseite der Klasse vor. Hier können wir noch einmal gemeinsam diskutieren. Offene Fragen werden wir gemeinsam oder in kleineren Gruppen klären.

Tipps und Tricks:

Überlege, wie du dir die Dinge am besten merken kannst. Du kannst schreiben und zeichnen oder mit Diagrammen und Mindmaps arbeiten.

Suche die Beispiele so aus, dass du auch später noch siehst, was man daran besonders gut ablesen kann. Vielleicht nutzt du den Platz auch für einen kurzen Kommentar.

Findest du die Seite eines Mitschülers oder einer Mitschülerin gut? Ergänze die Idee auf deinem eigenen Bogen.

Lernarchiv

Mein Lernarchiv-Thema: ____________________

Datum: __________ ggf. Unterrichtsreihe: ____________________

Wofür ich das Gelernte brauche: ____________________

____

____

Das habe ich gelernt:

Wichtige Begriffe / Vokabeln und ihre Bedeutung:

Beispiele:

Checkliste zur Themenmappe / Themenportfolio

1. Vollständigkeit und Ausführung

	Trifft zu: ja / nein	Kommentar (z. B. nach der Überarbeitung)
Auf meinem Deckblatt stehen alle wichtigen Informationen (Thema, Name, Klasse, Zeitraum, Name des Lehrers).		
Ich habe alle Überschriften ins Inhaltsverzeichnis aufgenommen.		
Ich habe die Seiten richtig durchnummeriert.		
Ich habe mein Thema in mehrere Kapitel eingeteilt.		
Ich habe Absätze in meinen Texten gesetzt.		
Bilder und Zeichnungen habe ich so verwendet, dass sie den Inhalt unterstützen.		
Ich habe die Rechtschreibung überprüft.		
Ergänzungen:		

2. Einschätzung meines Lernfortschritts:

a) Mir gefällt an meiner Themenmappe, dass …

b) Ich hätte außerdem gerne/lieber …

c) Über meine Art zu arbeiten, habe ich gelernt, dass ____________________

Das sieht man vor allem am Beispiel ____________________,

weil ____________________

d) Ich habe mich besonders bemüht, dass ____________________

Im Beispiel ____________________ sieht man, dass ____________________

____

Zielplanung zum Thema:

____

A. Welches Ziel möchte ich erreichen? Was soll das Ergebnis meiner Arbeit sein?

E. Meine Abschlussauswertung: Was habe ich erreicht? Womit bin ich zufrieden? Was würde ich nächstes Mal anders machen?

B. Welche Zeiten/Materialien stehen mir zur Verfügung:

D. Kann ich mein Ziel so beibehalten? Was hat sich geändert? Wie muss ich mein Thema evtl. anpassen?

C. Wie will ich vorgehen? Welche Einzelschritte bieten sich an?

1. ______________________________

2. ______________________________

3. ______________________________

4. ______________________________

Hinweise zum Führen eines Lerntagebuchs

Das Lerntagebuch soll dir dabei helfen, den Überblick beim Lernen zu behalten. Hier kannst du wichtige Arbeitsergebnisse sammeln, an eigenen Zielen arbeiten und deine Fortschritte reflektieren.

Suche dir für dein Lerntagebuch eine A5-Kladde mit festem Einband aus. Wenn du möchtest, kannst du auch mit verschiedenen Schriftfarben bei deinen Eintragungen arbeiten.

Hier ein paar Tipps für die Eintragungen. So kannst du das Lerntagebuch nutzen:

A) Eintragungen im Unterricht:

Notiere das Thema der Stunde und was du Neues gelernt hast.

Was war besonders wichtig? Gab es z. B. Hinweise auf die Klassenarbeit?

Welche neuen Begriffe wurden eingeführt?

Wie seid ihr vorgegangen?

Ist vielleicht etwas besonders Witziges passiert, das dir helfen kann, dich später noch an den Stoff zu erinnern?

Notiere auch Beispielaufgaben.

Wie hast du dich in die Gruppenarbeit einbringen können? Wie hat eure gemeinsame Arbeit funktioniert? Was kann/sollte nächstes Mal besser laufen?

Aus Fehlern lernt man besonders viel. Schreibe auf, wie Fehler entstanden sind und wie man stattdessen vorgehen sollte.

Sind Fragen übrig geblieben, die du in der nächsten Stunde stellen möchtest?

B) Eintragungen zu Hause nach den Hausaufgaben:

Wie bist du mit den Aufgaben zurechtgekommen?

Wie bist du vorgegangen?

Notiere Fragen, die du im Unterricht stellen willst. (Vergiss auch die Antworten nicht, die du später auf die Fragen bekommen hast.)

C) Zur Vorbereitung auf die nächste Klassenarbeit:

Was kannst du schon?

Welche Fragen müssen vor der Arbeit noch geklärt werden?

Was willst du noch üben?

Wie willst du bei der Klassenarbeit vorgehen?

Erstelle eine Mindmap zum Thema.

Entwirf dir einen Plan für deine Übungen.

Wer kann dir bei der Vorbereitung helfen?

Nach der Klassenarbeit: Wie bist du mit dem Ergebnis zufrieden? Wie ist es zu dem Ergebnis gekommen? Was nimmst du dir für die nächste Runde vor?

Viel Spaß!

Lernzielplanung im Tandem von: ____________________

Zeitraum: ____________________

I. Wir nehmen uns die Arbeit an folgenden Zielen vor:

Name: ____________________	Name: ____________________
So wollen wir uns gegenseitig unterstützen:	

II. Zeitplanung:

1. Zeiten, die uns für die Arbeit zur Verfügung stehen:

2. Unsere Ziele wollen wir mit folgenden Einzelschritten erreichen:

Name:	weitere Unterstützung:	Datum:	Name:	weitere Unterstützung:	Datum:

Unterschriften:

Unterschrift Beratungslehrer/in:

Lernzielplanung im Tandem von: Bernd und Anna in Latein

Zeitraum: vier Wochen

I. Wir nehmen uns die Arbeit an folgenden Zielen vor:

Name: Bernd	Name: Anna
Mir erscheint Latein inzwischen als Buch mit 7 Siegeln. Ich muss erst einmal eine Übersicht gewinnen über die Grammatikteile (Mindmap). Danach erarbeite ich mir die unterschiedlichen Zeiten und lerne die Konjugationen der wichtigsten Verben. In der letzten Woche machen wir einen Plan für die Osterferien.	Mein Problem sind vor allem die Vokabeln. Die meisten grammatischen Strukturen kenne ich ganz gut. Schwierigkeiten machen mir allerdings die pc-Konstruktionen. Ich schreibe mir aus den vergangenen Lektionen jeweils 5-7 wichtige Vokabeln raus, die ich noch nicht behalten habe. Ich lerne immer 30 Vokabeln über den Karteikasten. Einmal in der Woche mache ich Aufgaben zum pc.
So wollen wir uns gegenseitig unterstützen: Bernd: Ich lese mir das Kapitel zum pc durch und versuche, es Anna zu erklären. Am Ende unserer Treffen lasse ich Anna einen Vokabeltest oder ein Kreuzworträtsel schreiben, die ich für sie vorbereite. Ich frage Anna, ob sie ihre Übungen gemacht hat, und haue ihr auf die Finger, wenn sie wieder so faul ist. / Anna: Ich soll Bernd vor allem motivieren, weiterzumachen. Er hat mich ausdrücklich gebeten, ihm Fragen nur zu beantworten, wenn er sie stellt, und nicht auf ihn einzureden. Ich mache Vorschläge für die Einteilung der Arbeitsschritte. Bernd darf anrufen, wenn er zu Hause nicht weiterkommt, ansonsten macht er eine Liste für unsere Treffen.	

II. Zeitplanung:

1. Zeiten, die uns für die Arbeit zur Verfügung stehen:

1. Wir treffen uns mo + do in der Bücherei nach der Schule. Jeder hat 20 Min. Die letzten 10 Min. sprechen wir über das, was anliegt, oder schreiben unsere Tests. Wenn wir über andere Dinge reden, messen wir die Zeit mit der Schachuhr. Am Ende jeder Sitzung tragen wir unsere Zeiten ein. Für zu Hause haben wir noch einmal die gleiche Zeit. Bernd übt auch mo + do und Anna so + mi.

2. Unsere Ziele wollen wir mit folgenden Einzelschritten erreichen:

Name:	weitere Unterstützung:	Datum:	Name:	weitere Unterstützung:	Datum:
1. Orientierung durch Mindmap	Index im Buch		1. Vokabeln 1-8 Aufgaben pc	Herr Hopf gibt mir Übungen zum pc.	
2. Zeiten mit einfachen Aufgaben	Ich brauche bei den HA nur jew. einen Satz übersetzen.		2. Vokabeln 9-12 Aufgaben pc		
3. Konjugationen lernen			3.Vokabeln 1-4 Aufgaben pc		

Unterschriften:

Unterschrift Beratungslehrer/in:

Platzdeckchen-Methode

1. Bildet Gruppen zu je drei oder vier Schülern.
2. Zeichnet ein sogenanntes Platzdeckchen auf dem Plakat auf (siehe unten).
3. Zunächst schreibt jeder für sich alleine und ohne sich auszutauschen in den Randbereich des Platzdeckchens stichpunktartig das, was er/sie mit dem vorgegebenen Thema verbindet. Nehmt euch genug Zeit, um mehrere Stichpunkte aufschreiben zu können.
4. Stellt euch gegenseitig in den Gruppen vor, was ihr mit dem Thema verbindet.
5. Fasst nun zusammen, was ihr als Gruppe aus dem, was euch zum Thema eingefallen ist, präsentieren möchtet. Vermeidet dabei Dopplungen/Überschneidungen.
6. Bestimmt in der Gruppe die Person, die eure Ergebnisse im freien Mittelfeld vor der Klasse vorstellt (Rotationsprinzip)!

Platzdeckchen:

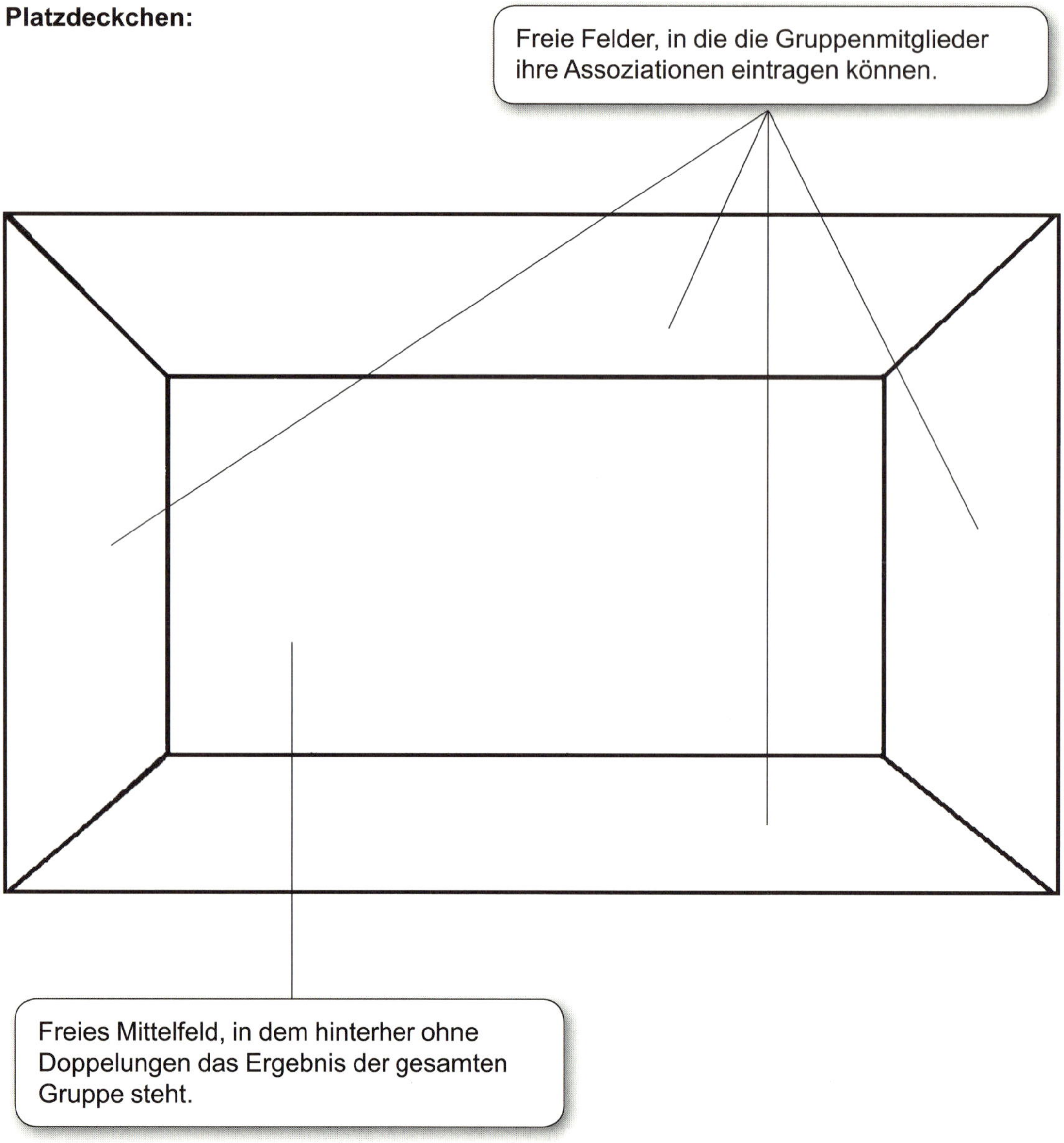

Arbeit mit der „Jigsaw-Methode“ – Gruppenpuzzle

(Bsp.: Erstellung eines Steckbriefes zur Hauskatze)

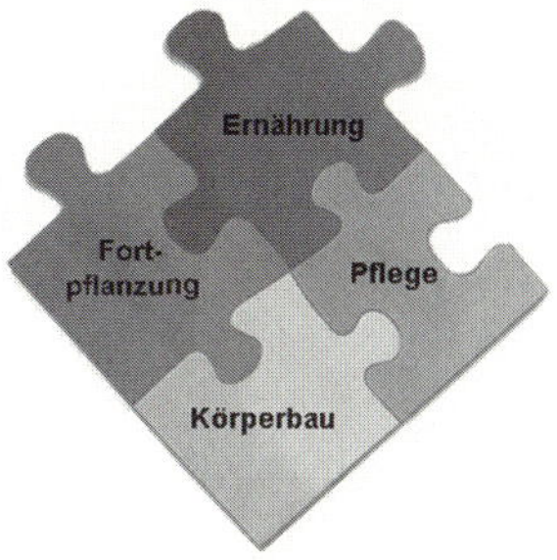

Erläuterung: ***„Jigsaw“*** ist das englische Wort für Laubsäge, Puzzlespiel oder Gruppenpuzzle

Bildung der Gruppen:

Zunächst werden sogenannte **Stammgruppen** gebildet. Die Stammgruppen sollen dann wiederum in **Expertengruppen** geteilt bzw. „zersägt“ werden.

Bilde eine Gruppe mit 4 Personen, das ist deine Stammgruppe.

Deine Aufgabe ist es, gemeinsam mit den anderen in deiner Stammgruppe einen Steckbrief über eine Katze zu erstellen, der Informationen über Ernährung, Fortpflanzung, Pflege und Körperbau einer Katze enthält. Dafür musst du dir Informationen über dieses Tier beschaffen.

Informationsbeschaffung:

Die Informationsbeschaffung kann mithilfe von **Lehrbüchern/Arbeitsmaterialien** erfolgen. Eine **Internetrecherche** ist auch möglich.

1. Arbeitsphase Stammgruppen:

In den Stammgruppen berätst du dich mit den anderen Schülern zunächst, wer von ihnen sich über die Ernährung, die Fortpflanzung, die Pflege oder den Körperbau der Katze in den verschiedenen Expertengruppen informiert, damit du mit den anderen später gemeinsam den Steckbrief erstellen kannst:

Wer kennt sich mit der Ernährung einer Katze aus und will mehr darüber wissen usw.

Ein Experte informiert sich über ® die Ernährung einer Katze.

Ein anderer Experte informiert sich über ® die Fortpflanzung einer Katze.

Ein weiterer Experte informiert sich über ® die Pflege einer Katze.

Ein vierter Experte informiert sich über ® den Körperbau einer Katze.

2. Arbeitsphase Expertengruppen:

Nach dieser ersten Beratung in den Stammgruppen arbeitest du in einer Expertengruppe. Die anderen aus deiner Stammgruppe arbeiten jeweils in den übrigen Expertengruppen zu den drei anderen Themen.

3. Arbeitsphase Stammgruppen:

Als Experte kehren du und die anderen Personen dann in die Stammgruppen zurück. Dort berichtet ihr euch gegenseitig genau über die gewonnenen Informationen und Erkenntnisse (Gespräch zwischen den Schülern). Stelle den anderen deine Ergebnisse vor und umgekehrt lässt du dir von den anderen ihre Ergebnisse berichten. Anschließend verfasst ihr gemeinsam den Steckbrief.

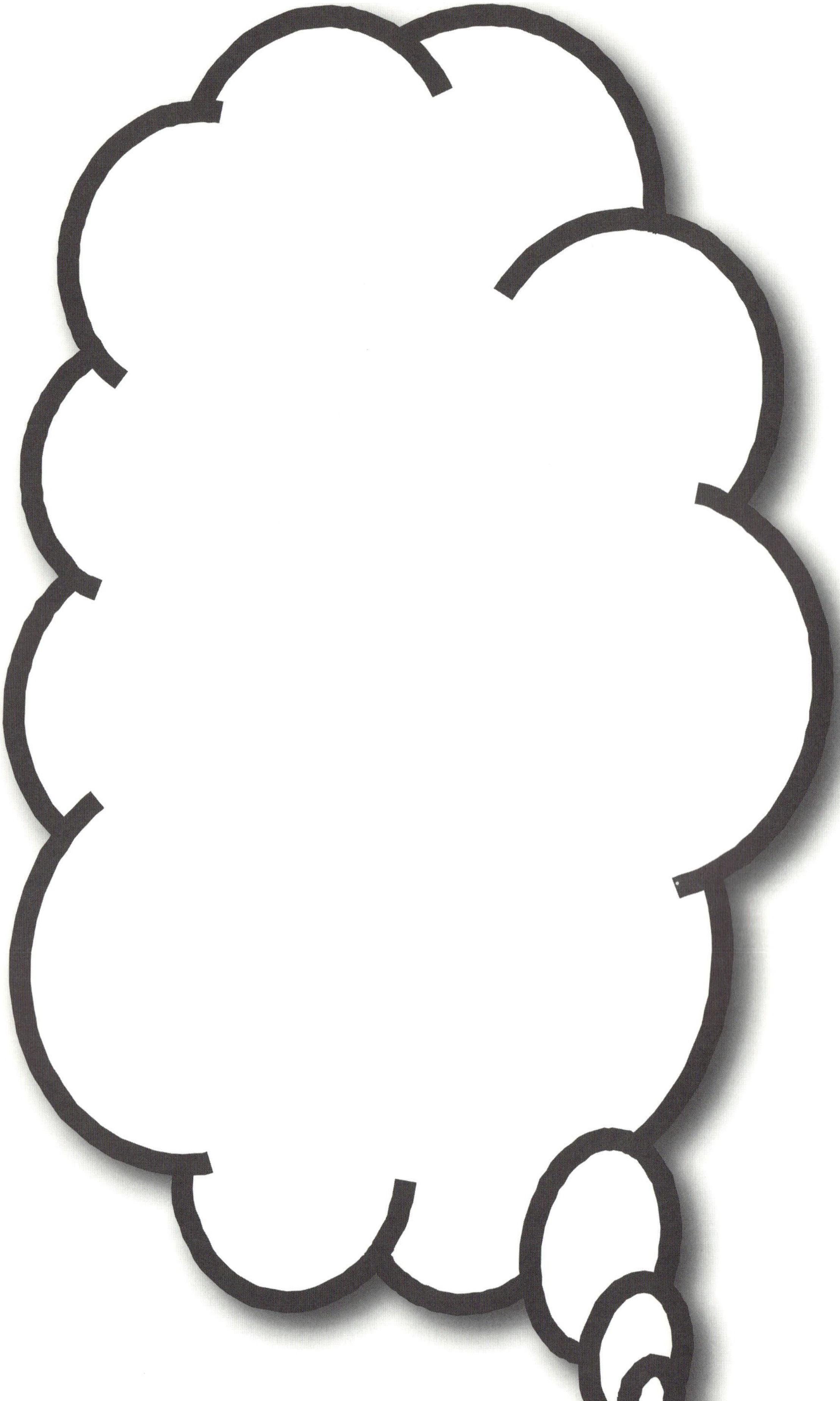

Stoppschild-Methode

✂ An der äußeren Linie entlang des Kastens das Schild ausschneiden und dann an der Mittellinie knicken und falten.
Das Schild kann aufgestellt werden oder flach auf dem Tisch ausgelegt werden (dazu Schild in der Mitte zusammenkleben).

Helfende Hand

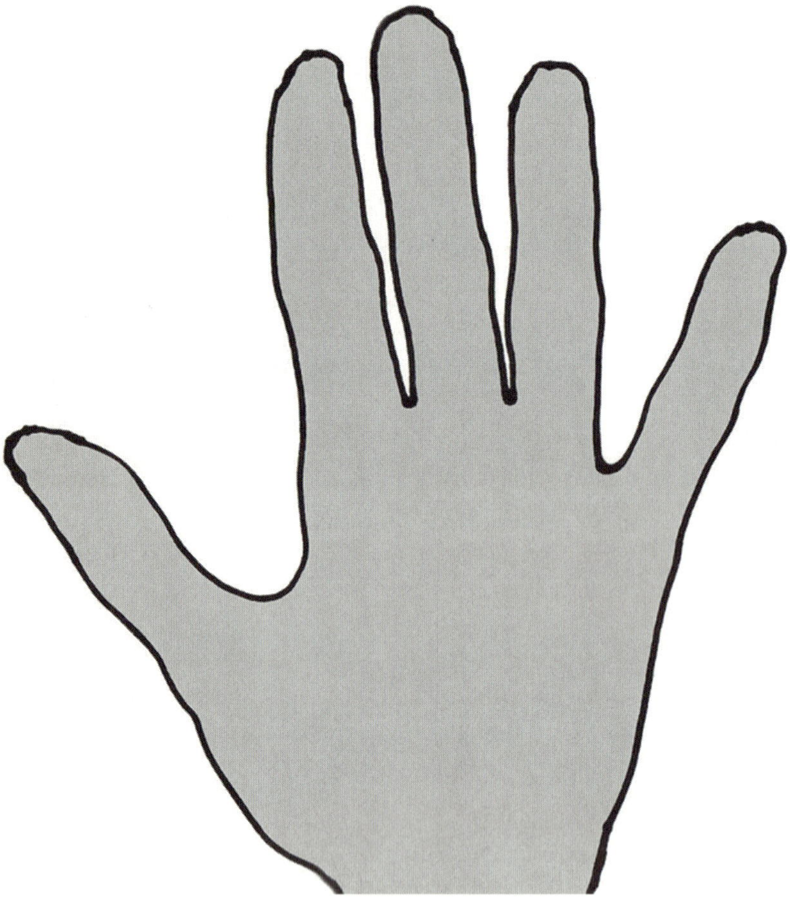

Experte für:

____

____

____

Experten sind:

____

____

____

____

____

____

Lernzielvereinbarung

Zielvereinbarung: ____________ Zeitraum: ____________ nächstes Gespräch: ____________

Voraussetzungen und Einzelschritte:

Teilziele:

1.

2.

3.

4.

5.

Hauptziel:

Kommentar zum Fortschritt:

3.3 Eine Bastelanleitung verfassen

In der Schülerzeitung soll eine Bastelanleitung erscheinen. Damit andere Kinder nach deiner Anleitung basteln können, muss diese sehr genau sein.

So schreibst du eine Bastelanleitung:

1. **Beginne mit einer Materialliste.**
2. **Schreibe die einzelnen Bastelschritte in Stichpunkten auf.**
3. **Formuliere nun aus den Stichpunkten ganze Sätze.**
4. **Ordne die Sätze nach der richtigen Reihenfolge.**
   - „Als erstes musst du dir die Materialien bereit legen."
   - „Danach …"
5. **Schreibe die Anleitung im Präsens.**
6. **Ergänze deine Anleitung durch einfache Zeichnungen.**

Verwende für deine Bastelanleitung verschiedene Satzanfänge: Jetzt, anschließend, nun, als nächstes, da, damit, zuletzt, dann, danach …

Eine Bastelanleitung verfassen

a) Sieh dir die Zeichnungen genau an.
b) Falte den Flieger anhand der Zeichnungen.
c) Schreibe die Anleitung dazu. Beachte dabei die sechs oben aufgeführten Schritte.

5.11 Achsenspiegelung

Eine Achsenspiegelung ist eine **Kongruenzabbildung**. Das bedeutet, du erhältst durch die Spiegelung eine Figur, die mit der Ausgangsfigur deckungsgleich ist.

Das Dreieck ist durch eine **Spiegelung** an der Geraden g, der **Spiegelachse**, entstanden. Das Dreieck ABC nennt man **Urbild**. Das Dreieck A'B'C' nennt man **Bild**. Punkt A' ist der **Bildpunkt** von A, B' ist der **Bildpunkt** von B und C' ist der **Bildpunkt** von C.

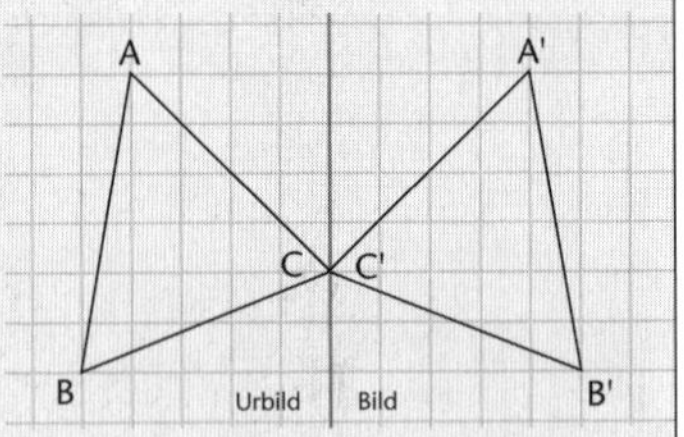

Die Punkte A und A' liegen auf einer Senkrechten zur Spiegelachse und haben zur Spiegelachse denselben Abstand. Die Spiegelachse halbiert die Strecke $\overline{AA'}$ (ebenso bei B und B'). Die Punkte C und C' sind identisch. Solche Punkte werden **Fixpunkte** genannt.

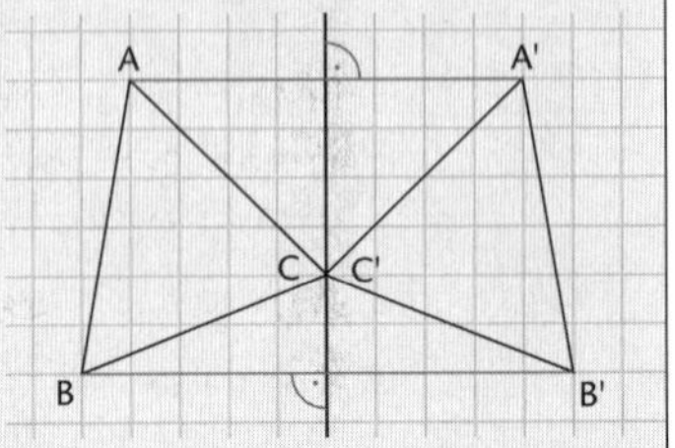

(1) Achsenspiegelung mit dem Geodreieck:
Zeichne die Senkrechte zur Spiegelachse durch A. Da der Abstand von A und A' zur Symmetrieachse gleich groß ist, kannst du A' bestimmen.

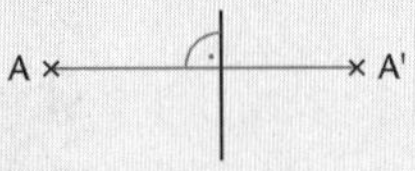

(2) Achsenspiegelung durch Abzählen:
Zähle die Kästchen von A zur Spiegelachse.
Da es auf der anderen Seite derselbe Abstand ist, müssen es auch genauso viele Kästchen sein und du kannst A' bestimmen.

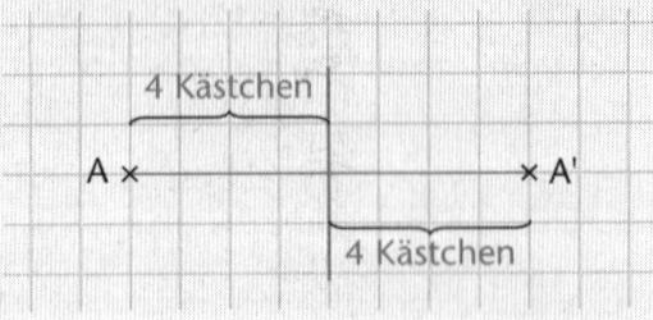

Nutze beim Geodreieck immer die Mittellinie und die Linealkante, um die Senkrechte zu zeichnen.

1) Übertrage die Urbilder in dein Heft und zeichne die Bilder. Bezeichne die entsprechenden Bildpunkte.

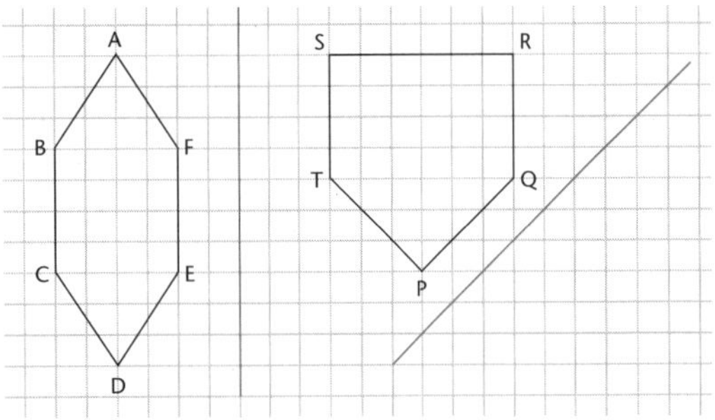

Michael Körner: Individuell fördern – Mathematik 5 klar & kompakt | Schülerbegleitbuch